尾﨑 司◆編著

教育・保育実習のデザイン

実感を伴う実習の学び

萌文書林

はじめに

本書は，これから保育者になるために保育実習や幼稚園教育実習を行う学生を対象に，「実感を伴った学び」の観点を大切にして作った実習テキストです。

近年，保育現場での実践から学び，そこから得られる「知」を学問的にどのように位置づけるかが議論されています。私が初めて実習を担当したとき，実習から戻ってきた学生が実習前とは明らかに違い，実感をもって体験を語り，経験に照らし合わせて教科を再び学ぶ姿に，非常に感動し興味をもったことを覚えています。それ以来，「実感を伴う学び」として学生の学びをとらえ，それをサポートしていくには，どうしたらよいかと実習の授業のなかで試行錯誤しています。

実習は実習先に適応するためにマナーやべからず集を教え込み，学校で習った基礎（理論あるいは保育技術）を実習現場で応用（当てはめあるいは練習）させるというアプローチもあるかと思います。しかし，学生の学びにより添ってみると，学生たちは実に様々なことを実践のなかから学び，そこから得られる「知」を自分なりに発展させ，実習後に改めて学問に戻り理解しようとしていることがわかります。したがって授業では，そうした実感をできるだけ大切にしたアプローチに力点を置き，学生が主体的に学べるよう試みています。

本書は，実感を大切にし，実習現場での実習（実践）を知に結びつけるために，専門知識をもつ教員をはじめ，実践知をもった保育実践者，学びの途上にある学生にそれぞれの立場から実習の学びについて執筆してもらい，実感を大切にした授業に役立つテキストに編集したものです。内容は精選しカリキュラムを意識して配列しましたが，ほかの教科のテキストや資料にあたって調べられる基礎的な情報や内容は極力省き，各執筆者からの学びのエッセンスに焦点を当て，コンパクトにまとめてあります。

また，学生が自らの実習体験を語り，他者の体験から学び合い，学びを創り出していくような，能動的な学び（アクティブ・ラーニング）を喚起するために，パフォーマンス評価の一つである「ルーブリック」を活用した学習支援や，実習を終えた現役学生からのアドバイス，自己評価を深めるワークシート，学生自らが主体的に作成した教材研究（別冊『保育実技アイデアノート』）などを掲載しました。

第２版から「実習教育は学生の省察支援」としてルーブリックを導入してきましたが，第３版では保育所と施設の両方でルーブリックを活用でき，実習記録や指導計画にも対応させ，改訂いたしました。

学生が学び育つ姿を縦糸，まわりにいる教員や実習担当者がそれをサポートする姿を横糸に見立てるならば，縦横の糸をつむぎ一つの織物を織るように本書を活用して学んでいただければ，幸いです。

2024 年 3 月

尾﨑 司

もくじ

教育・保育実習のデザイン

実感を伴う実習の学び

第３章　施設実習

第４章　実習の基本的な観点を理解する

 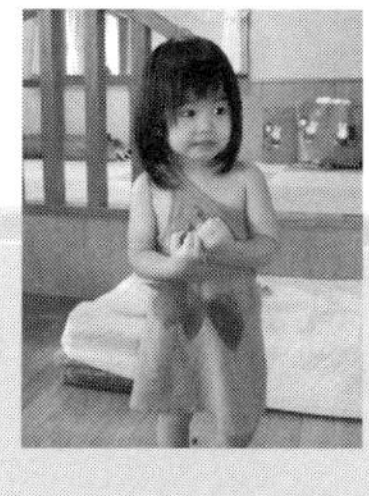   

第５章　実習の準備をする

第６章　子どもとのかかわり

第７章　計画から実践を体験的に学ぶ

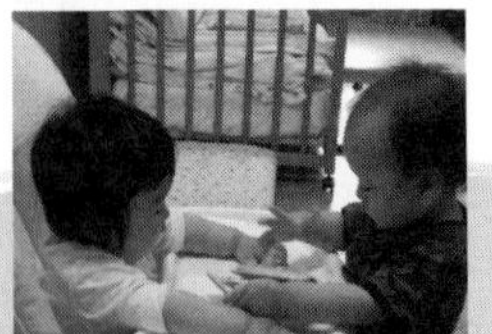

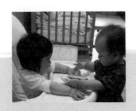

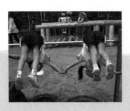

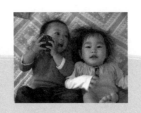

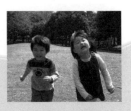

Contents

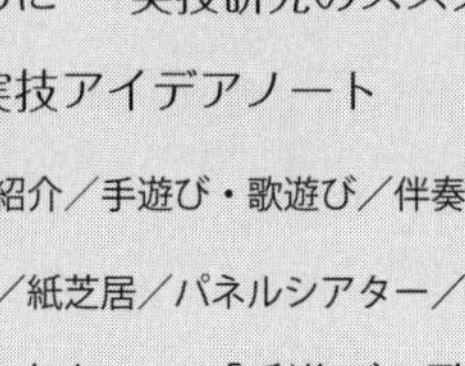
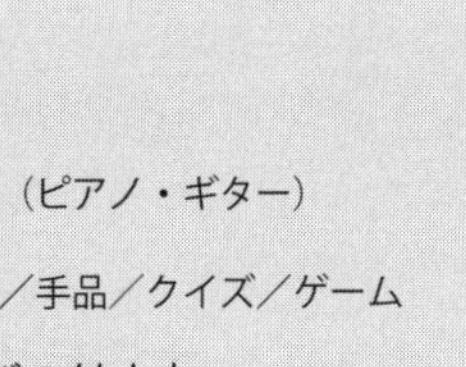

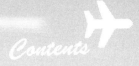

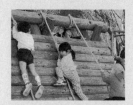

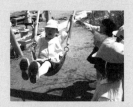

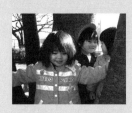

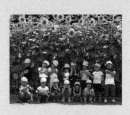

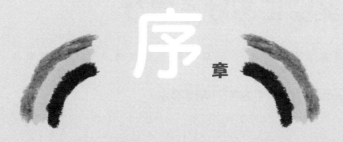

序章

実習における学びとは

1. 実習における学び

1 実際にかかわり動いてみて，人は学ぶ

最近，中学校・高校で保育ボランティアを体験し，保育・幼児教育の道を志す学生が増えています。みなさんも何かしらのボランティア経験があることでしょう。保育所にボランティアに行く前には，本，ビデオなどで保育所に関する知識を増やしイメージをもち，現場への「思い」はふくらみます。しかし，そんな思いをもって実際に現場に入ってみると，その「思い」と現実とのギャップ（差異）を感じた経験のある人は多いことでしょう。「思い」が強いほど，驚き，感動，喜び，あるいは失望が感じられるかもしれません。

人は，体験する前の「思い」と体験する現実から触発された「思い」との「ギャップ（差異）」から多くのことに気づき，学びます。そして，この現実感（アクチュアリティ）は，決して本やビデオ，講義から得られるものでなく，「行為」のなかで感じるものです。実習体験から学ぶとは，「思い」をもって現場にかかわり，そこから得た気づきを学びとすることなのです。

2 失敗こそ学べる――部分実習のエピソード

ここで，初めて保育所実習を体験した実習生Aさんのエピソードを紹介します。Aさんは，巡回指導で訪問した私に会うなり，「失敗しましたー」と落胆した様子です。たった今，5歳児クラスを対象に製作の部分実習を終えたばかりでした。話を聞くと，紙パックを羽にストローを軸にした「紙パックのとんぼ」を製作したということです。

Aさんは部分実習当日の様子をイメージし，前日まで思いをめぐらせます。「紙パックのとんぼをみんなが飛ばしたら，自分のとんぼがどれかわからなくなるかもしれないな。子どもたちのなかでけんかが起こったら大変」，「そうだ！　できあがったところで，紙パックの羽のところに自分でお気に入りのマークを描こう。そうすれば，自分のものがどれかわかるはず」，「自分のものというのをマークで表現できるし，愛着もわくかも」。

Aさんはそう考えて，指導計画の指示を「できあがったところで，紙パックの羽のところに自分でお気に入りのマークを描く」とし，留意事項に「紙パックのとんぼをみんなが飛ばしたときに自分のとんぼがわからなくならないように，マークをつける」，「マークをつけることで，愛着がわく」と書き，当日の子どもたちの姿をわくわくどきどきしながらイメージします。

そして当日。実際にやってみて，子どもたちの反応はどうだったと思いますか？

子どもたちは，紙パックの羽とストローの軸をつけたとたん，飛ばしはじめたのです。Aさんはマークを描くように指示する間もなく，立ち尽くしてしまいました。Aさんは

目の前で自分のイメージとは違う状況が展開されていくのに触れ，「失敗した〜，悔しい」と感情が揺り動かされ，「どうしてだろう？」といろいろな考えが頭のなかをめぐります。その瞬間，その場で「最後に紙パックの羽にマークをつけること（計画）がいけなかったんだ」と気づきます。Aさんは語ります。「作ったらすぐに飛ばすとは思わなかった」と。それはショックでもありますが同時に，「次は子どもの特性や順序に気をつけないといけない」ということを，まさに失敗している状況のなかで実感を伴って学んだのです。

3 実習は，実感を伴う学び

このエピソードから，実習の学びについて考えていきたいと思います。

第1に，実習の学びは，かかわる前の「思い」と現実にかかわった後の「思い」との差異から引き起こされるということです。かかわる前にイメージした「こうなるはず（なってほしい）」という活動の展開や子どもの姿は，Aさんの例では実際には違った現実となっており，そこから触発された「思い」が生まれます。同時に，かかわる前後の差異が実習体験からの学びとなるのです。しばしば，ベテラン保育者にみられる行為の「感じ」や「コツ」，実践知は，こうした経験による学びから導かれるのではないでしょうか。

第2の特徴は，感情が揺り動かされる学びということです。Aさんのように失敗への悔しさもあれば，喜び，驚き，感動，楽しさ，おもしろさ，不思議さなどの感情が揺り動かされながら，心と体と頭を使って学ぶのです。このような学びは，教室ではなかなかできるものではありません。

第3に，Aさんは保育行為の“最中に”指導計画や子どもの特性について振り返り，気づきを得ます。この“最中の”気づきは，ショーン（Schön）[1)]の言葉を借りれば，行為のなかの省察（せいさつ）（reflection in action）ということができます。これは，一日の保育が終わった後で書く日誌や事後学習での分析的な振り返りのように，時間を置いて論理的に頭で考えたものとは違います。つまり，行為についての省察（reflection on action）ではないのです。実習の学びの醍醐味は，行為と同時に気づく「行為のなかの省察」にあるのです。もし，実習中に「感じ」や「コツ」をつかんだり，行為の最中に気づきを得ることがあれば，すぐに書きとめておくことが大事です。

4 日々の学びを次の行為にフィードバックする

次にBさんのエピソードを紹介します。Bさんは初めての保育所実習で，実習初日からルーブリック（pp.14–15）を使ってみました。実習生のBさんは，ルーブリック（遊びの理解）のなかにある「子どもと一緒に遊ぶことで，子どもが感じる遊びの魅力を理解することができる」という項目で自己評価をして巡回指導にのぞみました。けん玉ができないBさんは，けん玉ができない子どもと一緒にけん玉をして，励まし合いながら二人でできるようになったエピソードを巡回指導教員の私に語ってくれました。その時，Bさんは「友だちっていいな」，「一緒にやっているから，できたんだな」と感じ，その後の実習では，その経験を通した視点から子どもたちの関係を見ることができるようになったそうです。

Bさんは，子どもと一緒に遊ぶことで，その瞬間，瞬間に様々な気づきを得ています。そして，その日の振り返りから，子どもの見方を一つ獲得しています。この学びを次の日から自分の保育行為にフィードバックして，保育（実習）に取り組んでいるのです。その遊びのどこが楽しいかを経験的に知っていること，そしてその遊びは楽しいだけでなく人間関係の形成や自己の成長につながる物語があることを理解することは，遊びを通して保育をするうえで，とても重要なことです。遊びを提案するとき，本やインターネットで教材を探し，自分がその遊びの楽しさを経験せずに提案するのか，それとも，自分自身がその遊びを通じて育つものを理解したうえで提案するのかでは，大きな違いがあります。

5 “くせ”になること

実習の学びは，図表 0-1-1 のようなサイクルを繰り返しながら，実習中は「保育行為の最中での気づき」(reflection in action) をもとに，事後学習で「行為についての気づき」(reflection on action) を得ながら，実践からの「知」や保育感（観）などを生みだす練習をする（くせを身につける）機会ととらえてはどうでしょうか。実習に行くと，「現場の先生はすごいな」，「どうしたら，あんなふうに子どもをみて接することができるようになるのかな」というような感想を抱くかもしれません。しかし，芸術的ともいえる「わざ」をもつ先生方も，最初は実習生から始まって，経験から学び，実践知を磨いていったのです。

もし，みなさんが実習の最中に「感じ」や「コツ」がつかめたり，子どもをみるおもしろさのツボを見いだせたならば，実践することが楽しくて仕方がなくなるかもしれません。子どもにかかわる仕事をするうえで，こうしたおもしろみを感じられたら，しめたものです。この経験が，その後の職業人としての「原点」となるかもしれません。仕事は断然，楽しくなることでしょう。そして，日々の積み重ねや発見がやがて専門性につながっていくのです。まさに“くせ”になるとは，このようなことなのかもしれません。

図表 0-1-1 実習における学びのサイクル

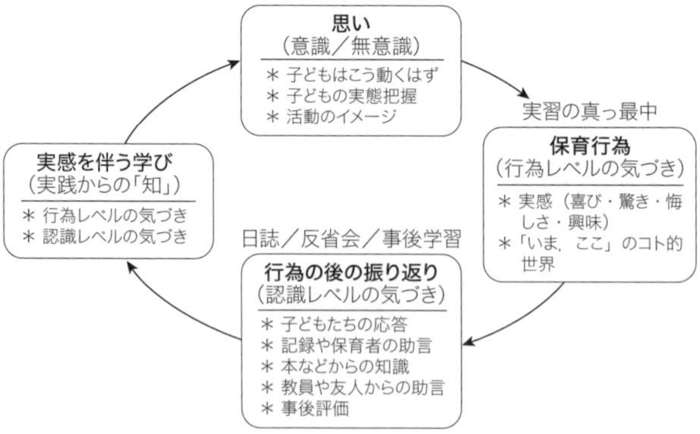

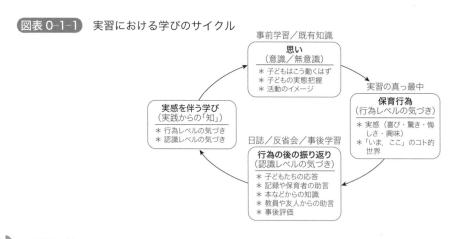

引用文献

1）Donald A. Schön, *The Reflective Practitioner: How Professionals Think in Action*, Ashgate Publishing Limited (reprinted edition), 1995, pp.49–69

2. ルーブリックを使ってみよう

本書では，実習が効果的に学べるように，ルーブリックの活用を提案しています。各章の内容は，評価観点ともリンクするように構成し，評価指標をあらかじめ理解したうえで学習に取り組めるようにしています。部分的にでも活用することをおすすめします。

1 ルーブリックとは

ルーブリック（rubric, 評価指標）とは，聞きなれない言葉ですが，簡単に言うと，「評価観点」を縦軸に，「到達レベル」を横軸にしたマトリックス（表）のことです。それぞれのマスには，実際に観察できる特徴を文章にして，レベル別に書かれています。近年，評価しようとする能力や技能を，実際にやっているところを確認し評価しようとするパフォーマンス評価が注目されています。ルーブリックは，そのパフォーマンス評価のなかの一つで，たとえば手遊びが３つできるかどうかの評価は，その学生が実際に３つ手遊びをする行為を実際に確認できれば，「手遊びが３つできる」に○がつくという評価です。観察可能な文章なので，Ａ・Ｂ・Ｃなどの評価よりもズレが少ないといえます。

2 なぜ，これを使うのか？

ルーブリックは，それぞれのマスに書いてある文章に合致する行為があるかないかをみるだけなので，短時間で簡単に評価することができます。こんな行為していたかなと自分の実習を振り返るなかで，「そういえば，この場面はこの文章に当てはまるな」というふうに，具体的な場面を根拠として結びつけることができます。なんとなく気分で評価するのではなく，これに合致する場面が思い当たるから，この評価になるといえるのです。

このことは，実習先の現場保育者や保育者養成校の教員とも，共有することができます。つまり，実習指導を行う保育者から見て，「あなたの行為がこうだった（と私には見えた）から，このマスに○をつけました」という根拠にもとづいたその時点での評価を伝えることができるので，それについて対話することができるのです。この対話を通じて，巡回指導のときには互いの評価のズレが少し解消され，教員や保育者も指導の方向性を探ることができます。そうすれば，あなたは残りの実習期間を有意義に学ぶことができるでしょう。

次項（pp.18–19）に，ルーブリックにある評価観点と本書の各章との対応をしめしました。保育実習での学びは総合的・多面的で重層的な「学び」のプロセスです。授業以外でも，興味のあるページのどこからでも読み進められますので，自学自習でも積極的に活用して，各学校のシラバスや実習の展開に応じて自由に組み合わせ，みなさん一人ひとりの「実感を伴う学び」を深めてください。

保育所実習で経験してほしい内容（評価票）

評価観点		実習上級レベル
コミュニケーション	あいさつ・所作	あいさつや丁寧な言葉づかい，礼儀正しい振る舞いで，周りの人と良好な関係を築くことができる。
	情報の共有（報告）	保育者に伝えなければならないことを報告し，物事を円滑に進めることができる。
	情報の共有（相談）	保育者と相談しながら，物事を円滑に進めることができる。
実習に向かう姿勢	安全への配慮	保育環境の安全状況をチェックし，保育者への情報共有，子どもへの注意喚起をおこなうなど危機回避に関して必要な行動を取ることができる。
	実習指導を受ける態度	言われたことや助言を素直に受け止め，理解した上で行動することができる。
	質問による理解の促進	子どもの気持ちや関わり方，保育に関すること等への質問の回答を活かし，実践に結びつけることができる。
保育の専門性	発達の理解	発達過程を意識して子どもに関わり，それに対する子どもの反応や言動を記録し，理解することができる。
	援助の理解	保育者の姿勢や関わり方，考え方から学びを得て，それを実践に結びつけることができる。
	子育て支援の理解	保育者から聞いた子育て支援の実例から学びを得て，それを実践に結びつけることができる。
子どもへの関心	子どもへの関心	他者に伝えたくなるような子どもの姿に関心を持ち，記録された複数の事例を総合的に考察することができる。
	子どもの世界の尊重	子どもが心を動かし考え楽しむ過程を見守り，記録された複数の事例を総合的に考察し，子どもの理解をすることができる。
	生活の連続性への理解	日々の出来事や生活と，子どもの姿とのつながりを関連づけ考察し，実践に結びつけようとしている。
子どもとの関わり	遊びの理解	子どもが感じる遊びの魅力を理解し，それを考慮して実践に結びつけようとしている。
	関わる準備と実践	子どもと関わるために必要なことを事前に考え準備して，丁寧に関わることができる。
	関わる魅力の発見	子どもとの関わりを通して気づき，発見できたことから，自分の考えをまとめることができる。

実習中級レベル	実習初級レベル
進んであいさつができ，丁寧な言葉づかいや礼儀正しい振る舞いをすることができる。	進んであいさつすることができる。
報告の重要性を理解し，保育者に伝えなければならないことを報告できる。	時々，報告を忘れることもあるが，保育者に伝えなければならないことが報告できる。
保育者と相談することの重要性を理解し，保育者と相談して物事を進めることができる。	適切なタイミングで相談できないこともあるが，保育者と相談して進めることができる。
保育環境の安全状況をチェックし，保育者への情報共有をおこなうことができる。	保育環境の安全という観点から，自らの保育行為を振り返り，安全への配慮を意識することができる。
言われたことや助言を素直に受けとめ，その意味を理解することができる。	言われたことや助言を素直に受けとめることができる。
保育者への質問の回答から，その考えや意図を理解し記録することができる。	子どもの気持ちや関わり方，保育に関すること等について質問することができる。
子どもの姿や言動を記録し，事前学習した発達の知識に関連づけて考察することができる。	子どもの姿や言動を記録し，その記録から発達に関する気づきを得ることができる。
保育者の言動にふれ，その姿勢や関わり方，考え方を記録し，考察することができる。	保育者の言動に触れ，その姿勢や関わり方，考え方に関心を持ち記録することができる。
子育て支援の実例について質問し，事前学習と結びつけて考察することができる。	子育て支援に関心を持ち，その実例について質問することができる。
他者に伝えたくなるような子どもの姿に出会い，その記録から保育の魅力を発見することができる。	他者に伝えたくなるような子どもの姿に出会い，記録することができる。
子どもの目線に立ち，子どもが心を動かし考える過程を尊重して見守り，それを記録して子どもの世界を考察することができる。	子どもの目線に立ち，子どもが心を動かし考える過程に関心を持ち，記録することができる。
日々の出来事や生活と，子どもの姿とのつながりに関心を持ち，関連づけて考察することができる。	子ども理解のために，保育園や家庭での生活の影響に関して，保育者に質問することができる。
子どもと一緒に遊ぶことで，子どもが感じる遊びの魅力を理解することができる。	コミュニケーションを取りながら，子どもと一緒に遊ぶことができる。
子どもと関わるために必要なことを事前に考え，準備することができる。	子どもと関わるために必要なことを事前に考えることができる。
子どもとの関わりを通して，気づきや発見を記録し，改善点を考えることができる。	子どもとの関わりを通して，気づきや発見を記録することができる。

施設実習で経験してほしい内容（評価票）

評価観点	実習上級レベル 理解から実践へ展開できる
実習指導を受ける態度	言われたことや助言を素直に受けとめ，理解したうえで行動することができる。
施設の役割や機能	施設の役割や機能を理解したうえで行動することができる。
利用者（子ども）の理解	個々の利用者の姿に関心をもち，その行動の理由や原因を考察したうえで行動することができる。
利用者（子ども）の支援	支援者の言動から利用者支援に関心をもち，支援者の姿勢やかかわり方，考え方を実際の支援に取り入れようとしている。
ウェルビーイング	利用者の視点や立場に立ち，利用者の最善の利益・幸福について考察したうえで利用者支援につなげようとしている。

実習中級レベル 関連づけて理解できる	実習初級レベル 興味・関心をもつことができる
言われたことや助言を素直に受けとめ，その意味を理解することができる。	言われたことや助言を素直に受けとめることができる。
施設の役割や機能を理解し，それらを利用者の姿に結びつけて記録や質問をすることができる。	施設の役割や機能をおおよそ理解している。
個々の利用者の姿に関心をもち，事前学習と関連づけて記録や質問ができる。	個々の利用者の姿に関心をもつことができる。
支援者の言動から利用者支援に関心をもち，記録や質問をすることができる。	支援者の言動から利用者支援に関心をもつことができる。
利用者の視点や立場に立ち，利用者の最善の利益・幸福に関連づけて，記録や質問ができる。	利用者の最善の利益・幸福という観点から，利用者の生活について関心をもつことができる。

下記 URL からルーブリックの Word ファイルをダウンロードできます。ぜひご活用ください。
https://houbun.com/appendix/429

- **学生用：保育所中間、保育所最終**
- **実習先用：保育所中間、保育所最終、施設中間、施設最終、総合所見**

ルーブリックと本書との対照表

評価観点		評価基準	1章				2章		
			1-1	1-2	1-3	1-4	2-1	2-2	2-3
コミュニケーション	あいさつ・所作	あいさつや丁寧な言葉づかい，礼儀正しい振る舞いで，まわりの人と良好な関係を築くことができる。							
	情報の共有（報告）	保育者に伝えなければならないことを報告し，物事を円滑に進めることができる。							
	情報の共有（相談）	保育者と相談しながら，物事を円滑に進めることができる。							
実習に向かう姿勢	安全への配慮	保育環境の安全状況をチェックし，保育者への情報共有，子どもへの注意喚起を行うなど危機回避に関して必要な行動を取ることができる。							
	実習指導を受ける態度	言われたことや助言を素直に受けとめ，理解した上で行動することができる。	○	○	○	○	○	○	○
	質問による理解の促進	子どもの気持ちやかかわり方，保育に関することなどへの質問の回答を活かし，実践に結びつけることができる。	○	○	○	○	○	○	○
保育の専門性	発達の理解	発達過程を意識して子どもにかかわり，それに対する子どもの反応や言動を記録し，理解することができる。	○	○	○	○	○	○	○
	援助の理解	保育者の姿勢やかかわり方，考え方から学びを得て，それを実践に結びつけることができる。	○	○	○	○	○	○	○
	子育て支援の理解	保育者から聞いた子育て支援の実例から学びを得て，それを実践に結びつけることができる。							
子どもへの関心	子どもへの関心	他者に伝えたくなるような子どもの姿に関心をもち，記録された複数の事例を総合的に考察することができる。	○	○	○	○	○	○	○
	子どもの世界の尊重	子どもが心を動かし考え楽しむ過程を見守り，記録された複数の事例を総合的に考察し，子どもの理解をすることができる。	○	○	○	○	○	○	○
	生活の連続性への理解	日々の出来事や生活と，子どもの姿とのつながりを関連づけ考察し，実践に結びつけようとしている。	○	○	○	○	○	○	○
子どもとの関わり	遊びの理解	子どもが感じる遊びの魅力を理解し，それを考慮して実践に結びつけようとしている。	○	○	○	○	○	○	○
	関わる準備と実践	子どもとかかわるために必要なことを事前に考え準備して，丁寧にかかわることができる。	○	○	○	○	○	○	○
	関わる魅力の発見	子どもとのかかわりを通して気づき，発見できたことから，かかわる魅力を総合的にまとめることができる。	○	○	○	○	○	○	○

評価観点	評価基準	1-1	1-2	1-3	1-4	2-1	2-2	2-3
施設の役割や機能	施設の役割や機能を理解したうえで行動することができる。							
利用者（子ども）の理解	個々の利用者の姿に関心をもち，その行動の理由や原因を考察したうえで行動することができる。							
利用者（子ども）の支援	支援者の言動から利用者支援に関心をもち，支援者の姿勢やかかわり方，考え方を実際の支援に取り入れようとしている。							
ウェルビーイング	利用者の視点や立場に立ち，利用者の最善の利益・幸福について考察したうえで利用者支援につなげようとしている。							

3章			3章						4章				5章					6章					7章	
3-1	3-2	3-3	3-4	3-5	3-6	3-7	3-8	3-9	4-1	4-2	4-3	4-4	5-1	5-2	5-3	5-4	5-5	6-1	6-2	6-3	6-4	6-5	7-1	7-2
													○	○										
											○	○	○	○		○	○							
												○	○	○		○	○						○	○
															○	○							○	○
										○			○	○		○	○	○	○	○		○	○	○
									○	○	○		○		○	○		○	○	○	○	○	○	○
										○					○	○		○	○	○		○	○	○
										○	○	○			○	○		○	○	○		○	○	○
											○													
									○	○		○			○	○		○	○	○		○	○	○
									○	○		○			○	○		○	○	○		○	○	○
											○	○			○	○		○	○	○		○	○	○
									○		○	○			○	○		○	○	○		○	○	○
										○					○	○		○	○	○		○	○	○
										○					○	○		○	○	○		○	○	○

3-1	3-2	3-3	3-4	3-5	3-6	3-7	3-8	3-9	4-1	4-2	4-3	4-4	5-1	5-2	5-3	5-4	5-5	6-1	6-2	6-3	6-4	6-5	7-1	7-2
○	○	○	○	○	○	○	○	○								○			○		○	○		
○	○	○	○	○	○	○	○	○								○			○		○	○		
○	○	○	○	○	○	○	○	○								○			○		○	○		
○	○	○	○	○	○	○	○	○							○	○			○		○	○		

3. ルーブリック活用エピソード

ルーブリックの評価基準に対して，実習経験をもとに根拠となるエピソードをどんなふうに記述したか，一例をしめします。自己評価するときに，参考にしてください。

【保育所編】

1 発達の理解

ままごとで遊んでいるとき，**年齢によって何を楽しんでいるかが違っていた。**1歳児では食材をカバンに入れることや皿に並べることなどをしていた。2歳児では言葉の数が増え，ほかの子どもに渡すことや，友だちのまねをして遊ぶ様子が多かった。3歳児では子ども同士で会話をしながら共通理解をしたうえで学びが広がる様子が見られた。

着替えの場面で1歳児クラス（2歳児）では，上着のチャックを閉めたりボタンを留めることが難しい子どもがほとんどだった。2歳児クラス（3歳児）になると，着替えを一人でできる子どもが増え，裏返った袖を直すこともできていた。3歳児クラス（4歳児）では着替えの援助が必要な子どもが少なく，4歳児クラス（5歳児）ではチャックを自分で閉めることができる子どもが多かった。**年齢が上がるにつれて，手先が器用になり，自分でできることも増えていた。**

4歳児クラスで1週間実習をさせていただき，子どもたちの葛藤の様子に気がつくことができた。子どもたち同士のかかわりに着目をするなかで，折り紙で遊ぶことが多い子どもの様子が気になった。A児は自分と実習生で折り紙をしているときは独自のアレンジを入れたり，「こうやって折るんじゃないかな」と言い，進めていけることのできる子どもだったが，ほかの子どもがやってきて声をかけられたり，ほかの子どものほうが先に進むと「できない！」と言ってやめてしまう姿があった。それは**他者との関係のなかで自分のできること，難しいことに気づいて葛藤しているのではないかと考え，保育者に相談しながらかかわることができた。**

2 援助の理解

室内遊びの片づけの後などの子どもたちが保育者の元に集まっていないとき，「手遊びするよ！」などと何か声をかけることはしないで，自然と歌い始めて，集まってくる子どもたちと手遊びやまねっこ遊びをして全員が集まるのを待つというスタイルで行っていました。**私もその方法が素敵だと思い**，２歳児クラスの部分実習で，集まってはいるがこちらに注目していない子たちもいるときに，「まねっこしてね」とは言わずに「次はお鼻」などと言うと，まわりの友だちを見ながら，全員が注目を寄せてくれ，その後の手遊びや絵本の読み聞かせがうまくいきました。

▶▶▶ 子どもたちの危険がある行動を正すとき，注意をするときに否定的な言葉を使わずに**肯定的な言葉がけ**をしていた。たとえば「お部屋では走らないよ」と声をかけるのではなく「お部屋ではゆっくり歩こうね」と声をかけ，「お友だちにぶつかってしまうからね」，「転んじゃうよ」と理由も一緒に伝えていた。また，保育者は上から目線で子どもを注意することなく，「〜してあげる」「ほめる」という言葉を用いずに，子どもと同じ立場で一緒に成長していくことを意識していた。

▶▶▶ ５歳児クラスで実習をさせていただいた際，保育者は製作のデザインも素材も子どもたちに任せていた。**就学に向けて，子どもたちの主体的な活動を大切にされていると感じた。**たとえば，牛乳パックにのりを使って素材をくっつけようとしている子どもに対して，つくかどうか問われても「まずやってごらん」と声をかけ，くっつかないと言った子どもには「じゃあ何ならいいんだろうね。いろいろやってみたらどうかな」と話し，子どもがまず挑戦し，考える機会を意図的に増やそうとしていた。

3 子育て支援の理解

▶▶▶ **クラスだより**を毎月保護者に配布しており，そこにクラスごとに「スプーンやフォークだけでなく，お箸を使用してみるようになったこと」や，「進級に向けてお昼寝の時間を短くしていること」など，**最近の保育園で行っていること**が書かれていた。そして家庭でも行ってほしいことや，アドバイスなどが一緒に書かれていた。このクラスだよりは階段の踊り場に全クラスのものが掲示されており，ほかの年齢のものも自由に見ることができるようになっていた。

▶▶▶ 実習中，**保育参加の機会**があり，かかわりを間近で見ることができた。製作中，子どもと一緒に製作している様子を見守りながら家での様子，普段のかかわり，道具を使う様子を話したりしていた。その後，保護者会が行われ，子どもの様子はもちろん，保護者の悩みを保護者同士で共有，解決策をほかの保護者から聞くということもしており，実際の体験を話し聞くことのできる場をつくっていた。

4 あいさつ・所作

▶▶▶ 保育者だけでなく，保護者や子どもにも，明るく笑顔であいさつをするように心がけました。実習生であっても，**子どもたちにとっては一人の先生**なので，言葉づかいや礼儀は意識して取り組みました。

5 情報の共有（報告）

普段は口に手を入れる癖のないはずの1歳児の男の子。手と口の中が気になるようで，ずっとなめていた。**担当保育者に報告後**のおむつ交換の際，発疹が見つかり，0歳児ルームで手足口病が出たこともあり，熱もあったため，保護者へ連絡し，お迎えに来てもらうことになった。

子どもが第二園庭に行きたいと言っていたため，それについて行ったら，その後，担任の先生から「第二園庭に行く際は，一言かけてね」と言われた。子どもだけで第二園庭に行くのはダメだったことを後から知り，場所を移動するときには**担任に一言かけて行くべきだった**と思った。

6 情報の共有（相談）

4歳児のRくんの対応で困ったときには担任の先生に**相談しアドバイスを受け，次の日の実習にいかした。**責任実習の際も活動内容を担任の先生と相談しつつ考えた。

7 実習指導を受ける態度

子どもとかかわることで精一杯になってしまっていた部分があり，気持ちに余裕がなかったとき，声のトーン・大きさについてアドバイスをいただいた。**次の日は**子どもとかかわる際，声を発する前に，気持ちを落ち着けて声を出すように**気をつけて話すように心がける**ことができた。

8 子どもへの関心

土曜日の異年齢保育の日に，3歳未満児たちが外遊びをしていた。ちょうどその日は雨の次の日で，園庭には水たまりがあった。子どもたちはその水たまりを見つけ，その水を使い，コンクリートにおえかきをしていた。**この子どもたちの発見を見て，とても感動した。**

3・4・5歳児の異年齢保育の4歳児の女の子。自由遊びの時間に4歳児同士でカルタ遊びをしていた。Aちゃんが読み手でBちゃんとCくんが取っていたが，Aちゃんは「Bちゃんに取ってほしいからC君は取らないで！」など，自分のやりたいようにどんどん遊びを進めてしまっていた。次の日私がカルタをしたいというDくん（3歳児）とゆっくりカルタをしていると，やりたいとAちゃんが入ってきた。少し心配もしたが，3人でやることになった。同じ4歳児相手だと強く出るAちゃんが，Dくんが取るまで待っていたり，同じタイミングでも譲ってあげたりする様子を見ることができ，**異年齢保育の良さ**を感じることができた。

▶▶ 実習最終日に年長クラスで実習をした。担任の保育者が，私が実習に来るのは最後だと子どもたちに伝えると，子どもたちは私が掃除をしている間に手紙を書いてくれていた。（内緒で）その手紙を渡してくれるとき，「がんばってね」「忘れないよ」という言葉をもらって，これからもがんばろうと思うとともに，**今まで実習をがんばってよかった**と思った。このことはぜひ他者に伝えたい。

9 子どもの世界の尊重

▶▶ 3歳児の子どもと外遊びをしていたときに，ある男の子が空にあった飛行機雲を見つけて，「海泳いでるみたいだね。気持ちよさそうだね」と言っていた。その言葉を聞いて，子どもの世界の素晴らしさを感じた。**このような綺麗な子どもの心や世界を尊重し，見守り，共感してあげたい**と思った。

▶▶ ままごとをしていたとき，落ち葉をケーキに見立て，枝をスパゲティに見立てたり，一人ひとりが落ちている植物を，子どもなりの観点で食べ物に見立てて遊んでいた。大人から見たら"落ち葉"でも子どもが見ると，いろいろなものにシフトされることから，子どもの想像する世界の豊かさを知れ，**このような素敵な世界を，崩さないように**よりいっそう**この世界がふくらむよう**，同じ視点になり尊重し，振る舞ったり，ほめることが大切と思った。

▶▶ 5歳児クラスの子どもたちが，砂場の枠の壁に沿って下向きに掘り始めた。最初はどんな意図があるのかわからず，やめるように声をかけようと思ったが，そのまま見守っていると次第に人数が増えていった。はじめは深く掘ることだけが目的のようだったが，人数が増えていき，掘る係，掘った土をかきだす係，壁を固める係と**自然に役割分担をするうちに，ダム建設遊びへと変化していった。**

▶▶ 遊びのとき，地面の雪が太陽で溶け出して泥になっているところをバケツに入れて一人の女の子が遊んでいました。その子はいくつかのバケツに水分の量（雪溶け水）が多くドロドロしているところと水分が少ないところとで**分けて入れていました。**近くで見ていると，小さいスコップを垂直に持ち，バケツの中に差し込み，その後の上に引抜くときの**手の感覚がとてもおもしろい**ということを教えてくれました。**実際やってみると**今まで味わったことのない感覚で，水分の量の違いによって感覚が変わることも教えてもらいました。

10 生活の連続性への理解

▶▶「ママがこの前ケーキ作ってくれたの」と言って，砂場でお皿に砂を入れてかきまぜたり，焼くふりをしていて，「ママがこうやってたんだよ」と説明しながら言っていた。

▶▶ 0歳児クラスの昼食の時間，ニンジンが苦手な子どもは，その日もニンジンを食べることを嫌がっていた。しかし，保育者は無理に食べさせようとせず，「一度さわってみる？」と，ニンジンの存在を伝える言葉がけのみ行う（そのほかにも絵本でニンジンをテーマにしたものを読み，ニンジンについて伝えることを行う）。そして，次の日の昼食の時間，保育者が試しに「ニンジン食べる？」と声をかけると笑顔でニンジンを口に運んでいた。

11 遊びの理解

0・1歳児を見たとき，自由遊びの際，保育者はままごとで子どもが遊んでいる様子をうかがい，しばらくしてから，猿が大きく描かれたダンボールを出していた。そのダンボールには口の部分に穴があいていて，そこから子どもたちはままごとの食べ物を食べさせるという遊びを何度も繰り返していた。最初見ていたときは何度も繰り返すほど楽しいかな？　と感じていたが，**実際に一緒になって遊んでみると，とても楽しく，何度も繰り返す理由がわかった。**子どもがより楽しめるよう遊びを発展させたり，工夫していくとよいと感じた。

カプラを使ってタワー作りをしていた。どんどん高くなっていくタワーを倒さないように工夫して積んでいった。**その時に感じるハラハラやわくわくを一緒に遊ぶことで感じることができた。**大きく，高いタワーが完成した**達成感**や**充実感**も感じることができた。

3歳児たちとお散歩に行った公園に，子どもたちが「マンション」と呼んでいる立体迷路のような遊具があった。最初は遊具の外から子どもたちの様子を見ていたが，子どもたちに誘われて子どもと**一緒に遊具のなかに入って**遊び始めた。天井が私にとってはかなり低く，全身を使って動いている子どもの後をついていくことはかなり大変だった。しかし，子どもたちと一緒に遊具に入り，一番上の階まで行って**同じ目線で**見たことで，とても見晴らしがよく，こぢんまりとしたスペースが秘密基地のようだと感じた。また，**手足を使って登ることで，思っていた以上に**体全体を使った遊びであることがわかった。

フラフープを使おうとしていた子に「どうやってやるの」と聞かれたので，おなかにフラフープをくぐらせ，お手本を見せた。すると，もう一人の子がフラフープの中へ入り，電車ごっこをして「こうやって使うんだよ」と教えていた。すると，その後二人はフラフープで電車ごっこをしていたことから，**子どもなりの遊び方があることを理解した。**

12 かかわる準備と実践

最初にクラスに入ったときにする**自己紹介で使うスケッチブック**を用意していきました。スケッチブックには，子どもたちにわかりやすいように自分の名前に関する絵を描いたり，好きな食べ物や趣味なども絵にしました。イラストにすることで，子どもたちにも楽しんで聞いてもらえたし，「この絵，何かわかるー？」などと言いながらかかわることができました。

▶▶ 片づけがいつも遅い子がいた。その子に次の活動がスムーズに行えるように，その子だけ５分前に，「あと５分でお片づけのお時間みたい！　それまでたくさん遊ぼうね」と**事前に伝えて，子どもが先を見越して行動できるように準備して**から導くことができた。

▶▶ **２歳児クラス**に入ったときに，洗濯物ごっこが流行っていて，干したり，たたんだりしていた。**そのことをふまえて**，絵本の読み聞かせの時間に「もうぬげない」を読んだ。子どもたちは夢中になって見ていた。

13 かかわる魅力の発見

▶▶ ０歳児クラスでの着替えの際，私は着脱の援助をした。０歳児だと自分でやることはなかなかないのかと思っていたが，**かかわってみると**「自分でやる！」という表情の態度を見せた。**改めてどんなに幼い子どもでも意志・意欲があり，子どもの様子を見ながら気持ちを察してかかわることが大切だと実感した**。その後，自分でやりたい子どもには「見てるからね！」と声をかけ，できたときには認められるような声かけをするよう心がけた。

▶▶ ３歳の男児と女児が同じポリカーに乗って遊んでいた。女児は「車だー」と言いながら乗っていたので，男児も同じことを思い乗っているのだと思い，男児に「かっこいい車だね」と声をかけた。すると男児は「車じゃないよ，これはバイクだよ」と答えた。私は，同じものを使っているからみんな同じイメージで遊んでいるものだと勘違いしていたが，**子どもには一人ひとり違った考えがあり，それを楽しんで遊んでいる場面もあるのだ**と気がついた。

▶▶ ティッシュを次々と出している男の子がいた。すると，一人の女の子が「ティッシュさん，かわいそう，さむそうだね」と声をかけていた。私も「そうだね」と共感していると，男の子も「かわいそうだから，やめるね」とティッシュを戻していた。**子どもとかかわると，子どもなりのとらえ方・考え方を学べたり，子どもなりの納得の仕方があるという発見ができた。**

▶▶ ３歳児クラスのおやつの前の自由遊びの時間。人形遊びをしていた女児が，まだ遊び足りないようでなかなか片づけをしようとしなかった。**声かけ**を「おやつだから，お片づけしよう」から「おやつの間は人形さんお昼寝させてあげたら？」と**変化させ**，「お片づけ」という単語を抜くと，女児は納得したように「おやすみなさい，おねんねしててね」といって人形を片づけてくれた。

【施設編】

1 施設の役割や機能

【乳児院】実習中，買い物体験があった。子どもたちを連れて近くのスーパーに行き，保育者と一対一でベビーカーに乗ったり手をつないで歩いたりしながら順番に店内を見て，おやつを買って帰るというものだった。私は，普段活発なイメージのあったＭくんと一緒に，手をつないで店内に入ろうとしたが，Ｍくんはお店の情報量の多さや，外気と冷房の効いた店内の空気のギャップに驚いたようで，しばらく入り口で立ち尽くしていた。Ｍくんが買い物体験に行くのは４ヶ月ぶりとのことだったので，夏の冷えた店内は知らなかったのだと思う。この買い物体験からは，**乳児院の子どもたちと家庭で暮らす子どもの生活の違いと，家庭で生活していれば当たり前にできる経験を乳児院の子どもたちにもなるべく近い形で経験できるよう保障しようとする配慮を学んだ。**

【児童養護施設】高校生のＴくんが洗濯物を自分で干している姿があった。ほかの子どもの洗濯は職員が行っていた。疑問に思い聞いてみると，この施設では，高校生になると洗濯物は自分でするなどの決まりがあった。**子どもたちは，おおむね 18 歳になると施設を出て自分一人で生活をすることを強いられる。この時に，子どもたちが自分で自立して暮らしていけるように施設職員は自立に向けた支援を行っていた。**

【障害者支援施設】施設では，定期的にリハビリテーションを理学療法士と一対一で行ったり，個別性に合わせた声かけや支援を行ったり，**利用者自身ができることを見つけて実際にできる環境を整える等の配慮を行っていた。**また，利用者一人ひとりに担当がついていることによって，コミュニケーションを通して利用者の気持ちやニーズを見つけやすくなり，**利用者の生活がより良いものになり，自分らしい日常生活や社会生活の促進へとつながっている**と考えた。

【障害者支援施設】保護者との連絡帳をみせていただき，施設と家庭それぞれの食事や排泄，体調（酸素などの値），活動の様子などをお互いに共有し合い，保護者の思いや意向を受け止めながら支援を考えていることがわかった。**利用者の方が通所に通う時間は，保護者の方にとってひと息つける時間であるが，心配な時間でもある**ことから，保護者の方が安心して送り出せるように職員全体で連絡帳や送迎時の伝言をミーティングや生活のなかで共有し，抜け漏れがないよう気をつけていた。利用者の方が安全に楽しく過ごせるようにするだけでなく，**保護者の方も安心できるようなかか**

わりを大切にしているのだと思った。

【母子生活支援施設】世帯の生活の様子や，これまでの支援と会話の内容，利用者の希望にもとづいた自立支援計画などが記録された台帳を読ませていただいた。また，業務マニュアルや利用者向けの生活のしおりなども見せてもらい，どのような支援が行われているかを理解することができた。母子生活支援施設にいる間，**母子が安心して過ごせるようそれぞれの専門分野から支援しており，職員が連携することで連続した支援ができている**ことがわかった。

2 利用者（子ども）の理解

【児童養護施設】5歳のRくんが急に泣き出して職員が怖いと私の後ろに隠れしがみついた。その後，なぜRくんが泣いていたのかを聞くと，急に職員に対してきつい言葉をぶつけてきて，それに対して注意すると泣き出したということだった。職員の話によると，職員に甘えたかったようだった。**施設にいる子のなかには，愛着形成がきちんとできていないことによって，間違えたやり方でかかわろうとしまう子がいること，職員はその子ども一人ひとりの背景を理解してかかわっていくことが重要**なのだと感じた。

【障害者支援施設】15時過ぎ，Aさんはお菓子を食べ，麦茶を飲み終えると，頭を保護する帽子を自分で着用した。Aさんは発語が困難であまり話さないが，問いかけると答えてくださる。Aさんは移動に介助が必要であるが，歩けるため，転んでもけがをしないように，頭を保護する帽子を被っている。Aさんも歩く際には帽子を被るということを理解している。そのため，**私はAさんが帽子を被ったことに気づき，もしかしたら自室に戻るのかと思い，Aさんに「お部屋に行きますか？」と問いかけると「うん」とうなづいていた**ため，職員の方に伝え，移動介助を行っていただいた。

【乳児院】Mちゃんは泣いていることが多く，スキンシップをとりながら声をかけると落ち着くが，実習生がその場を離れると再び泣き出すことが多くあった。理由を考えてみると，Mちゃんは昨日，乳児院内に設置されている，一般家庭に慣れるための部屋で里親さんとお泊りをして帰ってきたところであった。振り返りで保育者にMちゃんの様子の変化について質問したところ，面会やお泊りの後は，自分のことだけを見てくれる存在がいなくなったことで気持ちが不安定になることが多いと知った。Mちゃんに一人にしないでほしい，自分のことだけを見てほしいという思いがあったのだろうと考えた私は，Mちゃんを自分の膝の上に乗せて一緒に遊んだり，ほかの子どもとかかわる時も手を握りながらかかわったりするなど，できる限りMちゃんと一対一のかかわりをもつように意識しながらかかわるようにした。

【福祉型児童発達支援センター】感覚遊びとして氷や片栗粉を使って遊ぶ日，感覚遊びが苦手なRくんは，氷や小麦粉を前にして険しい表情をしていた。しかし，逃げたり叫んだりすることなく，氷をじっと見つめていた。私がRくんのそばに行き遊び方を示すために，手を入れて氷や片栗粉を触って見せていると，Rくんが私の手の上に手を置いた。結局，自分の手で触ることはなかったが，私の手と合わせて手を動かしていた。Rくんは遊びに興味がないわけではなく，ちょっとやってみたい，気になる，という思いがあるように見えた。もしくは，苦手なことに向き合おうとする姿にも見えた。**保育者は苦手だからといってすぐに別の遊びを用意するのではなく，その子の興味・関心を潰さないようにすることが大切**だと感じた。

3 利用者（子ども）の支援

【児童養護施設】キャンプの荷物を片づけていた際に小学一年生のHくんのコップと袋がなくなっていた。職員はHくんに探すように話していたが，Hくんはほかの子どもたちが遊んでいる姿に気をとられて聞くことができなかった。それを見ていた小学五年生のRちゃんは，「なんで先生があぁ言ったのかわかる？」と，Hくんが理解できるように丁寧に話そうとしていた。Hくんも，徐々に納得した様子で，その後二人で先生に話すことを考えていた。この様子を見て，**職員だけが子どもを注意したり教えたりするのではなく，年上の子どもが年下の子どもに教えたり注意することもあるのだと知り，縦割りのホーム特有の兄妹のような関係性を感じることができた。**

【福祉型障害児入所施設】職員の入浴介助を観察した。職員は児童にこれから何をするのかを先に伝えてから介助するようにしていて，**児童が安心感をもってリラックスしながら入浴することにつながっていると考えた。**また，シャワーが苦手な様子の児童に対しては桶にお湯を入れて流すようにしていて，**個々のニーズに合わせて対応している**ということがわかった。

【母子生活支援施設】小学生のMちゃんとその妹のMちゃんが泣きながら事務所に来た。しばらくすると，お母さんがとても疲れた顔で事務所に来て，「子どもがなかなか言うことを聞かなくて，叩いちゃいました」※と言った。職員は「一旦二人は預かるから，一度お部屋に戻って休んだら」と声をかけていた。お母さんが言いにくいであろう「叩いてしまった」ことを職員に言えるのは，これまでのかかわりのなかで職員と良い関係ができているからだと思った。また職員は，すぐに叩いてしまったことに対して言及するのではなく，お母さんの表情などから気持ちを汲みとり，一度距離を取るという形をとったのだろうと思う。**日頃からの関係性の構築や，その時々の状況に応じた支援の大切さ**を学んだ。

※母子生活支援施設に入所する母子には，保護・監護されるに至った背景があります。「叩いた」という言葉に驚いてしまうかもしれませんが，「施設の役割の理解」につなげて学ぶことができるといいですね。

4 ウェルビーイング

【児童養護施設】実習先の施設では「お部屋会議」というものを行っており，その部屋の子ども全員と担当の職員が集まって園の予定や部屋での要望を話し合うとのことだった。たとえば，誰かがソファーに寝転がっていて，「座りたいのに座る場所がないからどうにかしてほしい」との要望が出れば新たに決まりをつくるということだった。この会議は，**子ども一人ひとりが自分の意見を伝える機会になるとともに，お互いを尊重して同じ部屋でよりよく過ごすことを可能にしている**のではないかと感じた。

【障害者支援施設】A さんは目が見えにくいため，職員さんと手をつなぎながら，すれ違う利用者さんや職員さんに対して「こんにちは」とあいさつを楽しみつつ，お散歩している様子。A 棟や B 棟などのいろいろな場所を散歩した最後に支援事務所を訪れ，「こんにちは」とあいさつすると，支援員の方から「何か 1 曲歌って」と頼まれた A さん。要望に応えて，自分なりにアレンジしながらワンフレーズ歌うと，支援員の方々に拍手されたことがうれしそうな表情が見られた。その後，自分の棟に戻ると，ほかの職員さんに「旅に行ってきた」とお散歩に満足している様子があった。この様子を見ていて，各棟に配属されている職員のみと関係をもつのではなく，ほかの職員とも気軽に話せる環境にあるのは，利用者さん自身も安心して過ごすことのできる配慮になっていると感じた。

【医療型障害児入所施設】同じ食事の場面でも，皿やスプーンの選択・食べ方などの食事訓練をする職種と，口の動かし方や嚥下機能を評価し，安全に食べることができるよう援助する職種がいると学んだ。様々な職種の職員が，それぞれ専門的な知識や技術を用いて利用者の生活を支えているとわかった。**それぞれが専門性を発揮しながら，共通の目的に向かって連携することが，利用者の健康や自己実現につながる**と感じた。

【医療型児童発達支援センター】夏休みの期間に，デリバリーで子どもたちのリクエストした食事を食べるというイベントがあった。**夏休みの間なかなか外に出られない子どもたちが楽しめるように，という職員の意図があっての企画**であった。また，普段マッシュ食などを食べている子どものランチはミキサーにかけ，食べたいものが食べられるよう援助を行っていた。

【福祉型児童発達支援センター】施設にはたくさんの教材があった。たとえば手指遊びだけでも何十種類もの教材があり，子どもたちは興味のあるものとないものがはっきりしていた。子どもたちはそれぞれ，様々な教材で試行錯誤しながら遊んでいた。**どんな障害があってもどんな特性があっても楽しめるように，また発達が促せるように，そして好きな遊びを見つけられるように準備をする**ことは，子どもにとっての最善の利益につながるのではないかと感じた。

事前学習シート

【課題】これまで，あなたが学んできたことをまとめ，下記の項目に従って書き出してみましょう。また，記入するなかで，まだ事前学習が不十分と思われる場合には，さらに学習を深めてください。

発達過程について学習したこと	
保育所保育指針について学習したこと	
部分実習もしくは一日実習の準備	
子育て支援について学習したこと	
安全への配慮・疾病予防について学習したこと	

［クラス］　　［学籍番号］　　［氏名］

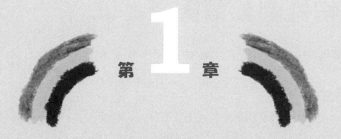

第1章

幼稚園教育実習・認定こども園実習

1. 幼稚園教育実習とは
2. 幼稚園の現場から
3. 認定こども園実習とは
4. 認定こども園の現場から

■ コラム　実習生の生活リズム①～公立幼稚園教育実習～

1. 幼稚園教育実習とは

1 幼稚園教諭への歩み

幼稚園教育実習は，**教育職員免許法**第5条（別表第1）および大学設置基準第21条第2項など（法令に定められる時間数は5単位のうち，実習4単位：120時間〜180時間）にもとづき実施されます。

人間の生業は，AIに代替されるかもしれない時代，その勢いとグローバル化の進行で消えゆく職業もあるとささやかれています。一方で，人間の強みが仕事となる代表例として，保育の仕事があるのではないでしょうか。ある学生は，「小さいころから幼稚園の先生になりたかったんです」と話し，また，ある学生は「中学生のときに職場体験で幼稚園へ行ったことがきっかけです」と言います。人間が働くことを意味深くとらえて，子どもの育ちを支えることに魅力を感じることは素晴らしい生き方です。

めざそうとする幼稚園教諭は，**学校教育法**第27条の⑨において「教諭は，幼児の保育をつかさどる」と規定されるように，生命を預かり，保育の営みのなかで養い，護ることが仕事です。また，生涯にわたる**人間形成の基礎**や**生きる力を育む**重要な役割を担い，保護者の子育てを支えることも包含した，知識と技術を必要とする専門的職業でもあります。

幼稚園教諭をめざして，国家資格である幼稚園教諭の免許状を取得する際，一般的には幼稚園教諭養成課程のある大学や短期大学などで学び，所定の課程を修了することが必須です。その課程において事前および事後指導とともに，公立や私立の幼稚園，あるいは認定こども園へ赴（おもむ）きます。実習は，子どもたちが生きている生活の場に身を置く，理論と実践の接点となる包括した学びであり，これまでの学習内容の検証と習熟が目的となるでしょう。どのような実習方法（見学・観察・参加・部分・一日実習）で，何を学ぶのか（具体的な実習の目標）を明確にしたうえで，無理や無駄のない実習を心がけるべきです。

2 幼稚園教育実習の実際

「子どもを知る，保育者を知る，幼稚園を知る」ための実習目的を眼目に，1日の教育時間は4時間を標準とする幼稚園において，実感を伴う凝縮した学びを遂行します。以下に実習前から実習中，そして実習後に至るまでの経過をたどってみます。

01 実習前

幼稚園は学校教育法にもとづく学校であり，満3歳から就学前の幼児が生活している場です。幼稚園教育は，**環境を通して行う教育**を基本とし，**幼児期にふさわしい生活**を展開すること，**遊びを通して**の総合的な指導をすること，**一人ひとりの発達の特性**に応じた指導をすることが**幼稚園教育要領**にしめされています。実習へのぞむ意識を高めるために，様々な提出書類を準備して，心構えを身につけるのです。実習生の身分は学生ですが，子どもたちにとっては，まぎれもなく先生です。実習生はこのことを自覚して，保育者たるにふさわしい責任感と態度を備えていなければなりません。とくに，子どもたちの日常の営みに混乱や危険があってはならないので，安全で安心して過ごせる**環境の整備**に配慮します。

加えて，実習生であっても**守秘義務**があり，知り得たすべての個人情報に関しては，決して他言・口外してはいけません。SNS も同様で，個人情報だけでなく，いかなる事柄も書き込んではいけません。さらには，実習生自身の個人情報が漏洩しないように留意しましょう。そのうえで，実習園との関係を築く最初の機会であるオリエンテーションに赴き，目視で確かめたり，実習日程・内容の詳細を確認したりしましょう。

【これから実習にのぞむあなたへ】

実習生の受け入れに際して，実習園が相当な負担を払っている事実は否めません。したがって，積極的に，真面目に，熱心に，しかも謙虚な態度でのぞむことを心に刻みます。学びを深めていくと，実際に挑みたいと期待があふれてくる一方で，実習直近は緊張と不安で潰されそうになるでしょう。しかし，緊張はあって当然のことですし，不安は今できることを試みるための準備をするなかで軽減してくるものです。

02　実習中

次に，幼稚園での一日の流れと，実習生の姿を見ていきましょう。子どもたちが登園する前に，園庭の整備や掃除，朝礼があります。その後は順次登園するので，保育者とともに出迎えて，**視診**を兼ねながら一日が心地よく始められるような心配りをします。

登園後は，思い思いに遊ぶ園や，朝の集まりから活動に移る園など，子どもたちの姿には**活動欲**があふれています。あらゆる方向に心が動き，自ら育とうと奮闘しているように

見えるかもしれません。昼食を目前に片づけや活動の移行をする際には，子どもたちの気持ちを十分に考える必要があります。遊び続けたい姿は，学びたがっている姿だととらえつつも，気持ちを切り替えて昼食につなげる工夫が肝要です。

昼食は，心が和む一時でもあり，日中にかかわることができなかった子どもへより添える絶好の機会でもあります。食休みを経た午後は，午前中の遊びを継続したり，一日の終わりに落ち着いて過ごす時間です。「このおやまはこわさないでね」と目印を立てて，今日の思いを明日につなげたいとする子どもの姿を目にすることがあります。一日を振り返り，**明日への期待**をもって降園できるような配慮が求められます。降園時には保護者へ出来事を伝えながら，子育ての悩みに傾聴する保育者の姿勢を確認するでしょう。

子どもたちの在園時間のみが学びの時間ではありません。降園後は掃除をしながら子どもたちの様子に思いをはせます。また，**預かり保育**を通して，子育てニーズの実情を体得する場合や，季節によっては，行事に参加して普段とは違う子どもたちの姿や保護者の心情，保育者の役割を知る機会があります。

さらには，学び手として赴いている以上，保育者になる機会を与えられ，担任教諭に代わって保育実践を担う，部分・一日実習を経験するでしょう。保育者の補助を兼ねながら言動をまねてみたり，**保育者の意図**を探ることで得られた**保育の工夫**をいかしながら，主体である子どもと，自主性を尊重した保育の展開になるよう計画して実践します。

【実習をしているあなたへ】

好奇心旺盛な子どもたちにとって，実習生は好意を抱く対象です。「一度に多くの子どもたちから遊びに誘われるので，どうしたらよいのか困ってしまいます」と悩むように，子どもとのかかわりに難しさを感じたり，物の取り合いなど，いざこざ場面も悩ましい問題でしょう。焦らず，一人ひとり丁寧にかかわり，子ども理解を進めることが重要です。また，「考え過ぎたあまり，何もできなかった」と消極的な態度を反省することがあるかもしれません。かかわりは，おもしろみを共有することから始まります。まずは子どもたちがおもしろいと思っていることを，自身もおもしろがってみましょう。

「実習で苦労したことは何ですか」とたずねると，「実習録（実習日誌）です」と口を揃えて答えます。観察時の見方とともに，実習の目標に応じた記録方法（時系列記録・エピソード記録・ドキュメンテーション記録など）を工夫しましょう。義務的な記録ではなく，心が揺り動かされた証としての記録を心がけることは，保育者として成長していく糧となるでしょう。また，実習日誌や指導計画は，指導担当教諭を介して疑問を払拭できたり，コミュニケーションを図るツールとしても機能します。指導の内容や注意によっては，自分の知らない自分を知ったことで落ち込むかもしれませんが，新たな自分を知ることは学び直しができる経験であると受けとめ，喜んで取り組みましょう。

03　実習後

お礼状の作成とともに，これまでを総括し，実習の目標に立ち返って何を学んだのかや，達成できなかった課題などを具体的に**省察**します。また，報告書を通したグループワークなどの学びが共有できる機会では，自身が学んだ知識や技術を伝えたり，対話によって他者の体験を自身に置き換えたりしながら，新たな見解を得るのではないでしょうか。自身が経験しなかった学びを知ることによって，次へとつながる課題を抽出します。

【実習が終わったあなたへ】

時を置いて実習を省察してみると，喜びや発見の一方で，うまくいかなかったと自身の未熟さを痛感したり，子どもたちへの申し訳なさを感じるかもしれません。客観的に見つめ直して自己評価し，新たな気づきを磨き直すことで，保育者としてのさらなる成長へ結びつけましょう。

私たち教員は，何にも増して「幼稚園教諭になりたいと思う気持ち」を大切にしています。評価は気にせず，失敗を恐れず，やりきってほしいと思います。また，子どもたちの傍らに在ることが楽しいと思う**保育の魅力**を体感してほしいと願っています。何よりも子どもたちのかけがえのない時間を愛おしんで過ごしてください。

2. 幼稚園の現場から

1 「うまくできること」より「吸収しようとする意欲」

幼稚園教育実習を目の前にして，学生のみなさんは子どもとの出会いを楽しみにする気持ちと，実践の場に出ることへの緊張と不安な気持ちとが心のなかにうずまいていることでしょう。しかし，実習は，「うまくこなすこと」「“完璧”や“正解”をめざすこと」が目標ではありません。これまで授業で学んできたことをいかして**実践の場で試行錯誤し，実践を振り返りながら，様々な気づきや学びを一つでも多く吸収することが目標**です。**失敗をおそれず**に自分の感じたこと，考えたことを周囲（子ども・指導教諭）に表現し，それに対するレスポンス（子どもの反応・指導者の助言など）をしっかりと受けとめることを繰り返しながら，少しずつ自分の子ども観や保育観の土台づくりをスタートしましょう。

2 幼稚園教育実習を通して学んでほしいこと

幼稚園は幼稚園教育要領をもとにした教育を行っていますが，公立と私立合わせて，実に様々な特色をもった幼児教育を行っている園が全国にたくさんあります。そのため，それぞれの園ごとに実習生への指導内容にも様々な違いはあるようです。

まずは，実習園の教育理念や方針，目標などに沿って実習を進めていくことが大切になりますが，幼稚園現場で実践を通して学ぶチャンスを最大限いかすためにも，以下の点をとくに意識して学びを深めていきましょう。

01 子どもの内面を見ようとするまなざしを磨く

実習初日から，様々な子どもたちの表情や様子が次々と目に飛び込んできます。たとえば，朝の登園時間の様子について「子どもたちは元気に担任の先生とあいさつをしているな」と全体的に漠然と見るのか，「あの子（A くん）は走って登園してきたけれど，後からきたあの子（B ちゃん）はなんだか行動がゆっくりで表情に元気がないな」と個々の様子を見ようとするのか，その違いによってその後の援助や実習の学びにも大きな差を生じます。前者は，実習日誌に「子どもたちは毎日幼稚園を楽しみに登園してきているようだった」という感想を記録するに留まるかもしれません。

後者は，それぞれの子どものことが気になって，保育後，担任に名前や性格的な特徴をたずねるかもしれません。また，具体的な場面について質問することで，なぜ今朝はそうした様子だったかについて保育者の見解を聞けるかもしれません。そうすると翌日以降，A くんと B ちゃんの背景を少し理解した状態でかかわることができるようになります。

幼稚園教育は子どもの**自発的な活動としての遊び**や**主体的な活動**を大切にしています。**自発的，主体的**という言葉に象徴されるように，すべては**子どもを出発点**としています。

保育者は，子ども一人ひとりの表情，言葉，行動を**丁寧に見ること**を積み重ね，子どもが今何に興味をもち，何を感じているのか，どんな力が伸びようとしているのか，何に苦労していてどこで行き詰まっているのかなど，**子どもの内面を読みとる**ことから次の援助を見出していきます。

そのまなざしを磨くためにも，その日に印象に残ったエピソードをぜひ記録してほしいと思います。子どもの言葉や表情，動きを具体的に記録し，そこからあなたがその場にいた子ども一人ひとりの思いをどのように読みとったのか，その場面から見えてくる子どもの学びにはどのようなものがあったのか，どのような援助が必要だったのかなど考察することが，より深い子ども理解につながります。

02　子どもの世界の素晴らしさに気づく

幼児期の子どもの育ちを「何ができるようになったか」「何を覚えたか」など技術力や知識量の向上という側面のみに着目して評価するのではなく，**子どもが周囲の環境に自ら進んでかかわりながら，様々な側面が総合的に絡み合い豊かに伸びていくことに重点を置くことを大切**にしてほしいと思います。

エピソード　ホットケーキを作ろう

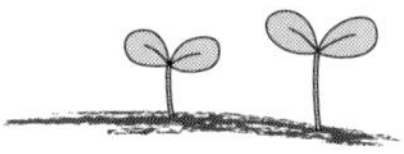

Ａ子は言葉数が少ないほうで，じっと周囲を観察して過ごすことが多かった。今日は自らバケツをもってきて，中に砂と水を入れてかき混ぜて遊び始めた。保育者が傍らで様子を見守っていると，「ホットケーキを作っているのよ」とＡ子が自ら話しかけてきた。「あら，牛乳や卵はあったかしら？」と保育者が声をかけると，「なくなっちゃったから，買ってきて」という答えが返ってきた。担任が容器に水を入れて渡すと，慎重に少しずつバケツに加えていた。Ａ子はその後も砂と水を加えてはかき混ぜることを繰り返し楽しんだ。

翌日もＡ子は砂場で遊び始めた。保育者の姿を見つけると，自ら「卵と牛乳を買ってきてね」と声をかけてくるようになった。保育者は小さな石を卵に見立てて，コンコンと割り入れる真似をした。Ａ子は喜んでまねをし始めた。それを傍らで見ていたＢ男が「先生見て」と言って，茶碗に砂や葉っぱを入れ，もう一つの茶碗をフタのように重ねていた。Ｂ男はその茶碗を両手で持ってコンコンと地面にぶつけると，カパッと開いて見せた。卵を割るイメージを表現したようである。その発想を魅力的に感じたのかＡ子もＢ男を真似て，茶碗を重ね合わせて卵を割るイメージを表現し始めた。

上記は，口数が少なく周囲の遊びを見て過ごすことの多かったＡ子が自ら遊び始めたり，少しずつ自分の思いを表現し始めたりした場面のエピソードです。子ども一人ひとりにとって，いつどこにその子自身が一歩踏み出すきっかけとタイミングが隠れているかは，誰にもわかりません。私たち保育者は子どものありのままを受けとめ，常により添いながらそのきっかけとタイミングを一緒に探す伴走者のような存在です。子どもの変化する場面に立ち会えたときの感動もひとしおです。

子どもを「かわいい」対象，「何かをしてあげる（助けてあげる）」存在として見るのではなく，一人の人間として何かを感じ，考え，試したり，工夫したり，挑戦したりして過ごしている，また，人とかかわることの楽しさやうれしさ，難しさを味わいながら過ごしている存在であることを受けとめて，実習という短い期間のなかでも，**実習生自身が心揺さぶられるような場面**にたくさん出会ってほしいと思います。

03　保育者の意図や願いに気づくアンテナを立てる

就職後，実践の現場に立つと，ほかの保育者の動きをじっくりと観察できる機会はなかなか巡ってきません。そうした意味でも，実習は保育者の動きをじっくりと見て学べる大きなチャンスです。保育者の子どもへのかかわり方を観察することを目標に置いて実習する日を設けることも，大きな学びにつながることでしょう。

実習中は保育者の**言葉がけ**と**行動**，また**環境構成**によく着目してみましょう。保育者は長いスパンでの子どもの育ちを見通しながら，同時に昨日までの子どもの生活や遊びの様子をふまえて，環境を構成し，子どもたちへの具体的な働きかけを行っています。

保育者の行う環境構成を具体的に図に描き，そこに構成されている物や配置の仕方に込められた**意図・願い**を実習生なりに考察してみましょう。また，同様に保育者の言動も細やかに観察し，具体的に記録するとともに考察も加えてみましょう。それによって，その環境構成や言動に意図や願いがあった保育者からは，必ずレスポンスがあります。実習生の読みとりが当たっている場合もあれば，違っていることもあると思います。

ここでは，保育者と同じ見解を見出せることが目的ではなく，保育者の具体的援助に対し，まずは実習生が自分なりに**そこに込められた意図を考えようと頭を働かせる経験**の積み重ねが大切なのです。そうすることによって，自分が子どもにかかわる際にも何らかの意図や願いをもってかかわる意識が高まります。また，具体的な環境構成や援助を書きとめておくことで自分自身の記憶にも残り，実際に自分が現場に立ったときのモデルにもなります。

3　幼稚園教育実習の日を迎えるまでにできること

幼稚園教育実習が始まると，保育にかかわる情報を収集したくても実習日誌と指導計画作成に追われて，そのための心と時間のゆとりがない場合がほとんどです。実習が始まるまでに以下のような準備をしておくと，実習に向かう気持ちにもゆとりが生まれることでしょう。

① 実習に入る学年の発達過程を復習しておく。また，実習に入る時期のカリキュラムをいくつかの保育雑誌や参考書などで見ておき，その時期の経験内容や遊びの傾向などにある程度の見通しを立てておく。

② 実習に入る学年に合わせた絵本や紙芝居，パネルシアターなど部分実習で行えるものの候補をいくつかつくっておく。

③ 手遊びや歌，簡単なゲームなどいくつか準備しておく。

子どもたちとの園生活を楽しみに思い描きながら，事前準備を進めていきましょう。

3. 認定こども園実習とは

1 認定こども園とは

01 認定こども園の型と保育教諭および子どもの認定区分

認定こども園とは，保護者の就労状況などにかかわらず，就学前の子どもに対して教育・保育を一体的に行うとともに，地域における子育て支援を行う施設です。これらの機能を備え，認定基準を満たす施設が都道府県から認定を受け「認定こども園」となります。認定こども園は，その法的性格から**幼保連携型**，**幼稚園型**，**保育所型**，**地方裁量型**の４タイプがあります。

幼保連携型認定こども園には**保育教諭**を置かなければならないとされています。これは幼保連携型認定こども園独自の職名であり，幼稚園の教諭の普通免許状を有し，かつ，保育士資格の両方を有する者のことです。現状では新たな資格ではありません。

なお，子どもは「保育を必要とする事由」によって**1号認定**（教育標準時間認定），**2号認定**（保育認定），**3号認定**（保育認定）[注]のいずれかの認定区分を受けることになっています。認定こども園にはどの区分の子どもも入園することができます。

02 認定こども園の経緯と現在の全国の園数

日本には就学前の施設として，幼稚園と保育所がありました。そして，かねてからこの二つの施設を一元化，あるいは一体化しようという議論，すなわち**幼保一元化**あるいは**幼保一体化**という議論がありました。一元化とは，所管（幼稚園は文部科学省，保育所は厚生労働省）を一元化し，保育の制度，保育内容，研究・研修などについても，そのすべてを一元化するということです。一体化とは，現行制度は維持しながらも，両者の設置基準や最低基準，保育内容，免許と資格，待遇，職員の配置，研修などをできるだけ近づけ，両者の関係を密にしようということです。[1)]

これに加え，少子化が進む一方で待機児童の問題が国をあげての大きな課題となります。これらの社会状況に対応すべく様々に審議が重ねられ，その結果，2005（平成 17）年に総合施設モデル事業実施園として全国 35 か所が指定されました。その後，2006（平成 18）年に「就学前の子どもに関する教育，保育等の総合的な提供の推進に関する法律」（以下，認定こども園法）が制定されたのです。そして，2015（平成 27）年から実施された「子ども・子育て支援新制度」において，認定こども園の普及や，質の高い学校教育・保育の総合的な提供などをめざし，認定こども園法も一部改正されました。

2022（令和 4）年 4 月現在の全国のこども園の数は，公立私立の 4 つの型をすべて合わせて 9,220園[2)] となっています。幼稚園数 9,111園[3)]，保育所数 23,899園[4)] とともに，就学前の教育・保育を担う施設となっています。

03　幼保連携型認定こども園教育・保育要領

2014（平成 26）年に**幼保連携型認定こども園教育・保育要領**が公示され，その後，2017（平成 29）年に改訂されています。幼保連携型以外の認定こども園も，これをふまえることとされています。

幼保連携型認定こども園教育・保育要領は，幼稚園教育要領と保育所保育指針との整合性の確保が義務づけられていますが，もちろん整合性だけではなく特徴的な記載もあります。それが第 1 章第 3 節にある，**幼保連携型認定こども園として特に配慮すべき事項**です。以下に抜粋・編集してしめします。

> 第 3 節　幼保連携型認定こども園として特に配慮すべき事項
> 1　集団生活の経験年数が異なる園児に配慮した 0 歳から小学校就学前までの一貫した教育及び保育
> 2　一日の生活の連続性及びリズムの多様性に配慮した教育及び保育の内容の工夫
> 3　環境を通して行う教育及び保育
> （1）発達の特性を踏まえた保育
> （2）在園時間の違いなどによる配慮
> （3）異年齢交流
> （4）長期的な休業中やその後の過ごし方等への配慮
> （中略）
> 7　保護者に対する子育ての支援

一つずつ見るだけで，認定こども園の特徴や一人ひとりの多様な生活をふまえた丁寧な計画や配慮について理解することができます。ぜひ，解説部分とともに内容を確認しましょう。

2　認定こども園の生活

認定こども園の生活の特徴について具体的に見ていきましょう。

		7:30	9：00		14：00	17：00	19：00
0〜2 歳児		延長保育					延長保育
3〜5 歳児	長時間利用児	延長保育	共通利用時間			保育	延長保育
	短時間利用児	一時預かり				一時預かり	一時預かり

図を見てわかるように，0〜2 歳児については，保育所の生活と同様といえます。特徴的なのは 3〜5 歳児の生活です。共通時間を一緒に過ごす同じクラスのなかに，短時間利用児と長時間利用児がいることになります。たとえば同じクラスに在籍していても，短時間利用児が 9 時に登園すると友だちがすでに遊んでいたり，長時間利用児が午睡を始める際に短時間利用児が降園したりするという日常です。また，短時間利用児は夏休みなど

の長期休暇がありますが，長時間利用児にはありません。つまり，一日の在園時間，年間での教育・保育日数が明らかに違う子どもたちでクラスが構成されるのです。このことをふまえて，短時間利用児・長時間利用児ともに一人ひとりの子どもの豊かな生活が保障されるように展開されていきます。

3 認定こども園の実習の実際

01　認定こども園の実習

幼稚園教育実習・保育所実習ともに認定こども園で実習することがあります。ただし，幼稚園教育実習の際は3～5歳児の子どもたちと，保育所実習の際は0～5歳児の子どもたちとともに生活をしながら進めることになります。いずれにしても，観察実習・部分実習・一日実習という実習を進める段階は，幼稚園教育実習や保育所実習と何ら変わりはありません。

02　認定こども園の特徴と配慮を理解する

ここまで述べてきたような認定こども園の多様な生活パターンを理解して，保育者が具体的にどのような配慮をして保育を進めているか，子どもたちの姿はどうなのかを学んできましょう。とくに共通時間の前後の時間帯については，実習中に見ることのできる認定こども園の特徴的な場面です。保育者の細やかな計画や配慮，子どもの様子から学んできましょう。

はじめに述べた全国の園数を見てもわかるように，認定こども園は幼稚園や保育所と比較すると少ない現状があります。したがって，認定こども園で実習する学生も限られます。もし，あなたにその機会がある場合は，実習終了後の授業などで学んできたことを積極的に友だちに伝えてください。

卒業後に認定こども園に就職する人もいるでしょう。また，幼稚園や保育所に就職したとしても，勤務園が認定こども園に移行することもあります。ぜひ，認定こども園の制度や経緯，実情などに関心をもち，理解を深めていきましょう。

(注)「保育を必要とする事由」は就労，妊娠や出産，保護者の疾病，親族の看護や介護など様々に規定されている。1号認定，2号認定は3歳以上，3号認定は3歳未満とされている。ちなみに，幼稚園を利用できるのは1号認定の子どもである。

引用文献

1）森上史郎・柏女霊峰 編『保育用語辞典　第8版』ミネルヴァ書房，2015，pp.48-49

2）内閣府子ども・子育て本部「認定こども園に関する状況について（令和4年4月1日現在）」による。なお，同資料によると9,220園の内訳は，幼保連携型6,475園，幼稚園型1,307園，保育所型1.354園，地方裁量型84園である。

3）文部科学省「令和4年度学校基本調査」

4）厚生労働省「保育所等関連状況取りまとめ（令和4年4月1日）」2022

4. 認定こども園の現場から

1 こども園の独自性をいかした実習指導

認定こども園は幼稚園機能と保育所機能をもっていますので，「幼稚園教育実習」と「保育所実習」双方を受け入れることができます。そのため，養成校に幼稚園か保育所（園）のどちらの実習かを確認して，「認定こども園」であることの了解を取っています。実習生へのオリエンテーションでは，最初に「認定こども園」の特徴である短時間児と長時間児が一緒に生活している場であること，教育と福祉（養護）の両機能をどのように効果的にいかし合っているかを伝え，理解してもらうことから始めています。

私が園長を務める園では，幼保連携型として1号，2号，3号認定児のゼロ歳から就学前までのすべての園児は，保育室や園庭でともに生活し合い，どの子も温かく家庭的な環境のなかで，お互いの信頼関係を築くことを大切にして，年齢や個々の主体的な育ちを尊重した保育に取り組んでいます。

0・1・2歳児の保育は，愛着の形成，小グループでの保育を大切にしています。

3歳以上児の保育は，年齢別のクラス編成や異年齢グループ編成を通して，園舎や園庭のすべてを使ったゾーン（コーナー）保育のなかで，子ども自ら挑戦したくなる環境と，年齢にかかわらずお互いに助け合い，支え合える異年齢保育から，自主性や挑戦する体験や協調性が身につくことをめざしています。

2 今日の保育から明日の保育への連続性

1号認定児が降園した午後の時間は，3号担当の保育教諭が午睡時間に交代で園庭などの片づけをしたり，午睡後の時間は1号担当保育教諭が2号や3号認定の生活を補助したりと，自分の担当を超えて，全職員が全園児と過ごすことを前提にしています。そのための共通理解に向けて，毎朝8時15分から15分間と夕方4時30分前後に遅番シフト以外の保育教諭が集まり，その日の保育での子どもの姿や翌日の保育に向けて，また長時間就労している保護者との信頼関係などを具体的な姿を出し合い，記録しています。

一日の振り返りの時間には実習生も参加して，その日の振り返りを報告します。担当保育教諭からの指導を通して，認定こども園での子ども主体の生活や子ども自らが取り組む姿への配慮の重要さなどが理解できるようにします。実習生として，保育の専門職をめざす一人として保育を振り返り，確認する体験を重ねていくことを通して，今日の保育から翌日の保育への連続性や保育環境，そして子ども理解が次第に深まるよう配慮しています。

3 楽しく実りある実習をめざして

01　実習園をよく知ろう

認定こども園であっても，各園異なる保育形態となっていますので，実習園が決まったらホームページなどにより園の内容を知っておくことが大切です。具体的には園の理念や特色，全体計画や指導計画，クラス編成，園児数や職員構成などを聞いておくとよいでしょう。とくに1号認定と2号認定，そして3号認定のクラス編成や保育者の役割・配置などによっては，オリエンテーションの前に見学をさせてもらい，園の雰囲気に触れられるとなおよいです。

02　実習前には

- 実習に向けては指導担当保育者との細かな打ち合わせが大切です。服装・所持品をはじめ，園としての独自の配慮や内容なども確認しておきましょう。そのなかには保育者や園児に対しての心構え，提出物や守秘義務なども含まれます。また，実習期間中のクラス配属，早番・遅番などのシフトでの出勤時間の確認，園行事や部分および一日実習などの予定なども，不安を解消していくうえでの大切な確認事項となります。
- 全体のイメージを把握したうえで自分なりの実習中の目標を立てておきますが，保育の仕事は体が資本です。新しい環境のなか，緊張と不安のなかで子どもの前に出ていきますので，実習前から健康管理に留意し，生活リズムを整えておきましょう。
- 担当するクラスの子どもたちの発達を理解するため，養成校で学んだ基本知識などを改めて確認し，心構えをしておくことが大切です。担当する年齢やグループがわかれば，事前の準備としてピアノや使用する教材，紙芝居，絵本，手遊びなどを準備しておくことも大切です。

03　実習中は

- 新しく仲間として受け入れてもらうための実習生の笑顔は子どもにとって最大の安心材料です。緊張感や不安感は子どもにとっても同じです。大きく深呼吸をして明るく笑顔であいさつをしていきましょう。
- 一人ひとりの遊んでいる姿や行動などから，少しずつ子どもの育ちを理解するためには，担当保育者の言葉がけのタイミングや活動場面などから保育の進め方を理解していくことが大切です。
- 子どもの名前は名札や衣服についている名前のプリントなどをさりげなく見て，初対面の子どもでも名前を呼んであげると信頼関係の第一歩になりますので，実践していきましょう。
- 実習生であっても，子どもの前では保育者の一人としての自覚をもち，責任ある保育に心がけましょう。

04　実習を通して

- 前向きに物事をとらえ，指導担当保育者のアドバイスを積極的に受けとめていくことを心がけていきましょう。毎日の実習日誌は具体的に簡潔にまとめ，感想や反省だけにならないように注意し，気づきや目標に対しての評価など明日への実習につながる書き方をしていきます。その際，保育中のメモは最低限に抑え，記録にとらわれずに目の前に起こっていることを見て感じることが大切です。記録の書き込みは指導担当者やほかの保育者などのアドバイスを受けながら，自分の取り組んできた姿の振り返りと再確認に心がけていきましょう。

- 守秘義務を守ります。思わぬトラブルにつながる事も考えられるので，実習中に知り得た情報は絶対に口外しないことを忘れないようにしましょう。

05　憧れられる保育者をめざして

- 子どもたちは大好きな先生の姿（歩き方，座り方，話し方，食べ方，身だしなみなど）をよく見て憧れを感じています。保育者はアイドルであり尊敬されるモデルでもあります。「**保育は人なり**」のように，温かな人柄は誰からも愛される最大の要因です。子どもや同僚，さらには保護者から温かく受け入れられる人格者をめざして「受容と共感」をいつも心がけながら，魅力あふれる保育者に向かって励んでいってほしいと願います。

「すべての子どもの最善の利益」をめざす「幼保連携型認定こども園」での実習体験が，次代を担う子どもたちへの応援と役割の大切さや保育の重要さや喜びの原点になればと考えています。

注：増田まゆみ・小櫃智子 編著『保育園・認定こども園のための保育実習指導ガイドブック』（中央法規）の若盛執筆ページを一部抜粋・修正したものです。

認定こども園の一日の生活と学びの時間の流れ（例）

<table>
<tr><th>そらぐみ（1号認定児）</th><th>ほしぐみ（2号認定児）</th><th>ちゅうりっぷ組・こすもす組（3号認定児）</th></tr>
<tr><th>3・4・5歳児</th><th>3・4・5歳児</th><th>0・1・2歳児</th></tr>
<tr><td>7:30〜8:30 ほほえみタイム
（預かり保育・保育園にて）</td><td colspan="2">7:30〜8:30 ほほえみタイム（時間外保育として合同保育）</td></tr>
<tr><td>8:40〜 4つのコースに分かれて登園</td><td colspan="2">8:30〜9:10　保護者と一緒に登園</td></tr>
<tr><td colspan="2">クロークコーナーにて荷物の整理・身支度
ワクワクタイム（コーナーでの遊びの時間）
絵・造形・ごっこ・表現・外遊び・クッキング・自然</td><td>10:00　午前のおやつタイム</td></tr>
<tr><td colspan="2" rowspan="2">10:30〜おひさまタイム
ランチ順に先生と一緒に
絵本・紙芝居・散歩・ダンス・お話など</td><td>10:30〜おひさまタイム
絵本・散歩</td></tr>
<tr><td>11:00〜ランチタイム
保育者と一緒にゆっくりと</td></tr>
<tr><td colspan="2">11:30ごろ〜3グループに分かれて順次ランチライムまたは
11:30〜13:00のフリーランチタイム
自分で食べられる量のおかずを盛る。ご飯を盛ってもらい席に運びます。できたての温かいランチ・スープをいただきま〜す。</td><td rowspan="5">12:00〜すやすやタイム
素敵なお話を聞きながら
スヤスヤスヤ……
目覚めた後はゆったり過ごしています</td></tr>
<tr><td>12:15ごろ〜ポカポカタイム</td><td rowspan="4">12:30ごろ〜おやすみタイム
休息
パジャマに着替えてゆっくりおやすみ……
静かなお話を聞きながら
目覚め・片づけ
年長児はそら組と一緒の時間を過ごす。おやつ準備の手伝い</td></tr>
<tr><td>一休みした後は先生と一緒に過ごすコースの時間</td></tr>
<tr><td>13:30〜一番バス出発</td></tr>
<tr><td rowspan="2">14:00〜14:20
歩きコース順次降園</td></tr>
<tr><td>15:00　おやつタイム
手作りおやつをいただきます</td><td>15:00　おやつタイム
手作りおやつをいただきます</td></tr>
<tr><td rowspan="3">14:00〜19:00
預かり保育児はランチ後、
ほし組と一緒に過ごします</td><td rowspan="2">16:00〜降園開始</td><td>園内散歩</td></tr>
<tr><td>室内で遊ぶ</td></tr>
<tr><td>帰りの集まり</td><td></td></tr>
<tr><td colspan="2">16:30〜18:00 ゆうやけタイム
園庭・こすもす組・ほし組の部屋にて
ゆうやけタイム担当保育教諭と一緒に計画のもとに過ごし、お迎えを待ちます</td><td>16:30〜18:00 ゆうやけタイム
ちゅうりっぷ組の部屋中心
ゆうやけタイム担当保育教諭と一緒に過ごし、お迎えを待ちます</td></tr>
<tr><td colspan="3">18:00〜18:50　ゆうやけタイム（合同保育）　こすもす組の部屋にて
先生と一緒に静かなゆったりとした時を過ごし、お迎えを待ちます</td></tr>
<tr><td colspan="3">18:50　全員帰宅。さようなら、また明日！　19:00　閉門</td></tr>
</table>

Column 実習生の生活リズム① ～公立幼稚園教育実習（Tさんの場合）～

Tさんの幼稚園教育実習では，9時に登園し14時降園という時間のなかで，子どもたちが好きな遊びをし，その遊びの援助を保育者が行う姿を通して学んでいます。帰宅後は，次の日のお弁当や必要なものの準備をしています。お弁当用の具材は多めに作り冷凍保存をするなど，計画的にてきぱきとこなしています。指導計画の準備は前もって行い，実習しながらイメージをつかもうとしていますね。帰宅後は，Tさんのように目標時間を決め，充実した時間を過ごしましょう。

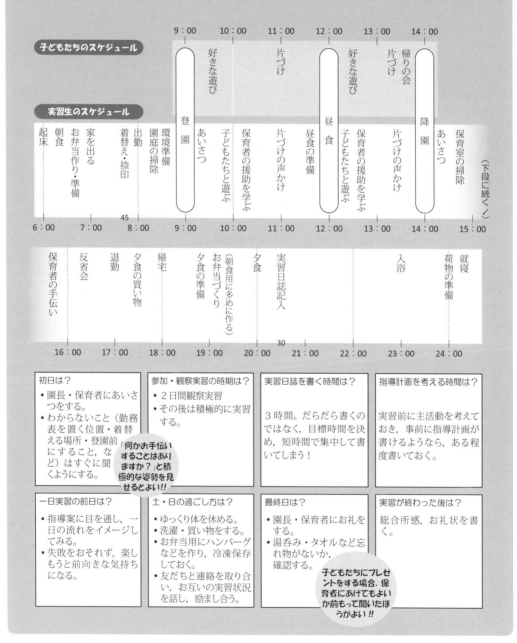

初日は？
- 園長・保育者にあいさつをする。
- わからないこと（勤務表を置く位置・着替える場所・登園前にすること，など）はすぐに聞くようにする。

「何かお手伝いすることはありますか？」と積極的な姿勢を見せるとよい!!

参加・観察実習の時期は？
- 2日間観察実習
- その後は積極的に実習する。

実習日誌を書く時間は？

3時間。だらだら書くのではなく，目標時間を決め，短時間で集中して書いてしまう！

指導計画を考える時間は？

実習前に主活動を考えておき，事前に指導計画が書けるようなら，ある程度書いておく。

一日実習の前日は？
- 指導案に目を通し，一日の流れをイメージしてみる。
- 失敗をおそれず，楽しもうと前向きな気持ちになる。

土・日の過ごし方は？
- ゆっくり体を休める。
- 洗濯・買い物をする。
- お弁当用にハンバーグなどを作り，冷凍保存しておく。
- 友だちと連絡を取り合い，お互いの実習状況を話し，励まし合う。

最終日は？
- 園長・保育者にお礼をする。
- 湯呑み・タオルなど忘れ物がないか，確認する。

子どもたちにプレゼントをする場合，保育者にあけてもよいか前もって聞いたほうがよい!!

実習が終わった後は？

総合所感，お礼状を書く。

第2章

保育所実習

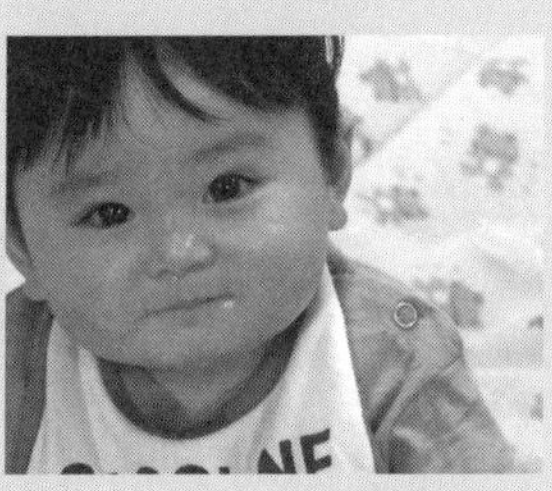

1. 保育所実習とは
2. 乳児保育の現場から（3歳未満児）
3. 保育所の現場から

■ コラム　実習生の生活リズム②～私立保育所実習～

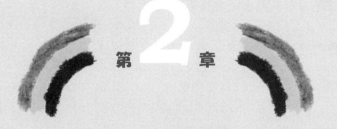

1. 保育所実習とは

みなさんは保育士養成課程の履修を通して，保育士に必要な専門的な知識と技術を学習してきました。しかし，授業で専門的な知識と技術を学んだだけで保育が実践できるわけではありません。保育士という専門職になるためには練習が必要です。その練習が保育所実習なのです。保育所実習は，授業で学んだ専門的な知識と技術を保育の現場でみなさんが実際に使える（保育士として実践できる）ようになるために行います。つまり，**保育の実践力**をつけることが保育所実習の目的なのです。

1 保育所実習の目的

01 保育の現場の実際を理解すること

上記のことが保育所実習の大きな目的ですが，厚生労働省は実際にそれを達成するために，保育所実習の目標と内容を提示しています。図表 2-1-1 にしめしたものがそれです。「保育実習Ⅰ」の目標には，保育を構成している 5 つの要素がしめされており，それを具体的に学ぶことが強調されています。そして，実習の内容として 5 つの要素に対応してさらに細かく具体的な内容がしめされています。

これらの多くは，すでに授業により知識としては知っていることです。しかし，みなさんは，いまだそれらが現実にどのように保育実践のなかに現れているのか，わかってはいません。みなさんが授業で得た知識を本当に納得し実感して理解するには，現実を知る必要があります。また，みなさんが保育の現場を体験することにより，授業では伝えることができなかった知識や技術を学ぶこともできます。

このように保育所実習は，みなさんが体験を通して保育の現場の実際をより詳しく，より深く，納得して理解することを目的としているのです。

02 理論を実践力に転化すること

先に述べたように，専門的な知識（理論）を多くもっていても，保育士として実践できるわけではありません。実習生が実際に子どもにかかわり，支援をしようとする際に，なんと声をかければよいか，どうかかわればよいかとまどうことがよくあります。実習生は原理原則を知っていても，それを自分の行動にうまく体現できません。つまり，いまだ理論が実践力として身についてはいないのです。授業で学んだ理論は保育の現実に照らし合わせて理解し直し，自分でも実践をしてみることにより，初めて身につくのです。

図表 2-1-1

保育実習Ⅰ	保育実習Ⅱ
〈目標〉 1. 保育所，児童福祉施設等の役割や機能を具体的に理解する。 2. 観察や子どもとの関わりを通して子どもへの理解を深める。 3. 既習の教科の内容を踏まえ，子どもの保育及び保護者への支援について総合的に学ぶ。 4. 保育の計画・観察・記録及び自己評価等について具体的に理解する。 5. 保育士の業務内容や職業倫理について具体的に学ぶ。	〈目標〉 1. 保育所の役割や機能について具体的な実践を通して理解を深める。 2. 子どもの観察や関わりの視点を明確にすることを通して保育の理解を深める。 3. 既習の教科や保育実習Ⅰの経験を踏まえ，子どもの保育及び子育て支援について総合的に学ぶ。 4. 保育の計画・実践・観察・記録及び自己評価等について実際に取り組み，理解を深める。 5. 保育士の業務内容や職業倫理について具体的な実践に結びつけて理解する。 6. 実習における自己の課題を明確化する。
〈内容〉 1. 保育所の役割と機能 （1）保育所における子どもの生活と保育士の援助や関わり （2）保育所保育指針に基づく保育の展開 2. 子どもの理解 （1）子どもの観察とその記録による理解 （2）子どもの発達過程の理解 （3）子どもへの援助や関わり 3. 保育内容・保育環境 （1）保育の計画に基づく保育内容 （2）子どもの発達過程に応じた保育内容 （3）子どもの生活や遊びと保育環境 （4）子どもの健康と安全 4. 保育の計画・観察・記録 （1）全体的な計画と指導計画及び評価の理解 （2）記録に基づく省察・自己評価 5. 専門職としての保育士の役割と職業倫理 （1）保育士の業務内容 （2）職員間の役割分担や連携 （3）保育士の役割と職業倫理	〈内容〉 1. 保育所の役割や機能の具体的展開 （1）養護と教育が一体となって行われる保育 （2）保育所の社会的役割と責任 2. 観察に基づく保育の理解 （1）子どもの心身の状態や活動の観察 （2）保育士等の動きや実践の観察 （3）保育所の生活の流れや展開の把握 3. 子どもの保育及び保護者・家庭への支援と地域社会等との連携 （1）環境を通し行う保育，生活や遊びを通して総合的に行う保育の理解 （2）入所している子どもの保護者に対する子育て支援及び地域の保護者等に対する子育て支援 （3）関係機関との連携 （4）地域社会との連携 4. 指導計画の作成・実践・観察・記録・評価 （1）全体的な計画に基づく指導計画の作成・実践・省察・評価と保育の過程の理解 （2）作成した指導計画に基づく保育実践と評価 5. 保育士の業務と職業倫理 （1）多様な保育の展開と保育士の業務 （2）多様な保育の展開と保育士の職業倫理 6. 自己の課題の明確化

「保育士養成課程等の見直しについて（検討の整理）」（2017 年 12 月 4 日　保育士養成課程検討会）にもとづく，見直し後の養成課程を構成する各教科目の目標及び教授内容を厚生労働省が公表したものをもとに，保育所実習に関する部分について筆者が作成

2 保育所実習の意義

01 保育現場の雰囲気を感じとること

保育の現場を理解することは，保育の現場に関する知識を実感的に確認することだけではありません。保育の現場には，子どもたちや保育士たちにより醸(かも)し出される，それ**固有の雰囲気**が満ちています。たとえば，「落ち着いた雰囲気」，「活動的な雰囲気」，「明るい雰囲気」など，状況により様々な雰囲気が生じます。子どもたちも保育士たちもそのような雰囲気のなかで，それに影響されながら行動しています。保育士の援助行動も雰囲気に無関係になされるわけではありません。保育士はその場の雰囲気に即して子どもの援助をしてもいるのです。その意味で，雰囲気は援助行動の一部をなしているといえます。それ故，保育現場の雰囲気を体験することは，みなさんが保育の現場の固有な雰囲気のなかで自然に保育士として行動できるようになるために不可欠なことなのです。

02 自分を知ること

保育士が子どもにどのようにかかわるかは，専門的な知識と技術の習得度合いによるだけではありません。気質・性格・態度など，いわゆる**人間性**も大きくかかわっています。これらは実際に保育の現場に身を置くことで自覚できます。たとえば，子どもの行動に対して余裕をもって待てるのか，それとも待たずに手助けしたくなるのか，保育の現場に身を置くことで自然に笑顔になれるのか，それとも無表情になりやすいのか，子どもの好ましくない行動を許容できるのか，それとも注意したくなるのかなど，普段あまり気づいていない自分を知ることができます。自分を知ることにより，子どもの発達段階や状況に応じて自分の行動を調整し，より適切な対応ができるようになるのです。

3 保育所実習でよりよく学ぶために

01 自己課題をもつこと

保育所実習の目標と保育所実習の内容は図表 2-1-1 にあるとおりです。みなさんは，まずそれらを念頭に置いて実習にのぞむことが必要です。ただし，より深く学ぶためには，実習の目標と内容を意識してさえいれば十分であるとはいえません。これに加えて，専門的な知識と技術に関して，とくに学んできたいことを**自己課題**として明確にしておくことが肝要です。自己課題を設定するためには，自分の専門科目に関する習得内容を振り返ることが必要です。自分が何をどれだけ習得できているか，または習得できていないかを反省してみましょう。そうすることで，とくに学びたいことが自ずから明確になるでしょう。

ところで自己課題には 2 種類あります。実習期間を通しての**全体的な課題**と**日々の課題**です。全体的な課題は何日かかけて取り組む必要のある大きな課題です。日々の課題は毎日設定し，その日のうちに解決するべきもので，極めて具体的な課題です。これら 2 種類の課題を設定することにより，みなさん自身が主体的に学ぶことが可能になるのです。

02　一日の体験を振り返り言語化すること

実習期間中には毎日，うれしいこと，感動すること，とまどうこと，困ったこと，わからないことなど，様々なことを体験します。これらの出来事はみなさんが保育士として成長するための貴重なきっかけです。しかし，みなさんがこれらの出来事に目を向けなければ，それらから得るものはありません。逆に，一日の体験を振り返り，気づいたことや感じたこと，思ったことなどを言葉にして表現することで，その体験は**特別な意味をもつ体験**としてみなさんのなかに定着します。それが体験から学ぶということです。実習日誌はそのための道具なのです。

03　新たな自己課題を見つけること——保育士へと成長するために

実習体験からみなさんは様々なことを学びますが，同時に，専門職として自分に不足していることに気づけます。それは，みなさんが保育士へと成長するために克服するべき新たな自己課題です。

保育実習Ⅰを体験することでみなさんは新たな課題を見出すことができます。それが保育実習Ⅱ・Ⅲで取り組むべき課題となります。そして保育実習Ⅱ・Ⅲで見出す課題は，さらにみなさんが保育士へと成長するために取り組むべき課題となります。この体験から課題を見出す過程は保育士になってからも続きます。このように保育士は絶えず成長し続ける過程にあることを，実習を通して自覚しましょう。

2. 乳児保育の現場から（3歳未満児）

1 実習生としての心構えのポイント

01 自信がもてないことは大事

実習生として保育所に入る場合，どの年齢よりも緊張するのが**3歳未満児**を対象にした実習ではないでしょうか？　言葉によるコミュニケーションができないことへの不安や，泣かれたらどうしたらよいかわからない，どのように触れたらよいかわからないおそれからだろうと思います。年齢の離れた弟妹がいる人以外はこれまでに，3歳未満児に触れたことがない，身近にいた経験がないという人が増えてきているため，当然のことと理解できます。自分たちのことを正確に理解できていないはずの見ず知らずの人に，なんの不安もなく無遠慮に自分の生活に踏み込まれることは，言葉で思いを表現することができない赤ちゃんたちにしてみれば，大変な不安や危険を感じることでしょう。しかし，この感覚があるからこそ，赤ちゃんたちにとっては大変ありがたく重要なかかわりが生まれるのです。

後節（p.126）で学びますが，**乳幼児の最善の利益**を考慮することは，保育者だけが行うことではなく，実習生であっても，乳幼児の**そばにいる大人**として**保障**していくことなのです。3歳未満児が，不安になったり不快に思うような一方的なかかわりは避けなければならないことは当然です。そのような意味で，自分はこの子のことを正確にはわかってないという自覚をもって，謙虚にかかわっていく姿勢は大事なのです。実習生としていろいろな経験をしてみたいという積極的な意欲はもちろん重要です。しかし，3歳未満児の思いに目を向けずに自分がしてみたいことを一方的に実行するということとは，別のことだと認識しておきましょう。

02 3歳未満児の育つ力を確認するチャンス

一人ひとりの**発達過程**を考慮し，子どもの思いを正確に受けとめて的確に対応することにより，その豊かな育ちを保障していくことが保育者としての**専門性**です。実習生は，まずは目の前にいる3歳未満児一人ひとりが生まれながらにもっている**個性や育つ力を実感する**ことや，正しく認識するための学びの姿勢が重要です。保育者の行為や保育の方法など，スキルを学ぶことばかりに注目して実習を終えてしまうことがないように心がけましょう。

3歳未満児に接することへの苦手意識は，本来生まれながらに備わっている3歳未満児の育つ力に気づくことで感動に変わり，“いとおしさ”や“尊敬”の気持ちにさえ変わってくるものなのです。「小さくてかわいい……」という主観的な視点から，一人ひとりの育ちに立ち会い，その育ちを支援していく**専門性**を自覚したときに，本物の専門性をもつ保育者へのスタートラインに立ったといえるのです。

03　実習生ならではの役割と自覚をもって

3歳未満児は，言葉をもたない代わりに**直感的に相手をとらえる力**があり，実習生の自信のなさを見抜かれてしまうことがあります。しかし一方では，自分に優しいまなざしを向けてくれる人を**きちんと受けとめる力**もあるのです。その意味で，言語化して理解し合うことの多い大人同士のやりとりより，はるかに簡単でありがたい存在ともいえます。3歳未満児は，ゆったりと穏やかに自分の思いに**より添ってくれる存在**を求めているからなのです。保育者は，日常の保育のなかで複数の3歳未満児の安全などすべてに配慮して対応するため，ときには忙しさからゆとりを失いかけることもあるかもしれません。そのような状況においては，純粋に3歳未満児に向ける実習生のまなざしや誠実さが大事な役割を果たす場合もあるようです。また当然のことながら，**信頼関係**が重要な乳児保育の場に，見ず知らずの大人が入りこんでいくことは，3歳未満児にとっても保育者にとってもそれなりの負担をかけてしまうことは否めません。常に謙虚な心で学ぶ姿勢を忘れずに，実習生ならではの役割も自覚しながら実習を進めていきましょう。

2 実習の具体的なポイント

01　人的環境としての配慮

3歳未満児にとっては，保育者だけでなく実習生の存在そのものも**人的環境**です。できるだけ3歳未満児の生活を乱さず，また，心地よい存在となるよう，以下にしめすことをとくに配慮して実習にのぞむとよいでしょう。

服装

- 3歳未満児ははっきりとしたコントラストに目を奪われやすく不安になるので，できるだけ黒や白黒のボーダー，赤や黄色など原色の洋服やエプロンは避ける。
- ボタンやファスナーの多い洋服は，3歳未満児を抱いたときに肌を傷つけるおそれがあるので避ける。
- ボタンやその他の装飾が実習中に取れる可能性もあるので，3歳未満児の誤飲事故につながらないように，実習前と終了後にボタンの数や取れそうになっていないか点検する。

- 毛足の長いセーターは，3歳未満児を抱くときに皮膚を刺激するので避ける。
- 3歳未満児とかかわる場合は，かがむ姿勢やはう姿勢などをとることもあるので，襟（えり）元の大きく開いたものや，背中の出やすい服装は避ける。
- 実習園や子どもの家庭の文化を尊重し，キャラクターが目立つ衣服は避ける。
- 裾（すそ）の長いズボンは，戸外の砂や汚れを室内に運ぶので，裾が地面についていないか確認する。

姿勢・かかわり方

- 3歳未満児が安心して過ごせるように，立ったまま見下ろすような目線になる姿勢は避け，なるべくしゃがむか，座位などの低い姿勢を心がける。
- 3歳未満児は常に低い位置で活動しているため，足音に気を配りあわただしい動きは避ける。
- 自分のしぐさや姿勢が常に子どもや保護者に見られているという意識をもち行動する。
- 実習生だけが見ているときに，3歳未満児が転倒やぶつけたりした場合は，その時点で傷や跡が残っていなくても，必ず保育者に報告する。

声・言葉がけ

- 普段話す声より少し高めの声で，優しい口調でゆっくりわかりやすく話す（マザリーズ：motherese）。
- 抱いたり，着替えなど身のまわりの世話をするときは，いきなり体に触れるのではなく「〇〇ちゃん，△△してもいい？」「〇〇しようね」など，言葉をかけて予告や了解を得るようにしてかかわる。
- 人見知りをして泣きそうなときは，無理に目を合わせたり声をかけないようにして，さりげなく少し離れる（人見知りは，情緒の発達から起こるものなので，“嫌われた”という感情的な受けとめ方をせず，子どもの思いに立って自然に受けとめる）。
- 3歳未満児が泣いているときには原因や理由があるので，勝手な判断で泣きやませようとする前に，痛みや危険に関係することがないかをまず確認する冷静な目をもち，すみやかに保育者に知らせ，対応や指示を仰ぐようにする。
- 実習生の判断で「ダメ」「やめなさい」など否定的な言葉や，「〇〇しなさい」など指示語は使わないように心がける。

02 実習中の学びの視点

実際に保育のなかに入っていくと，様々なことが同時に展開していくので，どこにどのようなポイントを置いて実習するかで，学びの質も深さも大きく異なってきます。筆者は，受け入れた二人の実習生の子ども同士のトラブルのとらえ方の差に，大変驚かされたことがありました。

その日は，1歳児クラスと2歳児クラスに1名ずつ実習生が入っていたのですが，二人の実習生の目の前で，1歳児クラスの女児と2歳児クラスの男児のトラブルが起こりました。それぞれの担当の保育者は，ひっかいたりかみついたりしそうなときは間に入りながら，しばらくその様子を見守っていました。しかし，二人とも珍しくなかなか気持ちがおさまらず泣き声が響き，ほかの子どもたちも心配そうに眺めたり間に入ってなぐさめたりしていました。

このトラブルは，保育者全員の心に残るほどの出来事でしたが，一緒にいた実習生二人はどのようにとらえたのだろうか？　と，大変興味深く，翌日の実習日誌を読むことを楽しみにしていました。2歳児クラスに入っていた実習生は，実習日誌の1ページいっぱいに二人の様子を詳細に記録し，私たちが見落としていたけんかの後の二人の感動的なかかわりの様子まで書かれていました。ところが，もう一人の実習生の日誌には，「A子とB男がけんかをした。」と，たった1行でしか表現されていませんでした。

同じ場面を共有していたはずですが，なぜこの差が生じたのでしょうか。目にするものに心を動かされる感性や，子どもの思いへの**共感力**の差ではないでしょうか。保育所保育指針がしめす乳幼児一人ひとりの発達過程により添い最善の利益を保障するためにも，乳幼児の**言葉にならない様々な思い**に気づくまなざしは，保育者の**専門性**としてとても重要なことです。表面的なとらえ方をせず，子どもの立場にたって考えていく姿勢を，実習を通してしっかりと身につけていきましょう。

03　エピソードにもとづく発見と学び

ここで，一人の実習生の実習日誌に書きとめられたエピソードを通して，乳児保育の実習における学びについて考えてみましょう。

エピソード①　解決を急がない　10月5日（木）1日目

園庭で遊んでいるときに，Yくん（2歳7か月）が乗っていた三輪車にKくん（2歳6か月）が乗ってしまったことでトラブルが起こりました。先生が，二人の間に入ってそれぞれの気持ちを代弁したり，そばにいた他の子どもたちに「どうしたらいいかなあ，困ったねえ」と呼びかけました。するとFちゃんが，自分の三輪車をゆずってあげて解決しました。

〈実習生の感想と学び〉

三輪車は人数分あったので，取り合いになるとは思ってもみませんでした。YくんとKくんが三輪車の取り合いになり，お互いの顔に手が出たりしていたので，私は止めながら「もう1台あるよ」「先に使ってたのは誰かな？」となんとか早くこの場を解決しようと思いながら声をかけました。しかし，先生は「二人ともこの青い三輪車がいいんだ……困ったねえ」と気持ちを代弁しながら，周囲にいる子どもたちにもどうしたらいいか聞いていました。その結果，Fちゃんが「Fちゃん，赤でもいいよ」と，自分が乗っていた青い三輪車をゆずってくれました。その場しのぎの解決を急いで自分が二人にかけた言葉を，とても恥ずかしく思いました。

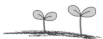

エピソード② 待つことで気づくこと 10月6日（金）2日目

外遊びの後，子どもたちが汚れた手足を洗うときに，水がこぼれないように横で見ていたのですが，Sくん，Hくん，Aくんの3人がきれいになったのに，なかなかバケツから離れませんでした。子どもが自分からその気になるように「みんな待ってるみたい」とか「タオルでもっときれいにしようか？」などと声をかけてみたのですが，かなり時間がかかってしまいました。

〈実習生の感想と学び〉

先生方が，子どもの意思を尊重し，無理やりやらせたりしない場面をたくさん見てきたので，私もなんとかせかさずに待つ保育をしてみようと心がけました。子どもを待つ間，結果的に「その子は何をしようとしているのか……」とその行為をじっくり見ていることになりました。すると，水面に顔がくっつくほどに顔を近づけている子や，汚れが落ちていく様子を興味をもってじっと見ている子の姿に気づくことができました。

子ども一人ひとりの違いのおもしろさに気づくことができ，私もその「待つ時間」によって，子どもをじっくり見ることができるのだと学びました。保育人数が多くなると，集団としての行動ばかりを意識してしまいがちですが，私も「待てる保育者」になりたいと思いました。

この学生は，実習での体験を通して**自分の感性**で驚くほどの学びをしています。

言葉で自分の思いを十分に表現できない乳幼児にかかわる場合は，目の前の子どもの行為に対してどのようなまなざしを向けるか，つまり，どのように見てどのように意味づけるかが学びのポイントになります。それが，やがて保育者としての**子ども観**や**保育観**につながっていくのです。

実習を通して学ぶことは，実践のおもしろさや緊張感などを体感することが何よりの経験ですが，そのことにとらわれすぎると，いつの間にか保育の方法や形など，**表面的な保育者の動き**に目を奪われやすくなります。保育の場での**効率のよい動き**は，慣れることですぐにマスターできますが，**子どもへのまなざし**は，一度身についてしまうとなかなか自分では気づけず，修正が難しくなります。そのために，保育所保育指針においても，**振り返り**や**自己評価**の重要性をうたっているのです。とくに，乳幼児にかかわる場合は，自分自身のまなざしがかかわりのすべてのもとになっていることを心にとめ，実習にのぞむようにしましょう。

3. 保育所の現場から

保育所は**子育ての拠点**として，様々な社会的機能が求められています。乳幼児の健全な育成はもちろんのこと，保護者への支援，地域の親子支援など，今や保育所は子育てをサポートする役割を社会的に広く担うようになりました。また，保育者の育成という点においても，現場の協力は欠かせません。学生が実習を通して保育者という職業にやりがいを感じられるような体験ができるよう，積極的に協力し，保育所実習を未来の人材を育てる機会にしたいと考えています。

1 表情やしぐさを意識しながら自己表現をする

幼い乳幼児との出会いは，実習生にとって新鮮な体験です。しかしながら，子どもを愛らしいと感じる一方で，どのように接すればよいか迷ったり，悩んだりすることがあるかもしれません。言葉で会話できない赤ちゃんには，なおさらとまどいを感じるでしょうし，実習を前に不安になってしまう人もいるでしょう。しかしながら，コミュニケーションは言葉だけでやりとりするものではないということをまず頭に入れておいてください。

子どもを前にしたときの**自分の表情**はどうでしょう？　ほほえむことができますか？自分の**まなざし**や**しぐさ**を意識できますか？

子どもは，相手が醸(かも)し出す**雰囲気**を敏感に感じとるものです。目が合ったときに，にっこり笑ってくれる人に好意を感じ，安心します。実習が始まる前に自分の表情を鏡に映し，口角(こうかく)を上げて，笑顔が意識的に出せるよう練習しておきましょう。

子どもは思っている以上に保育者のことを見ていますから，**言葉づかいや立ち居ふるまい**も大事です。乳幼児期は出会う人が限られているので，そこから受ける影響はとても大きいのです。子どもは**模倣**(もほう)することによっていろいろなことを身につけていくという，発達のプロセスを思い起こしてください。家庭では両親をはじめ，兄や姉がその子のモデルになり，保育所では**保育者がモデル**になります。日本語は私たちの母語であるということを意識しながら，正しく，美しい言葉で子どもに話しかけることを心がけましょう。また，普段，無意識に行っている行為を改めて見直すことも必要です。子どもたちに常に注目されていることを意識すれば，ふるまいも自ずと丁寧になると思います。

2 子どもを尊重し，人権を守ること

子どもを尊重するということは，具体的にはどういうことでしょうか。たとえば，子どもに話しかけるときに相手の目を見るということや，子どもの目の高さに視線を合わせて話すことも，**子どもを尊重する態度**をしめしています。そして相手に**共感する言葉**を返すことも忘れてはいけません。「だめ」「やめなさい」といった否定語や禁止語をすぐに使うのではなく，**子どもに気づかせる言葉がけ**を考えてほしいと思います。否定や禁止の言葉は，子どもを傷つける言葉でもあるのです。やってほしくないことをした子どもに対しては，なぜよくないのかときちんと理由を伝えましょう。

また，ほかの方法を提案してあげることによって，子どもの行動を否定することなく望ましい方向に導くこともできます。言葉を選び，子どもに伝わるコミュニケーションを心がけることが大切です。図表 2-3-1 に一例をあげてみましたが，**場面に応じて自分なりの表現を工夫してみると**，**お互いに尊重し合える関係**を築くことができると思います。

とくに，3 歳未満児の身のまわりの世話をするときは，落ち着いて，一つひとつの**行為に言葉を添える**ように努めましょう。保育者に何をやってもらっているのか，何をしようとするのか，これから言葉を獲得していく乳幼児だからこそ，きめ細かな語りかけは大切なのです。無言で世話をするということは，相手をものとみなしていることと同じです。言葉のひきだしをたくさん用意して，愛情深い豊かな表現ができるよう，実習のときに実践していきましょう。

図表 2-3-1　子どもを尊重した態度

言葉の場面	言葉がけの一例（自分なりの表現を考えてみてください）
共感する	子どもの気持ちに共感し，それを言葉にして伝える。
提案する	○○してみたら，どう？　［視野を広げるように促す］
許可する	○○してもいいわよ。
許可を得る	○○していい？　［子どもを尊重して］
選択させる	A と B があるけれど，どっちがいい？　［やめてほしい時にも］
励ます	ここで見ているからね。もう少しだよ。
依頼する	○○してくれるかな。　［命令ではなく］
ヒントを出す（場面に応じて）	これをこうすると，どうなると思う？ ○○ちゃんは，どんな気持ちになると思う？

3 専門的な視点をもってかかわる

実習の一番の喜びは，子どもたちと直接かかわりながら学べるということです。とくに幼児は，実習生を心から歓迎してくれます。友だちに接するように「いっしょにあそぼう」と誘ってくれ，実習生が緊張した気持ちから解放されるのも，この時かもしれません。子どもと楽しい時間を共有することは貴重な体験ですから，積極的にかかわってほしいと思います。

しかしその時，ぜひ意識してほしいことは，子どもが主体となって遊びが発展するように，**自分の言動やかかわりをコントロール**するということです。実習生が主導権を握ったり，子どもを興奮させるような遊びの発展の仕方は好ましくありません。遊びのなかで子どもが思考できるような働きかけを考えながら，できるだけ子どもを観察してみてください。運動発達，言語発達，認識力，社会性など，注意深くしていれば，様々な視点で観察

することができるはずです。年齢によっての特徴や，個人差もあるでしょう。性格や気質も一人ひとり異なると思います。子どもを知るためには，**自分が子どもとかかわった場面に着目**し，**気づいたところから考察**を始めるとよいと思います。

4 肯定的に学ぶ姿勢をもつ

子どもはほめてもらったり，認めてもらうことによって，自信をつけ，**自尊感情**を育んでいきます。身近な大人がそのことを常に意識しながら子どもに接することは，よりよい人格を育てることにつながります。子どもに共感し，肯定的に受け入れるという姿勢は，保育者として大切な**資質**です。実習では様々な人や出来事に出会うと思いますが，なるべくいいところを見つける努力をしましょう。子どもに接するときだけではなく，実習期間を通して**肯定的に学ぶ姿勢**をもって，実習所のいいところ，保育者のいいところをたくさん見つけてほしいと思います。

いいところを積極的に見つけるという訓練をすることにより，ものの見方が前向きになり，対人関係においても相手を信頼するようになり，どんどん自分が積極的にかかわり挑戦できるようになります。日常においても**肯定的な見方**を心がけ，保育者としての資質を育んでいくといいでしょう。

5 学ぶ意欲や積極性が感じられる実習生に

実習を受け入れる側からみると，**学ぶ意欲や積極性を感じさせる実習生**には，以下のような共通点があるように思います。

① 子どもや保育者の言葉をよくとらえている。
② その日，出会った場面のエピソードに客観的な考察を加えている。
③ 保育士は「なぜこのような言葉を発したのか」など保育の配慮を読みとろうとする。
④「次はこうしよう」などと自身のフィードバックがある。
⑤ 日々，新しい発見をしている。

こうしたことは，子どもたちや保育者との実習中の**かかわり**や**実習日誌**のなかにも表れてきます。また，こうした実習生は，質問の仕方もポイントをついています。疑問に感じたことをただやみくもに聞くのではなく，その疑問に対する自分なりの答えを考えたり，対応してみたりするなかで，わからなかったことを質問しているのです。

実習期間は毎日が緊張の連続であり，集中力や持久力が要求されます。自分の課題に気づいて，たくさんの刺激をもらい，高いモチベーションにつなげてほしいと思います。

Column 実習生の生活リズム②
～私立保育所実習（5歳児・8時出勤のHさんの場合）～

Hさん

Hさんの保育所実習では，8時からの順次登園に合わせて，準備を整えなくてはなりません。早朝保育や延長保育など保育の形態に応じて，早番や遅番などのシフトがあり，保育の時間も幼稚園に比べて長いので，リズムの調整がとても大切です。帰宅後に実習日誌を4時間程度かけて書くことも，かなりの負担になります。ストレスと上手につきあうことも大切です。睡眠を十分確保する，体を休める，友だちに話を聞いてもらう，おいしいものを食べに行くなどの息抜きや，自分なりのリラックス&リフレッシュを工夫してみましょう。

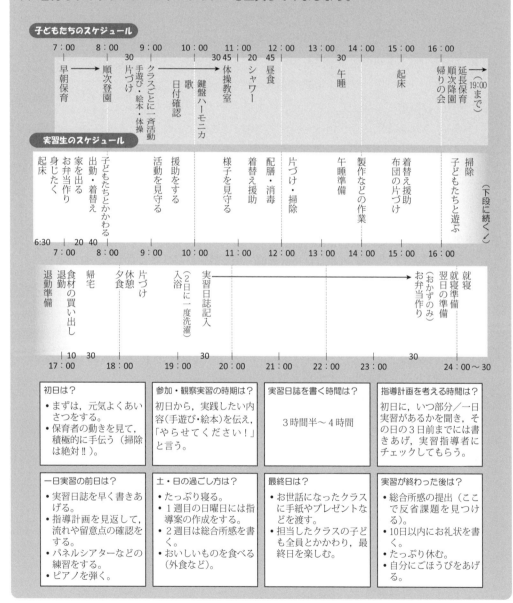

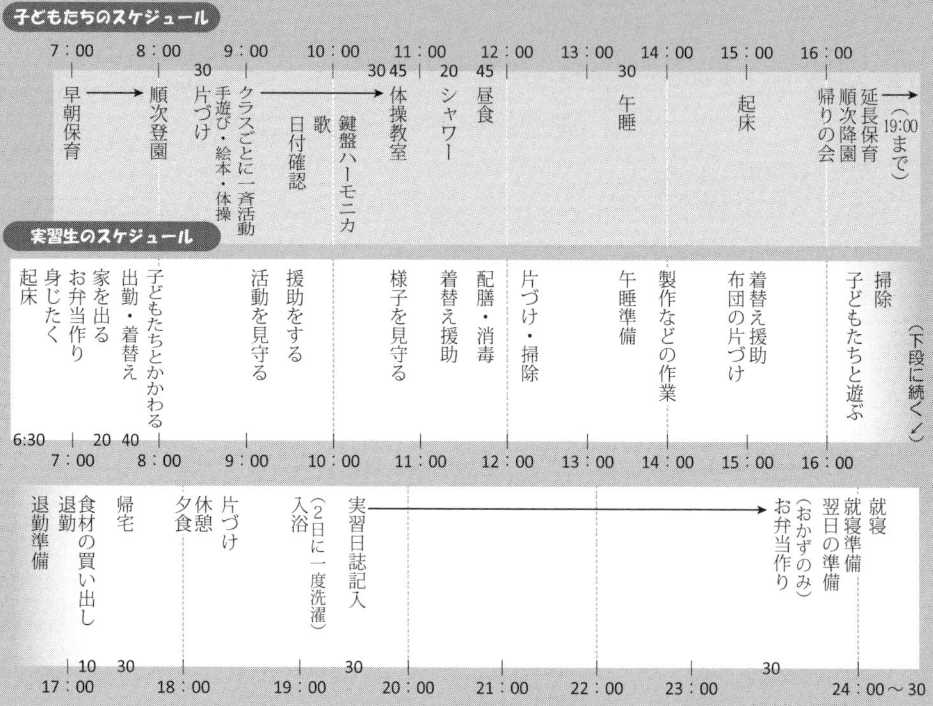

初日は？
- まずは，元気よくあいさつをする。
- 保育者の動きを見て，積極的に手伝う（掃除は絶対‼）。

参加・観察実習の時期は？
初日から，実践したい内容（手遊び・絵本）を伝え，「やらせてください！」と言う。

実習日誌を書く時間は？
3時間半～4時間

指導計画を考える時間は？
初日に，いつ部分／一日実習があるかを聞き，その日の3日前までには書きあげ，実習指導者にチェックしてもらう。

一日実習の前日は？
- 実習日誌を早く書きあげる。
- 指導計画を見返して，流れや留意点の確認をする。
- パネルシアターなどの練習をする。
- ピアノを弾く。

土・日の過ごし方は？
- たっぷり寝る。
- 1週目の日曜日には指導案の作成をする。
- 2週目は総合所感を書く。
- おいしいものを食べる（外食など）。

最終日は？
- お世話になったクラスに手紙やプレゼントなどを渡す。
- 担当したクラスの子ども全員とかかわり，最終日を楽しむ。

実習が終わった後は？
- 総合所感の提出（ここで反省課題を見つける）。
- 10日以内にお礼状を書く。
- たっぷり休む。
- 自分にごほうびをあげる。

第3章

施設実習

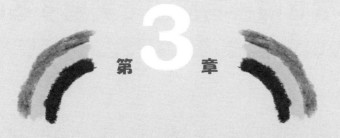

1. なぜ障害者施設で実習するのか

1 「未知との遭遇」

施設実習に行く学生と，施設にいる障がいをもつ人たちとの出会いを思うとき，この言葉が自然と口をついて出てきます。「未知との遭遇」――まさに，この言葉ほど施設実習に向かおうとする学生の心情や立ち位置を言い表す言葉はないでしょう。何か得体の知れない不安やおそれ。障がいをもつ人たちに関する決して多くない情報のなかで，理解や支援の大変さだけが思い起こされて，意気揚々と実習に向かう気分になれない学生が多いのではないでしょうか。

多くの保育の場で障がい児保育が行われている今日，学齢前の子どもたちは，障がいをもつ子どもとのふれあいが，ごく自然なことになっています。「障がい」を身近なこととして肌で理解しているということができると思います。けれども，この良好な関係が，学齢になると忽然と消えてしまいます。障がいをもつ子どもたちの多くが，教育の場を異にし，地域でふれあう機会が失われてしまうからです。つまり，その育ちにおいて，保育と教育のクレパス（断層）上で分かたれてしまうのです。やや誇張していえば，次に障がいをもつ人たちと接するのは，たとえば施設実習に行かねばならなくなった，まさにその時です。実に十五年余のタイムラグがあるのです。こうして，障がいをもつ人たちは，別世界の人たち――特別な人たちと認識されることになります。施設実習が「未知との遭遇」になるのも，うなずける話でしょう。

相手のことが見えなければ，人は不安を感じます。施設実習に来る学生が異口同音に「障がい者がこわい」という言葉を発しますが，このような背景があるのです（残念ながら施設の側も，ともすると管理的色彩が強くなり，不自然で，一人ひとりが見えてこない没個性の世界をつくってしまう傾向があります。そしてそこで暮らす人たちは，利用者という名で一くくりにされがちです。その情景は，正体不明の集団のように実習生の目に映り，不安をかき立たせてしまうのです）。

目の前の人たちが未知であることに加えて，もっと厄介で気が重くなるのは，当然のことながら，実習生が世間に流布する**障がい者観**を背負って来ることです。いわく，「何もできない人たち」「大変な介護が必要な人たち」「突拍子もないことをしてしまう人たち」「守ってあげなければならない人たち」などなど。

このような理解は，施設実習が，障がい児保育を担うことを想定しているからだとか，場合によっては福祉施設職員として働くことを想定した，経験しておくべき別枠の「特別カリキュラム」であるという理解の仕方へとつながっていきます。その結果，介護技術や，障がい特性――たとえばパニックへの対応や，障がいの医学的知識にのみ関心をよせたり，「専門家の卵」として，それが当然であるかのように障がいをもつ人たちの前に立ち現れて，この分野も十分担えることを確認するところに施設実習の意義を見いだしたりするのです。果たしてこのような理解，認識でよいのでしょうか？

2 「一期一会」――「自己覚知」

保育所実習，幼稚園教育実習，そして施設実習，これら実習のもっとも**基本的な意義**として，「**自己覚知**」，すなわち**自己のありようへの気づき**があると思います。つまり，実習は人生において得ようとしてもなかなか得られない，**自己確認のための貴重な出会いの一つ**であるといえます。

一期一会という言葉があるように，出会いは偶然です。出会う相手が子どもであろうと，老人であろうと，障がいをもつ人であろうと，その偶然の出会いのなかで，人と向き合うことや，人とかかわることを学ぶのです。このことは同時に，わずかな期間とはいえ，他人の人生に深く立ち入ることでもあるのです。他人の人生に立ち入るとき，「立ち入る自分は何者か」という根源的な問いを突きつけられ，その自分自身を，こころを裸にして直視しなければならなくなります。これらのことが実習のもっとも基本的な意義でなければならないと思います。

つまり，**人が人を理解する**ということを学ぶのです。目の前の人と真剣に向き合った時，自分のことも見えてきて，自分自身が問われていることに気づくはずです。その気づきは，相手を受容する心の入り口の狭さだったり，理解の浅さだったり，頭の固さだったり，ときには自分自身のありように対する**根源的な疑い**だったりするものです。これが「自己覚知」です。実習は，そのための機会と場を提供しているといえるのです。

3 障がいをもつ人たちへの理解と共感，そして施設実習の本質

施設は，そこを利用する人たちにとっては，生活の場です。その生活の場にお邪魔(じゃま)し，貴重な**気づき**の機会と場を提供してもらうということが，実習生の立ち位置であり，そのことを十分わきまえた態度でなければなりません。これは自明のことです。しかし，知らず知らずのうちに，専門家がクライエントに相対するような，意識のうえでの「上から目線」になってしまい，しかも，それと気づかずに接していたりします。この現象は実習生に限ったことではなく，施設職員にもきわめて普通に起こる現象なのです。この現象に囚(とら)われると，実習生にとっては実習の中身を，職員にとっては，援助業務の質を決定づけてしまいます。実に厄介だといわねばなりません。

実はこの現象こそ，障がいをもつ人たちへの理解と共感を妨(さまた)げている根源的意識なのです。この意識は，偏見や差別を醸成するネタ元にもなるのですから，ますます厄介で「取扱注意」の意識です。その底流には**パターナリズム**が横たわっているのです。パターナリズムは**温情主義**とか，**父権主義**と訳されます。自分より弱い，劣っていると思う人たちに出会うと，いかんなく発揮される心情で，ひとりよがりで「上から目線」の心理です。支配的な気分も微妙に内包しています。

この心理・心情は，予想以上に蔓延（まんえん）しています。高齢者に幼児言葉を使う，障がいをもつ人たちに心配のあまり，一挙手一投足，**指図語**のシャワーを浴びせる，「何事もあなたのためだから」と，訓練，訓練と押しつけてくる，そんな情景を思い起こしてみてください。「障がいがあってもがんばっているでしょう。お前もなまけちゃあだめだよ」と親が子どもに言い聞かせるのも，形を変えたパターナリズムです。この心理・心情が障がいをもつ人たちにまとわりついているのです。パターナリズムは「健常者の幻想」でもあります。パターナリズムのもとでは，障がいをもつ人たちは，他人の思い描いた人生を，他人の意志で生きていくことになります。

それでは，障がいをもつ人たちへの理解と共感は，どうすれば得られるのでしょうか。一つは，かかわる人に必要な条件があります。先に述べた**自己覚知**と**感性を磨く**ということです。もう一つは，社会の風土に属する条件で，**パターナリズムの克服**と**健常者でも感得できる**「**障がい世界についての翻訳**」だと考えています。前者は，自分の努力だけではできません。障がいをもつ人たちと同じ地平に立って，ともに泣き笑いをするなかで感性が耕されていくのだと思います。ともに泣き笑いできること，これが**共感**です。

後者は，**エンパワーメント**が必須であり，「障がい世界についての翻訳」とセットでなければなりません。「翻訳」は，障がいをもつ人たちの，いってみれば**「実存的」実感**を，健常者のもつ実感概念に近似したものに移し替える作業です。たとえば，単に車椅子に乗って体験するだけではなく，車椅子の上で足が動かない状況をつくって，模擬的ではなく公衆便所を使用してもらうとき，「実存的」実感が健常者のもつ実感概念に翻訳できます。

こうした体験を通して，健常者から障がいをもつ人たちへの，一方向的なパターナリズムの関係性のベクトルが，間違いなく双方向化していくのです。この**関係性の双方向化**を**理解**や**共感**と呼びます。

どうでしょうか。ここまで述べてきたことは，保育でも教育でも介護でも，およそ人が人に深くかかわっていく仕事に共通の，いわば**根っこ**になる大切な事柄なのです。障がいをもつ人たちの支援を考えるとき，介護概念を内包しつつ，より広く，深く，**生活支援**ということを考えなければなりません。そこには，保育実践の基底にある「そだち」「何事かを獲得していく未来への可能性」，そして「多様で意外性をもつ個性たち」という概念が，間違いなく**道しるべ**になるのです。

効率性を第一等の価値基準とする現代社会では，障がいをもつ人たちは，ただそれだけで生きづらいのです。加えて，思考も含めて何もかもがマニュアル化していく傾向のなかで，専門性という名の「パック詰めされた援助と理解」のもとでしか生きる場をもてなくなってきています。それでも，障がいをもつ人たちを人生の主人公にしようと悶（もだ）え苦しんでいる「障がい世界」だからこそ，**深い人間理解**と**豊かな感性**をしめす機会が提供でき，これらをみなさんと共有することができるのです。

Column 「障害」あるいは「障害者」という表記について（私論）

現在，「障害」あるいは「障害者」という言葉については，法律・制度や歴史的表記としての表現以外は，「障がい者」などの表記が多く使われるようになってきています※。この表記の変化の発端は，「害」の文字に着目した当事者からの鋭い問題提起でした。「災害」や「加害者」や「公害」などの言葉との連想的関連づけから，「障害者」という言葉が，「差し障りを体現する者」というイメージをつくってしまい，差別意識を助長しているという指摘です。

確かに，「障害者」という言葉が，現実の偏見差別の実態や個々の状況に絡めば，「社会にとって，差し障り＝害ある者」という意味づけに変質していくのは，自然なことのように思えます。「害」の文字が突出してやり玉にあげられるのもうなずけます。戦後の国語改革のなかで，当用漢字（当時）になかった「碍」の文字が「害」にされて「障害者」という表記になりました。そして昨今，この表記が負のイメージと影響力をもちだしたとき，この「害」という文字をすっかり消し去ろうということから，「害」から「がい」へ書き換えが要請されているのです。これはいわば「害」という字面，つまり「見た目の影響力を無力化する努力」ととらえることができます。

しかし，この努力には大きなアイロニーが含まれるのです。「害」の文字さえ使わなければ問題は解決するのでしょうか。答えは「否」です。「障害」という熟語の成り立ちは，「さしさわり」という同義の言葉を重ねて意味を強めた言葉です。言葉の意味からいえば，「障害者」または「障がい者」，あるいは「しょうがい者」のいずれを表記しても，言葉概念はまったく変わってはいません。言葉概念が変わらない以上，問題の本質を突いた解決策とは思えません。そればかりではなく，「害」→「がい」と書きかえることで，ことの本質がどこにあるかをぼかしてしまうおそれがあると考えるのです。

また私は，「障害者」という言葉に素朴な疑問を抱きます。【「障害」＋「者」】とは，どういう言葉なのでしょうか。私は，「障害」という言葉そのものには問題を感じていません。「障害」（＝困難＝当事者本人にとっての差し障りがある）という状態をしめす言葉に，ある属性をもった一群というまったく別の範疇の概念である「者」をつけてしまった安易な造語に，根本的な差別性があると思っています。「障害者」という言葉が，「労働者」「教育者」「保護者」「金融業者」などの言葉と，その成り立ちにおいて決して同じではないことに，私たちはもっと気づかなければならないと思います。一般に，ある状態を指す言葉に「者」などの言葉をつけて，ある状態属性をもつ一群という概念をつくるとき，その概念は，実に容易に偏見・差別の対象としての一群を指す概念にすり替えられていくのだと，私は考えています。

「浮浪者」「困窮者」「無宿人」「貧民」「フリーター」などなど，例示すれば，いっそう明瞭になるのではないでしょうか。けれども，さらに厳密にいえば，「障害者」という言葉は「困窮者」「浮浪者」などとも，いささか違う成り立ちの言葉であるようです。「困窮者」「浮浪者」などが「生活者」概念を基底に備えていて，その一形態を表しているのに対して，「障害者」という言葉にはその基底部分がないのです。そういう言葉なのですから，実に特異な言葉であると言わざるをえません。

私は今，特別な意図がある場合を除いて，極力「障害者」という言葉の代わりに「障害をもつ人々」のように表記することにしています。このように表記すれば，たとえば「身体上の障害をもつ人」を「身体上に困難を抱える人」と言いかえることができ，ほかの多くの幾種類もの「困難」を抱える人々と，基底の「人」概念においてはまったく等質の概念になるのです。本来このように使われるべき「障害」という言葉が，【障害者】という三文字に化けるとき，基本的に同等である生活者たちが，ある一つの基準や枠組みでほかの人々から切り離され，実像，虚像も含めて，すべてひっくるめて特殊な一群として差別的にひとくくりにされていくのだと考えるのです。

多くの人が望むようには【障害者】という言葉ならびに概念を一新する新たな言葉が，にわかに生まれてくるとは思えません。相当の時間と，膨大なエネルギーとが必要です。しかし，問題の本質に触れ，それを乗り越える模索や試み，今できることは，あると考えます。大いなる議論と，熱い思いの交錯が広がることを望んでいます。

大切に思うこと——生活主体として生きる
—いとしい，ぼくたちの存在へ—

ぼくたち，自分の物語をもった主人公だよ。みんなと同じさ。

わたしたち，市民の一人だよ。別枠の人間じゃないよ。

ぼくは，地域の中で多くの人とつながって，溶け込んで暮らしていくんだ。

わたしの「自分らしさ」は，かけがえのない宝だよ。否定されたくないな。

きみとぼく。「違いへの寛容」は，未来を開く扉だと思う。本当にそう思う。

自分の意思と，多くの人たちの意思と，双方向で交わること。わたしの祈りです。

「チャレンジ」は，こころ根の豊かさと深さの基。ぼくを見守っていてくださいな。

「失敗」は，「気づきと学び」のための礎。わたしたち，夢をあきらめないよ。

一人ひとりの輝きは，みんなの元気の源。だれもが元気をあげられる。ぼくだって。

(Torii, H)

2. 障害者支援施設の実習

1 障害者支援施設実習の体験

知らないところ，知らない人たちのなかに飛び込んでいくことは，必ずしも楽しいと思えないかもしれません。一つだけわかっているのは，「どうやらよくわからない人たちのところに行かなければならない」こと。そのような実習生が多いのではないでしょうか。

みなさんはこれまで，障がいをもつ人とどのくらいかかわりがあったのでしょうか。家族や親戚，クラスメート，近所の人，そういう方と一緒に過ごした経験はありますか。「障がい者が怖い」という話を聞くことがあります。もし，そのようなことがあるとすれば，これは，障がい者が怖いということよりむしろ，あまりにも接点がなくて，「よくわからないから不安だ」というほうが大きいのではないでしょうか。

これまで障がいのある方々との接点がない，もしくは少ないということで，障がいにまつわることをいろいろと調べたり，勉強することも多いかもしれません。事前に学習することは大変素晴らしいことですし，大切に考えてもらって利用者のみなさんも喜んでくれるかもしれません。しかし，ここで気をつけたいのは，ある一つの「**像**」をつくり出してしまうことです。それは，「障がい者像」です。この「像」の取り扱いはとても厄介で，これまで障がいのある方々との接点が少なければ少ないほど，この「像」を拠(よ)り所にしてしまいます。すべては実習生であるみなさんのなかにある不安に起因しているのです。

実習のスタート時には**「像」**がたくさんあっても仕方ありません。それが拠り所なのですから。しかし，利用者さんと一緒に過ごし，かかわるなかで，この「像」を「参考程度」にしてもらいたいと願います。利用者さんの生活はいつも現実で，それぞれ明確な意思や意志をもっています。目の前の利用者さんは生きていて，喜怒哀楽を感じ思い思いに表現し，各個オリジナルな人間関係のなかでうまく折り合いをつけています。生活のなかに**独自の工夫**があるのです。実習生が利用者さんのこれらの生活スキル（自分で調整して生きていこう，成長しようとする力）に気づかず，「像」を通して見たり，決めつけたり，解釈をしたら，利用者のみなさんはどのような気持ちになるのでしょうか。「本当にかわいそう」や「大変」というのは，実は**個人が大切に扱われないとき**に起きるものなのです。

「像」から距離を取るには，時間が必要です。利用者さんと過ごす時間に比例するのです。同じ目線に高さを合わせ，視線の先に想いをめぐらせ，パーソナルスペースに配慮し，同じ時間をゆっくりと過ごしてみてください。「教えてください」「知りたいです」「一緒に考えたいです」「近づきたいです」との思いで，人生の先輩へ尊敬の気持ちと謙虚さをもって接してみてください。きっとたくさんの気づきを得るでしょう。そして，実習生が変わると利用者さんとの関係性が激変し，みなさんを取り巻く世界が変わるのです。

2 私の転換点

筆者には，とても大切にしている出来事があります。それは「おせんべい事件」です。筆者が施設の生活支援の現場にいたころ，ある利用者さんがグループホームに移って行きました。A さんはダウン症で知的障がいをもっています。我々にわかるような発語はありません。とても穏やかな方で，「食事です」，「お風呂です」と職員が声をかけるとゆっくりやってきます。普段はニコニコしていて，お地蔵さまのような方です。

A さんが移って行った新設のグループホームに様子を見に行ったときのことです。午後のおやつの時間でした。リビングのテーブルの上には小さいお皿にのったおせんべいがありました。おせんべいは透明な袋に 2 枚ずつ個包装されています。A さんはおせんべいが大好きなので，その袋に入ったおせんべいを手に取り，クルクル回したり，ニコニコ眺めたり，置いて見たりしています。それを見た筆者は，「あ，ごめんなさい。すぐに開けますね」と A さんから袋に入ったおせんべいを預りました。そのやりとりを見ていたグループホームの職員 B（筆者の先輩職員）とは，次のようなやりとりがありました。

職員 B「A さんに袋を開けていいか聞いたの？」

筆者「……聞くって，A さんは袋を開けられないですよ」

職員 B「本当に？　まあ，聞いてごらんよ」

筆者「どうやってですか？」

職員 B「別に急いでいないし，待ってみたら（笑）」

職員 B に促され，筆者はしぶしぶ「A さん，じゃあ，おせんべいはこのままお皿に置きますね」と元に戻しました。すると，A さんはすぐに包装されたままのおせんべいを手に取り，先ほどと同じようにクルクル回したり，ニコニコ眺めたり，置いて見たりしています。筆者のほうが，待つのが苦しくなってきました。そのときです。「ピリッ，バリバリバリ」。A さんは自分で袋を開けておせんべいを食べ始めました。

職員 B「ねっ，できるさ。A さん，おせんべい，おいしいですよね」

筆者は驚いて言葉が出ませんでした。A さんが袋を開けるまでに要した時間は約 5 分でした。おせんべいを食べ終えた A さんにもう 1 袋渡すと，今度は 3 分半で袋を開けました。次の日，筆者はビデオをもってグループホームの A さんを訪ねました。撮影の準備をして A さんにおせんべいを渡すと，今度は 2 分半で開けました。

後日，施設でのケース会議のことです。A さんの報告がなされ，撮影してきた A さんのグループホームでの動画が映し出されました。それを見た施設の職員から，どよめきが起こりました。「A さん，おせんべい開けられたんだ！」，「われわれはたった 5 分も待てなかったのか」，「できるって信じてなかったんじゃないの？」等々，興奮冷めやらぬ職員たちの言葉が飛び交いました。

この一連の出来事を考えたときに，筆者はとてもショックでした。施設の職員がいかに流れ作業で指示を出すことに慣れていて，本人に聞く（信頼する）ことなく，待てていないのかが明るみになったからです。業務優先で，会話は職員に向けてしかしていません。それが筆者自身なのだと自覚させられたからです。可能性を摘んでいたのは誰なのか。A

さんへの申し訳ない気持ちと，さらに入所しているほかの利用者さんたちにも同じような気持ちが湧き上がってきました。可能性がなかったのではなく，筆者が気づけなかっただけでした。もはや罪深いとも考えました。

筆者にとって**パターナリズム**（pp.63-64）との自覚的な出会いでした。この支配的な雰囲気も微（かす）かに内包しつつ，自分より弱く劣っていると思うと湧き上がってくる，ひとりよがりで上から目線の感情を自覚することは，支援職としては必須です。意思決定を支援させてもらう者として，「お前はどうなんだ？」と激しく問われたのは筆者でした。

3 意思決定を支援する

障害者支援施設では24時間365日の業務があり，その機能・役割は昼夜・休日を問わず利用者の「住まい」を提供し，暮らしを支援します。平日の日中は施設の外に出かけることが多いため，別の事業体となっています。つまり，障害者支援施設での生活では，日中活動と住まいという二つの場の組み合わせによる生活支援の体制が整っています。これは，サービスのワンパッケージ化による集団支援から，個別のニードを大切にし「選択する」という，利用者の意思決定を尊重するための体制を整えようとする動きの一つです。

施設に入所している方々は，一般的には「障がいが重い」とされています。障害福祉サービスにもサービスを利用する場合には，介護保険制度のように「障害支援区分」という区分制度があり，その方に対して認定される区分の段階（数字）によって，利用できるサービスが決まります。実際に，施設に入所出来る方は区分6～区分4の方か，50歳以上の区分3以上の方となっています（区分は数字が大きいほど障がいが重いという認定）。

しかし，この区分が大きいとか**障がいが重い**とはどういうことなのだろうかというのが，支援現場の実感であり疑問やジレンマとして存在します。施設入所を希望する利用者の家族が口を揃えて要望するのは，「安心・安全」の類です。障がいは本人の状況だけでなく，そのまわりの環境によって相対的な結果として，重く見られたり複雑になったりすることがあります。施設は家庭に比べ，障がいのある方々の個々の状況に応じた環境設定を行い対応できることが多いので，安心・安全であるといえるのかもしれません。施設には職員の数が多く，常勤の看護職がいることもあり，医療面や生活面で緊急事態に備えることができるのです。また，ほかに利用者を受け入れる場が無いという今日的な課題として，行動障害の方々や医療的ケアの必要な方々の行きつく場としての機能も付加されてきました。そこが一番安心・安全と考えられているからです。

利用者さんの住まいや生活は，いかようにも選択できます。しかし，支援の現場では，「**誰が**ここに住むことを**決めたのか**」，「ここに住むことが本当にこの方にとって幸せなのか」という問いをもつことは重要です。障がい福祉の現場（とくにコミュニケーションの表出が難しい方への支援に当たる現場）には，「意思決定支援」というキーワードがあります。それは，「ご本人の望みは？」という支援者としては本質的な疑問への挑戦です。この言葉によって，いくつかの支援モデルがしめされ，利用者の望むものは「これだ！」という理解に至らなかったとしても，以前に比べ利用者の意思がずいぶん尊重される環境になってきました。「**利用者には意思がある**」という当たり前の前提にやっと立てるようになってきたのです。ところが，こうした「意思決定支援」の支援モデルのなかには利用者本人の意思決定を促進する一方で，反対に妨げる者として，相反する役割をもつ二つの，壁にも鎖にもなる存在がしめされています。それは，家族と支援者です。「大丈夫？」という心配の鎖，「ここにいたほうが安心だよ」という本人以外の安心の鎖，「障がいが重いんだから仕方ないじゃないか」という諦めの鎖，等々です。

施設の職員は，利用者本人にとって「意思決定の**促進者**」でありたいと願っています。しかし，ともすると，いつの間にか職員本位の支援に戻ってしまいます。職員本位の支援をしていても，別に自分は痛みも気持ち悪さも感じないからです。職員の慣れという**思考停止**は，その瞬間に利用者の意思決定表出の芽を摘むことになってしまうのです。利用者さんは言葉を発しないかもしれない，表現は独特かもしれない，動きの意味がわからないかもしれない。しかし，「誰が利用者さんからの話を聞いたのか。聞こうとしたのか」という意思決定の意識と，認定される障がいの重さや誰かの「安心・安全」がいつも優先されることの間を行き来しながら，施設の職員は常に試行錯誤してかかわっているのです。

支援させていただく方々はだいたい大人なので，育ちを超えて，人生の在り方，生き方，もしかしたら人生の最後を一緒に考えます。さらに，障がいのある方々の支援は多様性・特殊性に満ちています。その人生の過程のなかでいろいろな可能性にチャレンジし，獲得し，想定外な出来事も意外な方法や手段で受け止め，あるいは受け流し，選択しながら進んでいく利用者さんの姿とその支援は，子どもと保育者との関係と何ら変わりないのではないかと思うのです。保育所実習においても，乳幼児にかかわるときには言葉が通じずコミュニケーションが成立しづらく，伝わらないもどかしさを感じるかもしれません。みなさんはそんなときにも「伝わる」「伝わっている」と信じ，一生懸命，乳幼児に話しかけると思います。障がいのある方と初めてかかわるときにも同じような姿勢でよいのです。それに加えて大切なのは，障がいの多様性・特殊性・個別性に**チャンネルを合わせる技術**です。しかし技術だけでは伝わりません。想い（熱意）＋技術です。順番も大切です。

日々，利用者さんと過ごし，その支援にあたる現場は，常に迷いや葛藤などを抱えています。同時に，利用者さんとともに笑い，喜び，泣くという魅力も日々感じることができます。そのわずかな時間に実習生としてかかわるみなさんには，実習期間内だけでは理解できないことも多いかもしれません。しかし，学生の期間を終え，どの分野に進んでもキャリアと年齢を重ねてくると，フッと改めてその意味・価値に気づくことがあります。筆者も教育実習を経験しています。そのときの担当教員や生徒たちにお礼を言いたいことが，大人になった今の方がたくさんあります。しかし，それは叶いません。その感謝の気持ちを今，目の前の大切にしなければならない方々へ還元したいと思っています。それが，お世話になった恩返しです。将来，どこかのタイミングで実習施設の利用者さんや職員のことを思い出し，そのとき目の前にいるに大切な方々へどうかその想いや感謝を伝えてください。

自分の得意なことで，かかわりをもつ

私は，障害者支援施設で約２週間生活しました。入所型施設だったので，消灯前の一時間ほどを余暇時間として，利用者さんは音楽を聴いたり絵を描いたりして自由に過ごしていました。実習期間もあと半分となったころ，職員の方と部活動の話になりました。私は，軽音楽部でギターを弾いていたのですが，その話がきっかけとなって，夜の余暇時間にギターを弾いてうたわせていただくことになりました。突然の話にとまどいましたが，職員の方が「自分の得意なことで利用者さんとかかわったり，自分を表現したりする経験は貴重なものだよ。とくにこういった施設で生活をしている利用者さんにとって生の音楽に触れる機会はなかなかないし，利用者さんにとってもよい刺激になると思うからぜひやってみてほしい」と言ってくださったので，その日からさっそく，利用者さんと過ごした実習期間を思いながら曲を作りはじめました。

本番当日には，職員の方々が声かけなどをしてステージをセッティングしてくれ，たくさんの利用者さんに聴いていただくことができました。緊張やら感動やらでうまくはうたえませんでしたが，終えた後には大きな拍手をしてくださり，思い切ってうたってよかったなと思いました。当日に「いい歌でした」と言ってくれた利用者さんが，翌日にも「ギターよかったですよ」と声をかけてくれたり，翌々日くらいに「ギターうまかったね」と弾くまねをして話しかけてくれたりする利用者さんもいて，「私の歌はちゃんと受けとってもらえていたんだ！」と，とてもうれしい気持ちになりました。演奏をしてからは，利用者さんとの距離感が近くなったような，施設のなかに「自分の居場所」ができたような感覚がありました。

最終日の「忘れないよ」「また遊びに来なよ」と言ってくれた利用者さんの言葉から，自分にとって本当によい経験をすることができたと感じました。自分の得意なことをきっかけに自分を表現することで変わり，それによって利用者さんも表現しやすくなることが実感できた実習でした。

ひかり

太陽の光を遮るものも何もないこの場所で
私はあなたに出会いました
あなたは世界をもっていて少しだけ入れてくれました
私にはそれが嬉しかった

あなたのその瞳に映るものを見てみたくて
目を合わせるとくすんだ私の瞳も輝くように思えた

光が眩しいなんて嘘だ　だって目を開けていられる
体中で伝える想い　触れた指先を温める
出会いの先には別れが必ずやってくるもので
抗う術などないものです

せめてもの抵抗としまして私はあなたを忘れません
私の世界にも居てください

あなたの誕生日も好きな色も知らないけど
目の前にいるあなたのそのままの姿が大切に思えた

一歩を踏みしめ進む道はきっと時間がかかるけれど
手をとりあって歩けるのなら　どんな道にも光が灯る

光が眩しいなんて嘘だ　ちゃんと受け止めていられる
体中で伝える想い　繋ぐてのひらを温める

（石原成美）

3. 障害をもつ子どもの施設での実習

障害をもつ子どもの施設で実習するためには，
①障害をもつ子どもとはどのような子どもなのか
②障害をもつ子どもの施設とはどのようなところなのか
③障害をもつ子どもにはどのような支援や配慮が必要なのか
などについて知っておかなければなりません。ここでは，それらを理解し，障害をもつ子どもの施設での実習に必要な知識を身につけていきます。

1 障害をもつ子ども（18歳未満）とは

障害をもつ子どもとは，どのような子どもでしょう。車椅子や補聴器を使っている子どもですか。それとも，発達に遅れのある子どもですか。日本では，障害をもつ子どもは**児童福祉法**第4条第2項で定義されています。具体的には「身体に障害のある」「知的障害のある」「精神に障害（発達障害を含む）のある」児童，および「治療方法が確立していない疾病その他の特殊の疾病（いわゆる「難病」のこと）であって**障害者総合支援法**で定める程度である」児童の4つに当てはまる場合，「障害児」とされています。ここでは，その4つについて一つずつ説明するとともに，手帳制度についても紹介していきます。

01　身体障害

身体障害者は法律で定義されています。具体的には**身体障害者福祉法**第4条に該当する（すなわち「手帳」をもつ）ものを指しており，そのうち18歳未満の子どもを身体障害児といいます。この身体障害は，身体障害者福祉法別表で次のように分けられています。

障害の種別	障害の内容
視覚障害	ものが見えない，見えづらい
聴覚又は 平衡機能の障害	音が聞こえない，聞こえづらい 身体のバランスがとれない，歩けない
音声・言語機能又は そしゃく機能の障害	声が出せない，言葉で意思疎通ができない・しづらい 飲み込むために食物を口の中で噛み砕くことができない
肢体不自由	両手・両足などを動かせない，動かしづらい，欠けている
内部障害	心臓・腎臓・肺などの内臓や免疫の機能が十分には働かない

このうち障害をもつ子どもの施設で保育者が出会う可能性が高いのは肢体不自由です。そのため，重い知的障害を併せもつ重症心身障害とともに後の項目で詳しく説明します。

02　知的障害

身体障害者とは異なり，知的障害者は法律では定義されていません。一般的には厚生労働省が実施した「知的障害児（者）基礎調査」での定義がわかりやすく，「知的機能の障害が発達期（おおむね 18 歳まで）に現れ，日常生活に支障が生じているため，何らかの特別な援助を必要とする状態にあるもの」とされており，そのうち 18 歳未満の子どもを知的障害児といいます。知的機能の障害に該当するか否かは，以下の両方の基準で判断します。

①標準化された知能検査で測定した結果，知能指数（IQ）がおおむね 70 までのもの

②日常生活の能力（自立機能，運動機能，意思疎通，移動，職業，など）の到達水準

なお，障害をもつ子どもの施設で働く保育者が知的障害をもつ子どもと出会う可能性は極めて高いため，肢体不自由や重症心身障害と同様，後の項目でより詳しく説明します。

03　精神障害と発達障害

精神障害者は法律で定義されています。具体的には，**精神保健及び精神障害者福祉に関する法律**（通称：精神保健福祉法）第 5 条により「統合失調症，精神作用物質による急性中毒又はその依存症，知的障害，精神病質その他の精神疾患を有する者」とされています。そのうち 18 歳未満を精神に障害のある子どもということになりますが，子どもの支援を考える場合，発達障害のほうがより重要です。それは，発達障害が学齢に達する前の幼児期に発見されることが多く，子どもの成長発達にとって重要な課題になり得るからです。そして，通常の保育所や幼稚園でも保育者が出会う可能性は極めて高いといえます。

発達障害も法律で定義されています。具体的には，**発達障害者支援法**第 2 条で「自閉症，アスペルガー症候群その他の広汎性発達障害，学習障害，注意欠陥多動性障害その他これに類する脳機能の障害であってその症状が通常低年齢において発現するものとして政令で定めるもの」とされており，発達障害をもつ 18 歳未満の子どもを発達障害児といいます。

なお，この発達障害も前述の知的障害と併せて，後の項目でより詳しく説明します。

04　難病（小児慢性特定疾病）

すでに見たとおり，児童福祉法によって治療方法が確立していない疾病その他の特殊の疾病とされています。「治療方法が確立していない」とは，基本的には病気の原因が不明などの理由で現代医学では治すことが難しい（病気が進むのを遅くしたり，症状を軽くしたりすることは可能）という意味で，その病気を抱えた状態が長く続いたり（これを「慢性的」という），その病気が原因で身体障害をもったり，場合によっては死に至ることもあります。児童福祉法は子どもの難病を**小児慢性特定疾病**と定め，それらの病気を抱えた子どもと家族を支援するために医療費を支給するなどの制度を設けています。なお，対象となる病気の種類などは，小児慢性特定疾病情報センターのホームページで確認できます。

05　手帳制度について

身体・知的・精神（発達）の障害をもつ人（児と者の両方）について様々な福祉制度を利用しやすくするために，身体障害をもつ人には**身体障害者手帳**を，知的障害をもつ人には**療育手帳**（東京都は「愛の手帳」と呼ぶ）を，精神・発達の障害をもつ人には**精神障害者保健福祉手帳**を交付する制度があります。手帳はその障害があることを公に認めるもので，本人（子どもの場合は親が代わりに行う）の**申請**（書類による正式な申し込みのこと）にもとづき都道府県知事が交付します（手続きは市役所・区役所・町村役場で行う）。

2 障害をもつ子どもの施設

障害をもつ子どもの施設を利用する子どもとその家族（親）は，保育所や児童養護施設とは違った支援の必要性（これを「ニーズ」という）をもっており，施設もそれに応じた種類に分かれています。ここでは，障害をもつ子どもの施設を利用する子どもとその家族（親）のニーズを理解したうえで，施設の種類についても概略を整理しておきます。

01 障害をもつ子どもの施設を利用する子どもと，その家族（親）のニーズ

①障害や原因となった病気に対する治療と，障害に合わせた教育・保育・養育が必要

身体障害や病気をもつ子どもには，一人ひとりに応じた医学的治療やリハビリなどが欠かせません。また，知的障害や発達障害をもつ子どもに対しては，治療というよりも教育や生活環境を整えるかかわりが重要になります。これらの治**療**と教**育**・保**育**・養**育**を一体的に提供し，子どもの発達を支援することを**療育**といいますが，この言葉は，東京にある「整肢療護園（今の心身障害児総合医療療育センター）」を創設した医師の高木憲次（のりつぐ）がつくりました。

一方，家族（親）に対しては，障害児の育て方を身につけてもらうと同時に，わが子の障害を受けとめ，同じような子どもを育てる親同士が理解し合い，支え合う関係をつくれるような心理的支援が重要になります。

②家庭で養育できない場合や，親に一時的な休息が必要な場合は子どもの保護が必要

障害児を養育する家族（親）にとって，障害に伴う様々なことは，障害をもたない子どもを養育する場合と比べてより大きな肉体的・心理的・経済的負担になることがあります。また，そのような負担に耐えきれずに子どもを虐待してしまったり，その他の様々な理由から家では生活できなくなったりする場合もあります。このように家で生活することが難しい障害児については施設に入所させて保護し，親に代わって療育を行うことが必要です。なお，親の負担を軽くするため，一時的に施設で預かることもできます。

02 障害をもつ子どもの施設の種類

障害をもつ子どもの施設は，児童相談所で入所の手続きをする**障害児入所施設**と，市役所・区役所・町村役場で通所の手続きをする**児童発達支援センター**に大きく分かれており，さらに障害児入所施設については，治療を目的とする**医療型**と，治療を目的としない**福祉型**に分かれています。これらを表に整理すると，おおむね以下のようになります。なお，児童発達支援センターも医療型と福祉型に分かれていましたが，2022（令和４）年の法改正で区分がなくなり一元化（どの種別の障害児も同じ施設を利用できるようにする）されました。

	障害児入所施設 （夜も寝泊まりする生活施設）	**児童発達支援センター** （昼間だけ家から通う通所施設）
医療型 （治療を目的とする）	肢体不自由児や重症心身障害児を入所させて保護し，日常生活の指導，治療などを行う	肢体不自由児，重症心身障害児，知的障害児，難聴幼児などの障害児を通わせ，日常生活の指導，集団適応の訓練，補聴器装用訓練，及び治療などを行う
福祉型 （治療を目的としない）	治療が必要ない肢体不自由児や知的障害児を入所させて保護し，日常生活の指導などを行う	

03 障害児入所施設について

家で生活できないなど何らかの必要性にもとづき，次の区分に応じて障害児を入所させ，定められた支援を行う施設であり，**治療**を行うか否かで異なります。また医療型は「病院としての機能」ももち，医師や看護師など病院と同じ医療専門職が配置されています。

	児童福祉法（第42条）に定められている支援の内容
医療型（治療を目的とする）	保護，日常生活の指導，独立自活に必要な知識技能の付与，および**治療**
福祉型（治療を目的としない）	保護，日常生活の指導，独立自活に必要な知識技能の付与

なお「独立自活に必要な知識技能の付与」とは，入所した障害児が自分の力で生きていけるように「知っていること」や「できること」を増やす支援のことを指しています。

施設の利用手続き

①利用者（この場合は親）が児童相談所や施設に相談して，利用する施設を絞り込みます。
②利用する施設が決まったら，児童相談所に申請をします。
③**支給**（施設を利用すること）が決定したら，**受給者証**（施設利用が認められたことを証明する書類で，医療型を利用する場合は医療受給者証も必要）を受けとります。
④受けとった受給者証を利用したい施設へ提出し，利用料金なども確認のうえで，施設と**利用契約**（どのような支援をしてもらうかなどの取り決め）を結びます。
⑤虐待のように，親に利用する意思がなく，契約が難しいときは，児童相談所が**措置**する（行政機関が保護の必要性を判断し，入所する施設を決める）こともできます。

入所施設の日課

子どもたちの日課を知ることは大変重要ですから，配当された施設の日課はあらかじめ調べておきましょう。それは，施設によって日課が異なるからです。なお，勤務は日勤（早番・遅番を含む）や宿直・夜勤のなど**交代制**が一般的です。

福祉型障害児入所施設の日課（平日）と年間スケジュールの例[1)]

時間	日課
6：30	起床，洗面
7：20〜8：00	朝食
9：00	登校，学習
12：00	昼食
13：00	療育活動，作業（入浴）
15：00	おやつ，入浴（おやつ）
16：00	療育活動，余暇
18：00	夕食
19：00	学習指導，余暇
20：00	就寝，準備

※日曜・祝祭日等は省略しています

月	行事等
4月	春季帰省
5月	春季帰省（2期），遠足，春季特別行事
6月	誕生会，ミニバスハイク，春季健康診断
7月	夏祭り，花火大会
8月	夏季帰省，夏季特別行事
9月	誕生会，ミニバスハイク，総合防災訓練
10月	ミニ運動会，ミニバスハイク，秋季健康診断
11月	秋祭り，ミニバスハイク，インフルエンザ予防接種
12月	クリスマス誕生会，ミニバスハイク，冬季帰省
1月	冬季帰省，冬季特別行事

※2月・3月はスペースの関係から省略しています

04 児童発達支援センターについて

指導や訓練，治療など，子どもの障害にともなう何らかの支援の必要性にもとづき，障害児を日々保護者の下から通わせて，高度の専門的な知識及び技術を必要とする児童発達支援を行うとともに、障害児の家族などに対して相談や専門的助言などを行う施設です。

また，治療やリハビリテーションができる施設は「診療所（外来通院できるクリニック）としての機能」ももち，医師や看護師などの医療専門職が配置されています。ここでは，従来の区分と比較するために改正前の児童福祉法の内容を表にしておきますが，今では，治療が必要か否かによって利用できる施設が分けられるということはありません。

	児童福祉法（第43条）に定められていた支援の内容
医療型	日常生活における基本動作の指導，独立自活に必要な知識技能の付与，集団生活への適応のための訓練，および**治療**
福祉型	日常生活における基本動作の指導，独立自活に必要な知識技能の付与，集団生活への適応のための訓練

児童発達支援センターへ通所するのは幼児であり，**学齢**（小・中・高校に通える年齢）に達したら**特別支援学校**などへ行くことになります。また，幼稚園や保育所へ行くことができると判断され，親も希望した場合は，途中から移ることもできます。なお，18歳以上の重症心身障害者についても通所施設がありますが，指導や訓練というよりは，日中の居場所を確保し，家族（親）の負担を減らすことが大きな目的となります。

施設の利用手続き

障害児入所施設とは異なり児童相談所ではなく，利用者（この場合は親）が市役所・区役所・町村役場に申請します。支給が決定したら，受給者証を提出して施設と契約を結ぶ点などは障害児入所施設の場合と同じです。

通所施設の日課

障害児入所施設と同様に重要ですから，あらかじめ調べて把握しておきましょう。この場合も，入所施設と同様，施設によって日課は異なります。また，親と一緒に通う**親子通園**を実施する施設もあり，その場合も日課は変化します。なお，夜間の勤務はありませんので，職員の仕事は日中だけになります。

福祉型児童発達支援センターの日課と年間スケジュールの例[2)]

時間	日課
8：30	通園バス出発，自家通園児登園
10：00	通園バス着，水分補給，午前の遊び
11：30	給食，歯磨き，トイレ
12：30	休息，午睡
13：30	連絡ノート，トイレ
14：00	おやつ，午後の遊び
14：40	帰りの会
15：00	通園バス

月	行事等
4月	入園・始業，個別面接
5月	春の遠足，子どもの日集会，クラス参観
6月	家庭訪問，日曜参観
7・8月	開園記念日，プール開き，七夕，夏祭り
9・10月	個別面談，祖父母参観，秋の遠足，運動会
11・12月	七五三，交流祭り，クリスマス会
1・2月	お正月遊び，節分，個別面談
3月	ひな祭り，映画鑑賞会，クラス参観，卒園・修了

4. 肢体不自由児への支援

エピソード　障害が発見されたＡちゃん

Ｂ夫妻の長女として出生したＡちゃんは１歳になっても首がすわらず，自力ではいはいもできなかったため，発達の遅れを指摘されていました。その後，Ｃ市保健センターの１歳６か月児健診を受けたとき保健師から専門医の受診を勧められ，２歳になって総合病院の小児科を受診した結果，脳性まひによる肢体不自由と診断されました。

障害があると診断された後，落胆したＢ夫妻は，保健師からＣ市総合療育センターを紹介されました。そこは肢体不自由児の施設だけでなく，知的障害児や難聴幼児が通う福祉型の児童発達支援センター，外来通院できる診療所，そして特別支援学校も併設されています。また障害児の治療や訓練だけでなく，親同士が理解し合い，支え合う関係をつくるグループミーティングも行っており，基本的に親子通園の形態をとっていました。

親子での通園開始後，理学療法士などのリハビリスタッフによる専門的訓練や，保育士による遊びの指導など，心身の発達促進にプラスになる刺激が豊富に与えられたため，Ａちゃんは，自力歩行は難しいものの歩行器で活発に動き回るようになり，笑顔も増えて明るく生活するようになりました。また，子どもの成長を目のあたりにしたＢ夫妻は担当保育士の心理的サポートもあって障害児の育て方を積極的に質問する勉強熱心な親へと成長していき，最終的には親の会の副会長を務めるまでになったのです。[3)]

1 肢体不自由について

肢体不自由とは，四肢体幹の運動機能に関する身体障害で，児童福祉法第６条の２の２第３項でも「上肢，下肢又は体幹の機能の障害（以下「肢体不自由」という）」と定義されています。具体的には，両上肢（肩～指先），両下肢（太もものつけ根～つま先），体幹（頭～胴体）」が動かない，動かしづらい，欠けている（手術による「切断」を含む）などの身体状況を指し，その結果，移動・食事・着替え・入浴・排泄など身のまわりのことに介護が必要になるため，家庭での日常生活や社会活動に制限を受けやすくなるのです。

肢体不自由の原因としては，先天性（生まれつき）の奇形，進行性筋ジストロフィーなど遺伝性の疾患，新生児仮死（出産直後の呼吸・循環不全など）などによる**脳性まひ**，その他の様々な病気，交通事故や身体的暴力（虐待を含む）などの外傷，などがあります。

また、知的障害が重複している場合（施設入所している肢体不自由児の半数という報告もあります）や，てんかん，発達障害などを併せもっている場合も決して少なくありません。

2 肢体不自由がある子どもと家族（親）への支援

01 肢体不自由児をとらえる視点

子どもは発達途上の存在であるため，肢体不自由があることで行動や経験が制限されると発達が阻害される結果になりかねません。また，肢体不自由児は日常生活の様々な場面で介護が必要なため，「してもらう」ことがあたりまえになりやすく，自分で行おうとする意欲も低くなりがちです。さらに，肢体不自由という状態のベースには病気などの身体的変調があるため，介護だけでなく医療ケアが欠かせません。そのため，保育者はこれらのことを頭に入れたうえで子どもたちとかかわる必要があるのです。

一方，家族（親）に対しては，障害児の育て方を身につけてもらうと同時に，わが子の障害を受けとめ，同じような子どもを育てる親同士が理解し合い，支え合う関係をつくれるような**心理的支援**が重要になります。

02 日常生活における支援

保育者は，子どもの身体状況や心理状況に応じて「できること」と「できないこと」を見きわめ，できないことは介護しつつ，できることは自分で行おうとする意欲を引き出す必要があります。そのため保育者は，親だけでなく医師・看護師・理学療法士などの医療専門職とも信頼関係を形成し，子どもの身体的特徴や必要な介護および医療ケアの内容を把握するとともに，自らも介護ケアを実行できるようにしなければなりません。

03 遊びを通した支援

子どもの遊びは発達にとって必須の栄養素ですが，肢体不自由児は興味がもてる遊具に出会っても自分から近づくことが難しいため，結果として発達の機会が得られにくくなりがちです。そのため保育者は，子どもが遊びに対して主体的にかかわれる環境をつくる必要があります。その際，子どもの移動を手助けするだけでなく，**四つばい移動**（両手両足をつき、はって移動すること）や歩行器，車椅子などを使って自力移動できる場合には，広くて段差が少ないスペースをつくるなど安全の確保が求められます。

さらに，声かけにより子どもの意志を確認しながら，自ら進んで遊具に働きかけようとする意欲を引き出しつつ，ほかの子どもや保育者と「一緒にできた」という喜びを経験することで参加を実感するというような**社会性**を育むかかわりも重要になります。

04 家族（親）への支援

障害をもつ子どもの親は子どもの障害や子ども自身，さらには「親自身」に対しても否定的な感情をもったり，逆に障害をもつ子どもに対して過度に保護的になったりすることがあります。そのため保育者は，親の気持ちにより添いつつ，親が子どもや自分自身のプラス面に目を向けられるよう，支援する必要があるのです。

また，そのような気持ちをもつ親同士がお互いに理解し合い，支え合える関係づくりを支援することも大切です。そのため保育者は，同じ気持ちをもつ親たちが気軽に話し合える機会をつくるなど親同士を結びつけるとともに，「あの人もがんばっているから自分もがんばろう」と思えるなど，前向きな気持ちを引き出していく必要があるのです。

5. 重症心身障害児(者)への支援

エピソード　障害児になったＤくん

Ｄくんは２歳ごろからてんかん発作を繰り返したことで脳にダメージを受けたためか，発達の遅れを指摘されていました。６歳のとき意識を失う大発作を起こして入院し，脳に決定的ダメージを受けて寝たきりの状態になりましたが，母子家庭の母は仕事を辞めてＤくんの介護に専念することもできず，退院可能になっても家庭復帰は困難でした。

Ｄくんが入院している病院から連絡を受けたＥ児童相談所のＦ福祉司は母と面談し，障害児入所施設（医療型）の母子入園（子どもと母親が一緒に施設へ入所する方法）を提案。最初，母は経済的な心配から迷っていましたが，知人男性から援助を受けられるようになり，入所を決意。入所後，医師・看護師・理学療法士・保育士など専門スタッフの指導によって母はＤくんの障害を受け止められるようになり，介護方法も習得することができるようになりました。やがて母は知人男性と再婚することとなり，経済的安定だけでなく介護にも専念できるようになって，Ｄくんは家庭復帰することができたのです。

家庭引き取り後，しばらくは落ち着いた生活を送っていましたが，母と養父（知人男性はＤくんと養子縁組をしました）の間に子どもが生まれてからは養父の態度が一変し，Ｄくんを虐待するようになりました。母もＤくんは家から離れたほうがよいと思うようになり，児童相談所に相談の結果，Ｄくんは母子入園した施設とは別な医療型の障害児入所施設へ入ることになりました。その後は施設で落ち着いた生活を送っています。[4)]

1 重症心身障害について

重度の肢体不自由と重度の知的障害を併せもつ状態を重症心身障害といい，児童福祉法第７条第２項でも「重度の知的障害及び重度の肢体不自由が重複している児童（以下「重症心身障害児」という）」と定義されています。その多くは運動機能が「寝たきり」または「座れる」程度で知的機能もおおむね IQ35 以下となっており，18 歳までの児童期（大人になるまでの発達途上の段階）でこのような状態になることが基本とされています。

01　重症心身障害の状態像と原因

重症心身障害は最重度の障害であるため，常に介護が必要なだけではなく，**気管切開**（気管の入り口を首のつけ根あたりに作る手術）をして常に**人工呼吸器**を装着しているなど，高度な医療ケアによって生命を維持している場合が多くあります。また，運動機能の障害は軽くても，自傷，他害，異食（食べ物ではないものを食べる）などが著しく，生活環境への適応が困難な**強度行動障害**をもつ人たちも施設で支援されています。原因は基本的に肢体不自由と同様ですが，ほとんどが脳に何らかのダメージを受けています。

02 大島分類について

元東京都立府中療育センター院長の大島一良(かずよし)が発表した重症心身障害の区分（大島分類）は，重症心身障害の判定を行う際，今でも一般に用いられています。

運動機能	走れる	歩ける	歩行障害	座れる	寝たきり	(IQ)	知的機能
	21	22	23	24	25	80–70	境界
	20	13	14	15	16	70–50	軽度
	19	12	7	8	9	50–35	中度
	18	11	6	3	4	35–20	**重度**
	17	10	5	2	1	20–0	**最重度**

左の表で1，2，3，4の範囲に入るものを，基本的には重症心身障害児（者）と呼んでいます。なお5，6，7，8，9及び10，17も施設で支援される可能性があります。

2 重症心身障害児（者）と家族への支援

01 重症心身障害児（者）をとらえる視点

すでに述べたとおり，重症心身障害をもつ人たちは，その生命維持を，他者の介護はもとより高度な医療ケアや医療機器により支えられていることが多く，場合によっては突然に別れのときが来る可能性もあります。また，人工呼吸器を装着している場合をはじめ，音声言語による意思の疎通が困難なことは多くありますが，障害をもつ本人には意思や感情がありますから，自分の気持ちが正しく伝わらないときなどはストレスが溜まることもあります。そのため保育者は，毎日を懸命に生きている本人と家族の気持ちや置かれている状況により添い，一日一日を大切にしていくことが重要になります。

02 コミュニケーションの留意点

音声言語での意思疎通は難しくても，本人の表情やしぐさなどから「不快である」や「うれしい」などの気持ちを読みとることは可能ですし，本人が保育者の言うことを理解できる場合もあります。そのため保育者は，本人と一緒にいて状態を観察するだけでなく，本人が不快にならない介護方法を身につけ，信頼関係を形成する必要があるのです。

03 日常生活における支援

もっとも基本になるのは，本人の「命を守る」ことです。そのため，本人の心身の状態に応じた適切な介護と医療ケアが肢体不自由児以上に必要となります。さらに，日常生活を快適に過ごしてもらうためには，支援を行う場の環境整備（壁面構成などの飾りつけを含む）はもとより，日々の活動プログラムの工夫，行事の企画立案・実施なども重要な要素となります。そのため保育者は，医師・看護師・理学療法士などの医療専門職と良好なチームを形成しつつ，常に保育の専門性を高める努力が不可欠なのです。

04 親への支援

基本的なことは肢体不自由児の場合と同様ですが，障害はより重度になりますので，障害を受け入れることなどがより難しくなる場合もあります。そのため保育者には，肢体不自由児以上に親の心理的側面により添い，気持ちを理解することが求められます。

6. 知的障害児への支援

エピソード　施設に入所したGくん

Gくんは4歳の男児です。音声言語での意思疎通が困難で，暗いところで便をいじるなど重度の知的障害と行動障害，および自閉的傾向があります。父親・母親・弟（2歳。障害はない）と自宅で生活していましたが，母親が精神疾患を発病して入院となり，父親も自宅で面倒を見ることができないため，児童相談所の判断もあって福祉型の障害児入所施設（主に知的障害の子どもを受け入れている）へ入所することになりました。

入所当初は落ち着きがなく，急に駆け出す，排泄は廊下の隅で行う，排泄後には便いじりをする，意思疎通が困難なため職員が要求を理解できず，Gくんも職員の言うことを聞かないなどが見られましたが，弟が生まれるなど母親に余裕がなく，自宅で十分トレーニングできなかったことが原因と考えられました。そこで，外出時は職員が必ずGくんのそばにつくとともに，食後の排泄時間を把握するなど，Gくんの排泄リズムをつかんで定時排泄を促し，トイレで排泄ができたらほめるなどの対応を続けました。

約1年間のねばり強い支援の結果，トイレット・トレーニングなどを通じてGくんと職員との気持ちの交流が図られ，Gくんも職員の促しが理解できるようになり，トイレ排泄の習慣化とともに，落ち着きのない行動も改善へと向かっていきました。[5)]

1 知的障害について

知的障害とは，おおむね18歳までの発達期に何らかの原因で「理解する」「判断する」「考える」「記憶する」といった脳の知的な能力が障害され，その発達が同年齢集団の平均より低い水準（おおむね70% 以下）にある（すなわち「発達が遅れている」）状態をいいます。また日常生活の支障としては，集団行動や意思疎通が難しい，食事・排泄・更衣・入浴など身のまわりのことに介護が必要，運動機能の未成熟などがあげられます。

01　知的障害が発見されるきっかけと程度の判定

知的障害は，幼児期には運動機能の発達状況とともに言葉の遅れ（言葉を発する年齢が遅い，年齢に比べて理解している言葉が少ない，など）で気づかれることがありますが，障害が軽ければ年齢が小さいほど気づかれにくく，障害が重ければ早い段階で気づかれやすくなります。これら，障害の程度（障害の「重さ」や「軽さ」のこと）を判断する基準は療育手帳を判定するときのものが一般的ですが，都道府県によって若干異なっています（次のページは東京都「愛の手帳」の判定基準）。

02　原因と合併症

原因としては，染色体（遺伝子）異常，先天性代謝異常，風疹など胎児期の母体感染症，細菌性髄膜炎，脳奇形，**てんかん**などがあげられますが，原因不明の場合も少なくありません。また，発達障害や身体障害などを併せもつ場合もあります。

2 療育手帳の判定基準

知的障害をもつ子どもの状態を知るうえで，療育手帳の判定基準は大変参考になります。ここでは，東京都の療育手帳である「愛の手帳」の判定基準の一部を紹介しておきます。

0歳から6歳までの就学前子どもの場合[6)]

障害程度	1度（最重度）	2度（重度）	3度（中度）	4度（軽度）
知能測定値（IQ）	おおむね19以下	おおむね20～34	おおむね35～49	おおむね50～75
意思疎通	言語による意思疎通が全く不可能	わずかで不完全な単語だけのため，意思疎通が不可能	言語が未発達のため，意思疎通が一部不可能	言語を通しての意思疎通が可能

3 知的障害児（者）への支援

01　知的障害児（者）をとらえる視点

知的障害は，車椅子を使用するなどの身体障害と比べ，外見だけでは判断できないことがあります。とくに軽度の場合は，障害がない人との区別が難しかったりするため，障害により困難を抱えていても「やる気がないだけではないか」などと誤解されることがあります。また，自分の気持ちを言葉にして相手に伝えることが上手にできないため誤解されたり，大人でも子ども扱いされるなど適切にかかわってもらえず，結果として自分に自信がもてなくなり，積極的に行動できないこともあります。

さらに周囲の状況を理解し判断する（まわりを察すること。俗に「空気を読む」ともいう）ことが苦手なため，まわりとは無関係に行動して「困った人」と受けとられてしまい（失敗体験），自信を失ったりします。そのため保育者には肢体不自由児の場合と同様，「できること」と「できないこと」を適切に見きわめ，できないことは手伝いつつ，「できること」などのプラス面に焦点を当てながら，「自分にもできた」という**成功体験**を積み上げることで意欲を引き出し，できることを増やしていくかかわりが求められるのです。

02　コミュニケーションの留意点

障害が軽度であれば音声言語で意思疎通できることはありますが，相手の言っていることが理解できなくても「わかった」と言ってしまうことがあるため，どこまで理解できているのか確認が必要な場合もあります。一方，障害が重い場合は，重症心身障害と同じく音声言語での意思疎通が難しいことは多いため，表情やしぐさから本人の気持ちを読みとることが必要になりますが，相手が言っていることはわかる場合もあります。そのため保育者には，本人の意思を繰り返し確認するなど理解しようとする姿勢が求められるのです。

なお，知的障害児は言葉によって自分の行動をコントロールするのが難しい場合もあるため，とくに「お片づけしたらおやつにしましょうね」などの**先行教示**が必要なときは，一度に二つ以上のことを指示しないなどの工夫が大切になります。

7. 発達障害児への支援

エピソード　AD/HD と診断された H くん

H くんは小学校 2 年生の男児です。1 歳半と 3 歳の健診ではとくに問題点は指摘されませんでしたが，4 歳ごろには保育所の先生や父方の祖父母から「しつけがなっていない」と責められてばかりでした。小学校に上がっても教室のなかでじっとしておらず，絶えずいろいろなものに興味が移り，怒って教室から飛び出すこともありました。ある日，母親は担任と一緒に H くんを小児精神科へ受診させたところ，AD/HD（注意欠如・多動症）と診断されたのです。

医師の助言により，投薬と並行して，学校の席を一番前にする，達成できたら担任が目でうなずくなどの肯定的対応をする，日課の流れを目で見てわかるようにする，普段と違うことをする際は必ず予告しどのくらいで終わるかも伝えるなどを行いました。その結果，一週間ほど経つと些細なことで大声を上げなくなり，その後は勉強にも集中できるようになって教室からの飛び出しもなくなり，友だちと遊ぶ姿も見られるようになりました。[7]

発達障害は，発達障害者支援法が定義しているように脳機能の障害ですが，生まれついた脳発達の特性と言い換えてもいいでしょう。つまり，脳の発達の性質が生まれつきほかの大勢の人たちと異なっているということであって，当然「病気」ではありませんし，ましてや親の「しつけ」が悪いといった問題でもありません。その一方，薬を使って状態を落ち着かせることはできるため，必要に応じ，医師の判断により，薬を処方されることがあります。ここでは，このことを前提に，それぞれの医学的な立場からの呼び方である自閉スペクトラム症（ASD），限局性学習症（LD），注意欠如・多動症（AD/HD）という言葉を用いて，それぞれの概略を見ていきます。

1 自閉症スペクトラム症（ASD：Autism Spectrum Disorder）

自閉スペクトラム症（ASD）とは，これまで「自閉症」「広汎性発達障害」「アスペルガー症候群」などと呼ばれてきたものの総称で，このなかにそれらすべてが含まれており，その特徴は，図表 3-7-1 の 3 つの領域において現れます。

自閉スペクトラム症の人（児と者の両方）は知的障害を併せもつことがありますが，知的障害をもたない場合もあります。とくに，知的障害をもたない自閉スペクトラム症の大人のなかには，医師の確定診断を受けられなかった等により配慮の必要性を認識されないまま社会生活を送る人もおり，周囲から「変わった人」と見られたりすることがあるほか，自分の苦手な部分に気づきつつ「生きにくさ」を感じたりすることも少なくありません。

図表 3-7-1　自閉スペクトラム症の特徴

領域	具体的な現れの内容
対人関係（社会性）	視線が合わない，人を避ける，人に合わせたり集団で行動したりすることが苦手，ほかの人の気持ちを察知したり理解したりするのが困難，場の雰囲気がつかめない　など
コミュニケーション	音声言語で聞いたり話したりすることが苦手，音声より視覚的な情報が入りやすく文字を書いたり絵を見たりするほうが伝わる　など
想像力（興味・行動の偏り）	自分で先の見通しが立てられない，見通しがつかない状況が不安，慣れない環境が苦手，興味や活動の幅が狭い，自分の思いどおりにならなければ気が済まないなど「こだわり」が強い　など

2 限局性学習症（LD：Learning Disorders）

教育的な立場からは学習障害（LD：Learning Disabilities）と呼ばれ，文部科学省によれば「全般的に知的発達に遅れはないが，聞く，話す，読む，書く，計算する又は推論するといった学習に必要な基礎的な能力のうち，一つないし複数の特定の能力についてなかなか習得できなかったり，うまく発揮することができなかったりすることによって，学習上，様々な困難に直面している状態」[8]と定義されており，知的障害とは明確に区別されています。したがって，一般の保育所や幼稚園で保育者が出会う可能性はあるものの，ASDやAD/HDの子どもと比べれば，障害をもつ子どもの施設で保育者が出会う可能性はそれほど高くはないため，ここでの詳しい説明は省略します。

3 注意欠如・多動症（AD/HD：Attention Deficit/Hyperactivity Disorder）

注意欠如・多動症（AD/HD）の特徴は，図表 3-7-2 のように，不注意，多動，衝動性の三つの領域において現れます。

このため，周囲から「ちゃんとしていない」「だらしがない」「やる気がない」あるいは「でしゃばり」「せっかち」「落ち着きがない」「ルールを守れない」などと認識され，結果として叱責の対象になることも多く，そのことがかえって状況を悪化させたりします。また，18歳以上になってもこれらの状態が継続することがあり，頻繁な転職，不注意による仕事の失敗，衝動的浪費，整理整頓の困難，交通事故を起こしやすいなど，日常生活上の何らかの支障となって現れたりもします。なお，軽度の知的障害を併せもつ場合や，知的障害がなくても学習障害（LD）を併せもつ場合があります。

図表 3-7-2　注意欠如・多動症の特徴

領域	具体的な現れの内容
不注意	ほかのことに気を取られやすい，注意集中を維持することが困難，注意配分が悪い，大事なことを忘れその場で興味をもったことに次々と手をつける，など
多動	座っていてもすぐに歩き回る，絶えず体を動かしている，過度に騒がしい，はしゃぎすぎ，集団からはみ出してしまう，など
衝動性	相手が話し終わらないのに出し抜けにしゃべる，列に並んで順番を待てない，他人にちょっかいを出す，他人の会話に割り込む，過度のおしゃべり，など

4 発達障害児への支援

01 発達障害児をとらえる視点

すでに述べたとおり，発達障害をもつ子どもは，周囲から「変な子」と見られたり，保育所や幼稚園・小学校では集団で行動するのが苦手なため「困った子」と認識されたりします。一方，大人は「しつけ」ようとするあまり，子どもの行動を「抑制・禁止」したり「叱責」したりしますが，それらは逆効果になることがほとんどです。

また，ほかの子どもから挑発されたり自発的な行動を抑制・禁止・叱責されたりすることで自尊感情も育ちにくく，「怒り」や「拒否感」などの不快な気持ちをもちやすくなり，結果的に「敵対的・挑戦的な行動」をエスカレートさせることがあります。したがって保育者には，いわゆる「困った行動」の表面的な部分だけを見るのではなく，それらの行動が「どこから来るのか」など子どもの背景を理解しようとする姿勢が求められるのです。

02 子どもの特徴を把握し，合った環境を整え，励ます

そのため，まずは親や専門療育機関などと良好な関係をつくり，その子どもに関する情報を集める必要がありますが，保育者自身が子どもを観察し，その特徴を把握することも非常に重要です。集める情報のなかには，どのような「刺激」がどのような「行動（パニック，など)」に結びつくのか，どのようなものに「こだわり」をもつのか，どのようなときに落ち着いて過ごせるのか，などが含まれます。

そのうえで，行動の手順や段取りが書いてある紙（写真や図など見てわかる情報が載っているほうが望ましい）などをいつも見えるところに貼り出す，視覚や聴覚の刺激が雑多に存在する（散らかっている）部屋では保育しない（整理する)，達成したら「がんばったね」などと声をかけて自尊感情の形成を促すなど，その子どもに合ったかかわりを工夫することが大切になります。つまり，環境に当てはまるように子どもを変えるのではなく，子どもの特徴をつかみ，その特徴に合うよう環境を整え，子どものプラス面を見つけて励ますことにより，子どもの望ましい行動を引き出していくかかわりが求められるのです。

引用文献

1）社会福祉法人 共愛会「共愛学園（児童部)」HP（2023 年 7 月閲覧)
2）静岡市心身障害児福祉センター「いこいの家」HP（2023 年 7 月閲覧)
3）山岸道子，田中利則，山本哲也 編著『保育士のための養護内容―児童福祉施設の支援―』大学図書出版，2010，pp. 108–110 を一部改変
4）山岸道子，田中利則 編著『保育士のための養護原理―児童福祉施設の支援―』大学図書出版，2010，pp. 113–115 を一部改変
5）山岸道子，田中利則，山本哲也 編著『保育士のための養護内容―児童福祉施設の支援―』大学図書出版，2010，pp. 99–100 を一部改変
6）尾﨑 司 編著『教育・保育実習のデザイン　第 2 版』萌文書林，2019，p. 78 を一部改変
7）小野次郎・上野一彦・藤田継道 編『よくわかる発達障害 第 2 版』ミネルヴァ書房，2010，pp. 76–77 を一部改変
8）文部科学省初等中等教育局特別支援教育課「障害のある子供の教育支援の手引き～子供たち一人一人の教育的ニーズを踏まえた学びの充実に向けて～」2021

8. 養護系施設の実習

1 養護系施設とは

養護系施設は，①養育環境に問題がある子どもたちを対象とした施設（乳児院，児童養護施設，母子生活支援施設），②心理・行動面に問題を抱えた子どもたちを対象とした施設（児童自立支援施設，児童心理治療施設），③健全育成を目的とした施設（児童厚生施設）及び④児童相談所一時保護所に分けることができます。

2 乳児院

01 施設の概要と保育士の役割

乳児院は，保護者が何らかの理由で子育てができない乳児を対象とした入所施設です。原則，1歳未満の乳児が対象となりますが，1歳以上の幼児（きょうだいが同じ乳児院に入所，重い障害を抱えているなど）も入所しています。乳児院に入所する子どもたちは心身に何らかの問題を抱えている場合が多く，健全な発達を保障するためにも，愛情を基本とした保育とともに医療的ケアが必要とされます。

保育士の主な役割は，①子どもとの愛着関係の育み，②発達過程に応じた遊び，③健康状態の把握・感染症の予防，④食事の支援（授乳，離乳食，幼児食，水分補給，おやつ），⑤睡眠（午睡，就寝，起床），⑥沐浴・入浴，⑦排泄，⑧歯磨き，⑨行事，⑩親子関係の再構築・家族支援，⑪各種記録・書類作成などとなります。その他，児童相談所などの専門機関と連携しながら，心理療法担当職員，家庭支援専門相談員とともに自立支援計画を策定し実施することも保育士の役割となります。

目的・対象	乳児（保健上，安定した生活環境の確保その他の理由により特に必要のある場合には，幼児を含む。）を入院させて，これを養育し，あわせて退院した者について相談その他の援助を行うことを目的とする施設（児童福祉法第37条）
対象年齢	原則，満1歳までの乳児。施設によっては2歳以上の幼児も入所
主な入所理由（養護問題発生理由）	保護者の疾病（精神疾患を含む），保護者からの虐待，両親の未婚，経済的理由，保護者の拘禁，など
施設の主な設備	寝室，観察室，診察室，病室，ほふく室，相談室，調理室，浴室，便所など
職員構成	施設長，医師又は嘱託医，看護師，保育士・児童指導員，個別対応職員，家庭支援専門相談員，栄養士，調理員，心理療法担当職員

02 実習のポイント

子どもたちに愛情深く接することが実習生の基本的な姿勢として重要です。そのためには笑顔で優しく声かけをすることや，抱きしめるなどのスキンシップが大切なかかわりとなります。また，1歳前後の子どもが多く，授乳やオムツ交換，抱っこ，沐浴，着替えなどの援助を行います。これらのかかわり方は実習の際に担当職員から指導を受けますが，実習前に基本的なことは理解しておきましょう。

3 児童養護施設

01 施設の概要と保育士の役割

児童養護施設は，保護者が何らかの理由で子育てができない状況にある1歳から18歳までの子どもを対象とした入所施設です。入所児の年齢が就学前の幼児から小学生，中学生，高校生と多岐に渡っています。また，乳児や措置延長で20歳以上の成人も入所しているため，子どもたちの発達・成長・学齢に応じた援助が必要になります。

子どもたちの多くが保護者から虐待を受けた経験があることから，子どもとの愛着関係を築くことがもっとも重要な保育士の役割になります。過酷な養育環境のなかで育ってきた子どもたちにとって施設は安心・安全に暮らせる場であること，施設の保育士は子どもたちの最善の利益を図る存在であることを子どもたちが意識できるような援助が子どもたちの精神的な安定につながります。

目的・対象	保護者のない児童（乳児を除く。ただし，安定した生活環境の確保その他の理由により特に必要のある場合には，乳児を含む。），虐待されている児童その他環境上養護を要する児童を入所させて，これを養護し，あわせて退所した者に対する相談その他の自立のための援助を行うことを目的とする施設（児童福祉法第41条）
対象年齢	原則，1歳以上から満18歳未満。措置延長により20歳まで入所可能。※措置解除された者のうち必要な場合は22歳まで自立支援を受けることができる
主な入所理由（養護問題発生理由）	保護者からの虐待，保護者の疾病（精神疾患を含む），保護者の行方不明，拘禁，経済的理由，離婚など
施設の主な設備	児童の居室，相談室，調理室，浴室，便所，医務室及び静養室，職業指導に必要な設備など
職員構成	施設長，児童指導員・保育士，嘱託医，個別対応職員，家庭支援専門相談員，栄養士，調理員，看護師，心理療法担当職員，職業指導員

02 実習のポイント

宿泊型の実習で，子どもたちの起床から就寝までの日常生活の援助が中心になります。早番や遅番，宿直など勤務時間はシフト制です。日常生活の援助は，掃除，片づけ，洗濯，調理・食事などの家事援助や小学生以上の子どもたちへの学習援助など，一般の家庭で親が行っていることと同じです。子どもたちは施設内の大人の影響を受けて育ちます。実習生は良きモデルとなるよう服装や髪型などの身なりや言葉遣いに注意し，あいさつなどのマナーを守るようにしましょう。

子どもたちのなかには暴言や無視などの「試し行動」を実習生に向ける場合もあります。また，子ども同士でケンカやいじめが発生する場合もあります。子どもたちに共感的に接し，信頼関係を築くことを目標にしましょう。

4 母子生活支援施設

01 施設の概要と保育士の役割

母子生活支援施設は，何らかの理由で夫婦が一緒に子育てができない状況にある乳児から 18 歳未満までの子どもとその母親を対象にした入所施設です。

保育士は母親の子育てをサポートし，保育や学習援助，日常生活援助を行います。子どもが健康に成長・発達できるよう年齢や発達段階に応じた援助を行うことが求められます。

目的・対象	配偶者のない女子又はこれに準ずる事情にある女子及びその者の監護すべき児童を入所させて，これらの者を保護するとともに，これらの者の自立の促進のためにその生活を支援し，あわせて退所した者について相談その他の援助を行うことを目的とする施設（児童福祉法第 38 条）
対象年齢	原則，18 歳未満の子ども（20 歳まで措置延長可能）とその母親
主な入所理由（養護問題発生理由）	配偶者からの DV，虐待，離婚・死別，夫の行方不明・拘禁，保護者の疾病（精神疾患を含む），経済的理由など
施設の主な設備	母子室（調理設備，浴室，便所），集会・学習等を行う室，相談室，保育所に準ずる設備，静養室・医務室
職員構成	施設長，母子支援員，保育士，嘱託医，少年指導員，調理員，心理療法担当職員，個別対応職員

02 実習のポイント

実習生が母子に直接的に援助を行う機会は少なく，保育士や母子支援員・少年指導員が行う母子への日常生活の援助を補助する役割が中心になります。

5 児童自立支援施設

01 施設の概要と保育士の役割

児童自立支援施設は，非行などの不良行為を起こした子どもたちや不良行為を生じやすい環境にいる子どもたちが入所し，生活指導，学習指導，作業指導・職業指導などの援助を受けながら行動上の問題改善を図り，将来の社会的自立をめざすための施設です。保育士は児童生活支援員として，基本的習慣の確立を目標とした生活指導を主に担います。

目的・対象	不良行為をなし，又はなすおそれのある児童及び家庭環境その他の環境上の理由により生活指導等を要する児童を入所させ，又は保護者の下から通わせて，個々の児童の状況に応じて必要な指導を行い，その自立を支援し，あわせて退所した者について相談その他の援助を行うことを目的とする施設（児童福祉法第 44 条）
対象年齢	小学生から 18 歳未満の子ども（20 歳まで措置延長可能）
主な入所理由（養護問題発生理由）	行動上に何らかの問題（非行等）があり保護者の監護のもとで生活することが困難な児童
施設の設備	児童養護施設の設備の規定を準用。学科指導に関する設備は，学校教育法を準用
職員構成	施設長，児童自立支援専門員・児童生活支援員，嘱託医，精神科の医師又は嘱託医，個別対応職員，家庭支援専門相談員，栄養士，調理員，心理療法担当職員，職業指導員

02　実習のポイント

児童自立支援専門員，児童生活支援員の援助活動を補助する役割が中心となります。生活指導のほか学習指導を託される場合もあります。被虐待経験のある子どもや何らかの障がいのある子どもも多く入所していますので，個人特性に応じた対応が必要になります。

6 児童心理治療施設

01　施設の概要と保育士の役割

児童心理治療施設は，保護者との関係，家庭生活，学校生活など日常生活の広範囲にわたる不適応を抱える子どもたちを入所または通所させて，**総合環境療法**と呼ばれる専門的な心理治療を行う施設です。

保育士は施設内外の専門職と連携し，子どもたちが安心・安全な日常生活を過ごすことができるよう援助するとともに，子どもたちの怒りや自己肯定感の低さ，認知の歪みなど心理的な問題により添いながら子どもたちの適応能力の向上を図る援助を行います。

目的・対象	家庭環境，学校における交友関係その他の環境上の理由により社会生活への適応が困難となった児童を，短期間，入所させ，又は保護者の下から通わせて，社会生活に適応するために必要な心理に関する治療及び生活指導を主として行い，あわせて退所した者について相談その他の援助を行うことを目的とする施設（児童福祉法第 43 条の 2）　※ 2016 年の児童福祉法改正により「情緒障害児短期治療施設」から名称変更
対象年齢	小学生から 18 歳未満の子ども（20 歳まで措置延長可能）
主な入所理由（養護問題発生理由）	心理的な治療が必要とされる子ども
施設の設備	児童の居室，医務室，静養室，遊戯室，観察室，心理検査室，相談室，工作室，調理室，浴室，便所（男女別，少数の児童の場合を除く。）
職員構成	施設長，医師（精神科又は小児科），心理療法担当職員，児童指導員・保育士，看護師，個別対応職員，家庭支援専門相談員，栄養士，調理員

02　実習のポイント

児童指導員・保育士の援助活動を補助する役割が中心となります。日常生活の援助が主になりますが，心理的な課題を抱え情緒が安定しない子どもたちに対する共感的・受容的なかかわりが求められます。

7 児童相談所一時保護所

01　概要と保育士の役割

児童相談所一時保護所は，保護者が何らかの理由で子育てができない状況にある 18 歳未満の子どもを一時的に保護する施設です。

保育士の役割は子どもたちの生活指導が中心となります。一時保護された子どもたちの多くは不安や恐怖で精神的に不安定な状態にいます。保育士は他専門職と連携しながら子どもの気持ちにより添い，精神的な安定が得られるよう支援します。

目的・対象	児童相談所に付設もしくは児童相談所と密接な連携が保てる範囲内に設置され，虐待，置去り，非行などの理由により子どもを一時的に保護するための施設（児童福祉法第 12 条の 4 にもとづく）
対象年齢	原則，18 歳未満の子ども
主な入所理由（養護問題発生理由）	緊急保護（虐待，棄児，家出，非行など），行動観察が必要な子ども，短期入所指導
施設の設備	児童養護施設の基準を準用
職員構成	一時保護部門の長，児童指導員・保育士，一時保護対応協力員，心理療法担当職員，医師・看護師，栄養士・調理員

02　実習のポイント

児童指導員・保育士の援助活動を補助する役割が中心となります。子どもたちの年齢や入所理由も多岐に渡るため，子どもの状況・特性に応じたかかわりが求められます。

8 児童厚生施設（児童館）

01　施設の概要と保育士の役割

児童厚生施設は，すべての子どもたちの健全育成を目的とした施設です。児童厚生施設は屋内型の児童館と屋外型の児童遊園があり，子どもたちが安心・安全に遊ぶことのできる環境が整備されています。保育士などの児童厚生員は，子どもの自主性や創造性を育む遊びを企画し，子どもたちが楽しく遊べるよう援助します。

目的・対象	児童遊園，児童館等児童に健全な遊びを与えて，その健康を増進し，又は情操をゆたかにすることを目的とする施設（児童福祉法第 40 条）
対象年齢	原則，18 歳未満の子ども
施設の設備	集会室，遊戯室，図書室，工作室，音楽室，便所など
職員構成	館長，児童の遊びを指導する者（児童厚生員）
職員構成	一時保護部門の長，児童指導員・保育士，一時保護対応協力員，心理療法担当職員，医師・看護師，栄養士・調理員

02　実習のポイント

児童厚生施設での実習は児童館で実施します。実習生は児童厚生員とともに子どもの遊びを援助します。地域における児童館の役割を理解するとともに配慮を要する子どもへの対応や保護者対応について学ぶよう心がけましょう。

9. 課題学習のために資料を活用する

序章（p.11）において，実習は「実感を伴う学び」であり，その醍醐味は，子どもや利用者とかかわる行為と同時に気づく「行為のなかの省察」にあるということを理解したと思います。しかし，「行為のなかの省察」を可能にするためには，基礎的な知識の習得や情報収集などの事前準備が必要です。まず，資料を活用して事前学習を行いましょう。そして，問題意識を明確にしたうえで事前学習の計画を立てていきます。そうすることで，日々の実習のねらいが見えてきて，有意義な実習となることでしょう。

1 資料を活用して事前学習をしよう

まず，授業でこれまで学んだことだけでなく，本や資料を自ら調べ，実習に必要な知識やスキル（技能）を身につけましょう。教科の担当教員におすすめの本や資料をたずね，あなたが興味・関心のあるものに目を通してみてください。下記に，参考にする本や資料のイメージがわくようなものを紹介しておきます。

①児童福祉施設の運営指針

保育所保育指針は，保育を学ぶ学生にとって非常に親しみのあるものですが，各児童福祉施設にも，その施設ごとの運営指針が作成されています。厚生労働省のホームページに，各施設の目的，理念，役割，具体的な支援についてしめされています。実習目標や実習課題，実習日誌を書くときにも役立つヒントが見つかるでしょう。

■アクセス方法

厚生労働省 HP

➡上のほうにある検索窓に下記指針のいずれかを入力

児童養護施設運営指針

乳児院運営指針

母子生活支援施設運営指針

➡検索ボタンをクリック

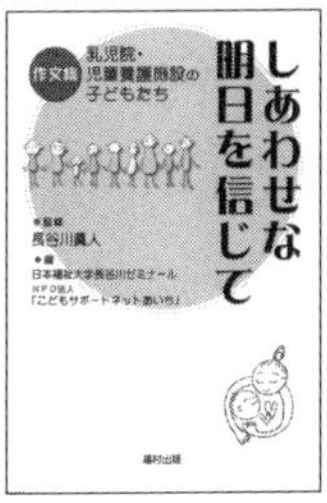

②しあわせな明日を信じて――作文集　乳児院・児童養護施設の子どもたち

長谷川眞人／監修，日本福祉大学長谷川ゼミナール・NPO 法人こどもサポートネットあいち／編　福村出版　2008 年

乳児院・児童養護施設で育った子どもたちが，自分の生い立ちや施設生活，親への思い，現在の思い，将来の展望などについて書いた作文と，その子どもにかかわった職員のコメントが合わせて掲載されています。本書はシリーズで出版されていて，2 では作文を書いた施設で育った子どもたちの 3 年後，3 では 6 年後の姿をとらえることができます。

③児童生活臨床と社会的養護――児童自立支援施設で生活するということ

田中康雄／編著　金剛出版　2012 年

児童自立支援施設にて子どもの生活そのものを支え，「学びなおし」と「育ちなおし」により添う，職種や役割の異なる立場の関係者が，それぞれの支援の現状と実践的課題について述べています。

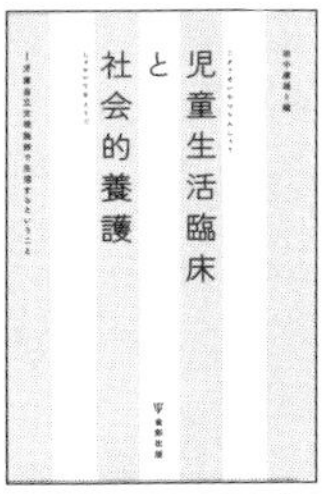

④児童相談所一時保護所の子どもと支援――子どもへのケアから行政評価まで

和田一郎／編著　明石書店　2016 年

虐待の相談対応件数が増加するなかで児童相談所への注目は高まっていますが，一時保護所については知られているとはいえません。本書は，その現状を明らかにするとともに，課題をもつ子どもへの対応，子どもや親，そして職員にとって，一時保護所がよりよく機能するための検討課題について考察しています。

⑤はじめて働くあなたへ――よき支援者を目指して

日本知的障害者福祉協会／編　日本知的障害者福祉協会　2011 年

知的障害者福祉施設の新人職員やこれから知的障害福祉分野の支援者として働こうと思っている人に向けた，障害者福祉を知るための入門書です。仕事の基本から障害の理解，支援技術についても学ぶことができ，実習生にも役立つ内容が多く含まれています。

⑥子を愛せない母　母を拒否する子

ヘネシー・澄子／著　学習研究社　2004 年

本書には，愛着障害やその療育，親子の絆を築くためのかかわりや環境について知る際に，とても役立つ情報やトピックが掲載されています。「愛着障害」がテーマとして気になったら，本書を手がかりに資料に当たってみましょう。

⑦自閉症の僕が跳びはねる理由

東田直樹／著　エスコアール出版部　2007 年

自閉症の人が感じる世界の一端を自らの葛藤や経験を交え，綴った一冊。著者については，NHK のドキュメンタリーでも放映され，視聴した人も多いと思います。一問一答形式で，平易な言葉で書かれていますので，知りたいことがスッと頭に入ってきます。2016 年、角川文庫に収録。

⑧イラスト版 発達障害児の楽しくできる感覚統合

太田篤志／著　合同出版　2012 年

感覚統合療法は，もともと発達障害児のための療法の一つとして考案され発展してきましたが，本書を見れば，子どもの遊びや生活のなかにも，感覚統合の要素はたくさんあることがわかります。遊び（アクティビティ）を紹介した本は，ほかにも『たのしくあそんで感覚統合』（かもがわ出版）や『乳幼児期の感覚統合遊び』（クリエイツかもがわ）などがあります。関連して，「スヌーズレン」も調べてみてください。

⑨高齢者の楽楽アクティビティ・ケアの進め方

高齢者アクティビティ開発センター／編著　黎明書房　2013 年

アクティビティ・ケアについての基礎理論とアクティビティプログラムが紹介された入門書。高齢者介護の QOL（生活の質）を高め，ADL（日常生活動作）を維持することを第一義としていますが，食事・排泄・入浴の三大介護に加え，遊び・芸術・自然をプラスした六大介護の重要性を説いています。高齢者を対象とした内容ですが，実習でのかかわりに役立ちます。

2 実習施設に応じてまとめてみよう

2週間の実習では，施設での実習に参加しなければわからないことを中心に学びます。自分で学べることは，各自で事前学習しておくことが必要です。実習施設の概要や社会的養護について，障害者福祉についてなど，資料を活用して必要なことをまとめて理解しておきましょう。

01 事前学習課題

実習施設の概要（施設の設置目的，施設の理念や基本方針，施設の生活，職員構成，子どもや利用者）についてまとめてみましょう。

その他，社会的養護の現状，子どもの権利擁護，自立支援，児童福祉施設と他機関・地域社会との連携など，授業で学んだことを復習しておくことも大切です。障害者施設で実習を行う人は「障害者総合支援法」など，授業では扱うことの少ない障害者に関することについても調べておくと安心です。

02 まとめの伝えあい

施設実習は，種別や施設の特徴によって違いがあります。調べたものをまとめ，クラスの仲間に向けて発表してみましょう。また，施設実習が終わった段階では，これから実習する後輩に向けて発表するとよいでしょう（p.151 参照）。

授業の発表で，施設の概要や援助についてだけでなく，児童養護施設に関する本を読んでとても心が動いたと語った学生がいました。自分がその子にかかわるならば，どうするだろうかと考えながら読んでいくと，ある種のケース・スタディになるかもしれません。また，利用者と一緒に楽しめるアクティビティをいくつか選び，自分でも実際にやってみる・作ってみるなど，実際のアクティビティの楽しさを仲間と共有する学生もいました。

このように，基本的な知識を押さえておくことはもちろんですが，自分が施設実習で興味・関心をもったテーマについて深く学んだことや，影響を受けた本の紹介などを発表に盛り込むと，クラス全体の学びが促進されます。

3 施設実習に向けて実習計画を立てよう

実習計画を立てるということは，実習生にとっては学びを深める指針となります。また，実習施設側には実習生の配置や実習内容を決定し指導をするための材料となるのです。

- 実習施設について事前学習を進めていくなかで興味・関心をもった事項は何か
- 「何を」「どこまで」学びたいのか
- 実習終了時に，「何が」「どのように」自分のなかで変化しているとよいと考えるのか
- どんな保育士になりたいのか。そのためにこの実習では何を学んでくるのか

01 実習目標

実習目標は，施設実習を通して，最終時に自分自身がどう変化して，何ができるようになっていたいのかを考え，達成したい具体的な学びについて書きます。

また，自分自身に問いかける作業を通して問題意識を明確にし，実習で学びたいことを整理していきましょう。

〈留意点〉

- 実習に参加しなければ学べないことを目標としているか？
- 目標が漠然としていないか？
  ×よくない例「社会的養護のありかたについて知る」
- それは「目標」ではなく「意気込み」や「心構え」ではないか？
  ×よくない例「一生懸命がんばり，悔いのない実習にする」

〈書き方〉

- 箇条書きで書く
- 具体的な到達目標を書く
  ×よくない例「○○について学ぶ」

この目標の場合，どこまで学んだら，その目標に到達できたのかが明確ではありません。実習を通して自分はどう変化したのか，何ができるようになっていたいのかを考え，「○○ができるようになる」というように，具体的に到達目標を書きましょう。

02 実習課題

実習課題は，実習目標を達成して有意義な実習にするために，2週間という実習期間のなかで取り組みたいことについて具体的に書きます。

〈書き方〉

- どのような場面で，誰を対象として，どのような方法で，何を学ぶのか
- 課題を明確にして具体的に書く
  ×よくない例「利用者の一人ひとりの障害により添った支援を行う」

表現が曖昧で具体的な観察や評価の視点をもつことが難しいですね。そこで，誰の，何に注目して，どう動けばよいのかを具体的に書いてみましょう。

①生活場面における障害種別の違いによる不自由さについて理解し，
②自立を促す支援方法を観察して学び，
③実際に食事・着替え・入浴場面において工夫して介助する。

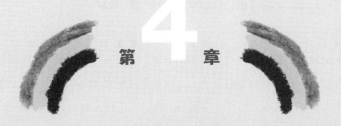

第4章

実習の基本的な観点を理解する

1. 発達過程を理解する

実習で得られる大きな学びの一つは，実際の子どもの姿に直接触れることにより，子どもの育ちの理解を深められる点にあります。これまで授業では，年齢に応じた標準的な子どもの発達を学習してきましたが，実際の子どもたちにはそれぞれの育ちの姿があり，子どもによってその有り様は異なります。保育者には，子ども一人ひとりがどのような発達の過程にあるかを見極め，個々に応じた援助が求められています。

1 子どもの育ちと環境の重要性

01 環境の重要性

乳幼児期は，人の一生で最も**成長・発達が著しい時期**であるとともに，心身の基礎が形成される大切な時期です。子どもたちはこのような大切な時期を，それぞれが置かれている**環境との相互作用**を通して，成長していきます。環境とは，物的環境，人的環境いずれもありますが，もっとも大事な環境は人的環境である**人とのかかわり**です。

人間の子どもは生理的早産といわれるように，ほかの哺乳類に比べて身体的にも精神的にも未熟な状態で生まれてきます。それゆえに，子どもたちは身近な大人を頼りにしながら，ゆっくりと外の世界に適応しながら育まれていくのです。そのため保育者は，子どもの成長・発達に適した環境を用意するとともに，心身ともに子どもの拠り所となり，子どもの育ちを支えていくことが大切です。

02 育ちの様々な側面

成長・発達には様々な側面があり，身長や体重などの大きさ，また筋力や身体の諸機能と運動面，さらに言語発達や人とのかかわり，量や数など概念の理解にみられる認知面の発達などがあります。一般的に，身体の大きさなどについては「**発育・成長**」，言葉や運動などの機能的な側面の育ちに「**発達**」という表現が用いられます。こうした成長や発達は，それぞれが独立しているのではなく，様々な側面が絡み合いながら**総合的**に育まれていきます。そのため，保育では包括的に「育ち」という言葉を用いることが多く見られます。

こうした育ちには，**順序性と共通性**という特徴があります。順序性とは，たとえば運動機能の発達のうち，乳児が歩行を始めるまでの粗大運動では，頭部から尾部に向かって筋力が発達していくという姿があります。具体的には，歩行に至るまでのプロセスには，まず首がすわり，腰の筋力の発達がおすわりにつながり，膝の筋力の育ちによりハイハイ，足首に力が入ることにより二足歩行といった流れがありますが，これらの発達の順序はどの子どもにも見られる過程です。共通性とは，こうしたプロセスがある程度多くの子どもたちの月齢や年齢に共通しており，同じように見られるという特徴があることを表しています。たとえば，首のすわりは生後3か月ごろの子どもに多く見られる姿であること，また1歳を迎えるころに多くの子どもたちが初語を話し始めるということなどがあげられます。

03　発達のステージ

子どもの育ちの指標として，しばしば用いられる**発達段階**という概念があります。発達段階はdevelopmental stageの訳語です。段階というと，まさに階段を登っていくような，先へ進むことが大切であるという印象があり，子どもの育ちを支える保育者としては，「できる」ことに評価の力点が置かれることがあります。確かに，乳児が立てるようになったり，言葉を話し始めたりすると，子どもの成長・発達を支える者としての喜びがあります。また，保育の教育的な目的と「できる」をめざすことは不可分です。しかしながら，子どもの生活のなかで「できる」ことのみが目標になってしまうと，子どもたちが日々の生活のなかで経験していることそのものが，置き去りになってしまうおそれもあるように思います。

ここで，改めてstageという言葉に着目してみると，stageには段階・時期という意味以外に舞台というニュアンスも含まれていることから，子どもたちはその時期のステージを生きているととらえられるでしょう。近年，保育では発達段階ではなく，**発達過程**という言葉が用いられていますが，そこには，子どもの育ちを成果ではなく**育ちのプロセス**を支える視点を大切にしようという保育者の姿勢が表れています。つまり，子どもが何かを「できるようになった」ととらえる視点よりも，活動を通して一人ひとりが何を感じ，どのように考え，どのような経験をしているのかという視点が大切であることをしめしているといえるでしょう。

2　子どもの育ちと生活

近年，1・2歳児の保育所入所率が高くなり，多くの乳児・低年齢児が保育所やこども園で生活しています。乳児期から入所する子どもたちは，乳幼児期の大切な時期，4年から6年間という長い期間，また，8時間から10時間ほどの長い時間を保育所やこども園で過ごすことになります。そのため，保育所保育の基本は「養護」であるといえます。保育所で過ごす子どもにとって，安全な環境で命が守られ，そして保育者とのかかわりにより心穏やかに生活することがもっとも重要です。

その一方で，豊かな生活へ子どもの世界を広げていくのも保育者の大切な役割です。それが「教育」的な視点です。こうした教育的なかかわりは，養護とともに一体的に行われることが重要です。

01　3歳未満児の生活と育ち

誕生したばかりの乳児は一日の大半を寝て過ごし，目覚めると授乳を求め，満たされると再び寝るというサイクルですが，3か月を過ぎたころから少しずつ目覚めている時間が長くなっていきます。機嫌の良い時間も長くなり，刺激による反応である**原始反射**が消え，自分の意思で体を動かす**随意運動**を始めます。乳児は，自分で体を動かすことが困難なために受け身であるととらえられがちですが，実はとても能動的です。そのため保育者は，魅力的な環境を用意し，子どもの心身の育ちを促しているのです。

エピソード① 赤ちゃんと保育者のかかわり

4か月のアオイちゃんは，保育者に抱っこされて保育室にあるメリーをじっと見ています。保育者がアオイちゃんの様子を見てメリーに近づき「クマさんいるね，お花だね」と声をかけると，アオイちゃんも「アー」と言っています。アオイちゃんは，首がすわりはじめたころから，様々なものに関心をしめし始めました。ベビーベットでメリーをじっと見たり，車のおもちゃを見ると指を動かして触ろうとする姿が見られます。

次に保育者は，アオイちゃんを膝に乗せて支えずわりの姿勢で，絵本を見せました。子どもの表情を見ながら，ゆっくりと読みます。アオイちゃんは，絵をじっと見て，開いた手のひらで絵本をトントンと触っています。

4か月の乳児は，アオイちゃんのエピソードのように，「アー」と声を出したり，メリーをじっと見たりと自ら環境にかかわろうとします。4か月を過ぎるころには，**目と手の協応**が見られ，動くものや音のするものに手を伸ばそうとしたり，触ったり，握ったりと**探索行動**が始まります。保育者は，こうした乳児の世界を広げるために，触ってみたいなと思えるような魅力的な玩具を用意しているのです。このように乳児にとっては，絵本も魅力的な環境の一つといえます。

乳児が授乳を求め，不快な状況で声を出すと，大人は声をかけ，抱き上げ，オムツを取り替えます。このような，子どもの生理的な欲求を満たすかかわりがあることで，情緒が安定していきます。こうしたかかわりを通して特定の保育者とのアタッチメントが形成され，**人への信頼感**が芽生えていきます。このような大人とのかかわりが，重要な人的環境なのです。保育者が，子どもを膝に優しく包み込みながら絵本を読み，乳児の生理的欲求に応じながら言葉をかけること，そうした有り様が養護と教育が一体的に営まれる保育といえるでしょう。

また，3歳未満児の保育は，生活を営むうえで必要な身のまわりの生活援助が大部分を占めています。授乳やオムツ交換などの排泄の世話，食事前の手洗い，衣服の着脱など，一人で行うにはまだ困難を伴うため，子どもは大人の手を借りて，少しずつ自立に向かっていきます。このことを**基本的生活習慣の確立**といいます。

生活習慣の自立は，子どもの身体の諸機能の発達にも大きく関係しています。たとえば，トイレトレーニングは子どもの意思で進むものではなく，膀胱（ぼうこう）の機能，また排尿感覚の発達が先にあり，文化的な行為としてのトイレを使用した排泄という行為につながっていくのです。そのため，トイレを嫌がったり，できないからといって急ぐ必要はなく，自然に子どもの身体の育ちを待って進めることが大切です。保育者は，一人ひとりの発達の状態を見極め，子どもそれぞれに応じた生活習慣の確立に向けた援助を心がけています。

02　3歳以上児の遊びと育ち

3歳を迎えると，子どもたちは，走る，駆け上がる，跳ぶ，しゃがむといった基本的な力を獲得し，一人ひとりの動きがダイナミックになってきます。また，イメージが豊かに広がり，ふり遊びやごっこあそび，またルールのある遊びを楽しむようになり，子ども同士のかかわりが増えてきます。保育者は，子ども一人ひとりが充実した園生活を送ることができるよう，この時期の育ちに適した環境を用意するとともに，個々の育ちを見守りつつ，仲間とのかかわりを通し，豊かな幼児期を過ごすことができるように配慮しています。

エピソード②「ピーマンマンになる！」

4歳児クラスのケイタとヒナタは，ヒーローごっこがとても好きで，二人で流行りのヒーローになりきり戦っています。

ケイタ「いまね，敵がきたんだよ，それでね〇〇パンチするんだよ」

ヒナタ「よーし，〇〇パーンチ」

と，かけあいをしながら楽しんでいました。

ある日，保育者が「ケイタくん，この緑の色画用紙，かっこいいベルトになりそうね」と提案しました。ケイタは「本当だ！　ベルト作りたい！」と言って画用紙を受けとると，さっそく身につけて考えています。ヒナタがそばにやって来て，「俺も作るー」と言うと二人で作り始めました。その様子を見ていたコウタが「俺もー」と言いますが，ヒナタは「コウタはヒーローじゃないし」とつぶやきます。ケイタも「俺たちだよねーヒーローは，ねー」と言いました。コウタもベルトを作り始めていますが，少し寂しそうです。

その様子を見ていた保育者はコウタに「あ，そうだコウタくんはピーマンマンになったらどう？　ピーマンマン，かっこよかったよー！」と伝えました。4歳児クラスでは，12月のちびっこパーティで，「ピーマンマン」の劇を演じました。そのため，クラスではピーマンマンごっこがいまも人気です。コウタは「うん，ピーマンマンになる！」と言いました。そうすると，ケイタとヒナタも「俺もピーマンマンになる！」と緑色のベルトでピーマンマンのごっこを始めました。いつの間にかコウタも一緒に3人でピーマンマン遊びを楽しみました。

4歳児クラスのケイタとヒナタは仲が良く，あ・うんの呼吸で楽しく遊んでいる姿があります。幼児期になると，大人を介さずに子ども同士で遊びを展開する姿が見られます。また，保育者はベルト作りなどを提案するなど，二人の遊びがより楽しめるように環境を用意しています。

こうした遊びが子どもだけで展開される背景には，子ども同士の**イメージの共有**があるからです。それぞれの**イメージを補うのが言葉**です。幼児期のごっこ遊びにセリフが伴うのは，その役に成りきることと同時に，イメージをお互いに伝え合うことで，遊びが豊かに展開していくからであるといえるでしょう。ケイタとヒナタもそうした言葉を添えつつ，遊びを展開しています。幼児期はこうした言葉により，子ども同士がつながり始めていくのです。

しかし，このイメージが共有された子どもたちの世界に入るのは，容易ではありません。コウタは，二人の遊びに入れずにいました。ヒナタの「コウタはヒーローじゃないし」という言葉から，コウタが日頃は一緒にヒーローごっこをしていないことが伺えます。また，コウタの様子から，何かになりたいというよりヒナタやケイタと一緒に遊びたかったのだととらえられます。そのやりとりを見守っていた保育者は，劇で取り組んだ「ピーマンマン」をコウタに提案します。そうすることで，コウタ自身がなりたいイメージをもち，また，3人が共通のイメージのなかでともに遊ぶことができるのではないかと考えたのかもしれません。

イメージの共有は，好きなことが一致しているだけでなく，生活のなかでともに経験をすることでも育まれます。行事などを通して得たクラスの仲間との**経験の共有**は，クラスの子どもたち全体をつないでいきます。保育者はケイタとヒナタの遊びを大事にしつつ，コウタの思いも受けとり，遊びを介して子どもたちがつながってほしいという願いがあったのだととらえられます。

これまで見てきたように，保育者は，各々の時期や子ども一人ひとりの育ちに適した環境を整えるとともに，どの子どもにとっても充実した場になるよう配慮しています。また，信頼できる大人との出会いや子ども同士のかかわりなどともに生活する場であるからこそ得られる豊かな経験を願い，保育を構成しているのです。

実習では，そうした発達過程の理解とそれに対応した援助やかかわりに目を向けてみてください。ふだんの何気ないかかわりと見えていた保育者の行為も，こうしたことを頭に入れてみてみると，様々な意図や願いが感じられるでしょう。

2. 保育者の援助を理解する

援助について理解を深めることは，保育者に求められる必要な知識やスキルであり，保育者の基本的役割を果たすうえで大切なことです。ここでは，実習のなかで保育者の援助を学ぶためにどのような点を留意すべきかを考えていきます。

1 人的環境としての保育者

保育者は，保育所保育指針（総則）にしめされているように「子どもが自発的・意欲的に関われるような環境を構成し，子どもの主体的な活動や子ども相互の関わりを大切にすること」に留意して保育します。幼稚園教育要領（幼稚園教育の基本）にも，「幼児の主体的な活動が確保されるよう幼児一人一人の行動の理解と予想に基づき，計画的に環境を構成しなければならない」として，「幼児と人やものとの関わりが重要であること」をふまえた援助が保育者に求められています。

そして，人的環境・物的環境・自然や社会の事象などの環境のなかで人的環境，とりわけ保育者という人的環境が重要であることは言うまでもありません。保育者が，場面，場面で子どもに対してどのような応答をするのか，ネガティブな行動をした子どもの気持ちにどこまで共感できるのか，立ちふるまいに強制を感じさせるものはないかなど，保育者は自らを人的環境と感じています。

保育者の援助には，下記のような直接子どもとかかわって行う働きかけがあります。

聴く，声・言葉がけ（認める・励ます），話す，うなずく，まなざし，表情，笑顔，触れる（なでる，手をつなぐ，抱きしめる），しぐさ・ふるまい，雰囲気，姿勢，手本をしめす，見る（見守る・見届ける），楽しさの共有・共感，一緒に遊ぶ，気持ちを受けとめ理解する，気持ちを代弁する　など

また，子どもが自発的・意欲的にかかわれるような環境を意図的・間接的に構成し，かかわる働きかけもあります。広くとらえれば，手遊びや読み聞かせ，歌，劇遊びなどに触れる環境（保育実技など）も子どもたちの世界を広げ，主体的な活動を刺激する援助となっている場合もあるのです。

実習では，子どもの主体的な活動や子ども相互のかかわりを尊重している様子，子どもが自発的・意欲的にかかわれるようにどのような環境構成や言葉がけをしているかなどに注意を払い，人的環境としての保育者の言動をとらえ，実習日誌に記録してみましょう。

2 主体性を育む応答的な援助

子ども一人ひとりに対して適切に援助するためには，子どもを理解することから始まり，その場，その時に子どもたちに必要な援助は何なのかを考える必要があります。「援助とは」と考えたときに，「何か困っていることに対して力を貸す」ということが答えとして出てきます。力を貸すためには，心を支え，安心感や勇気づけ，励まし，意欲をもたらすような「共感的声かけ・言葉がけ」や，「具体的な動き」が必要な場合もあるでしょう。また，黙ってそばにいる，笑顔で見守るなど，援助という働きかけには，非言語的な行為もあげられます。次にあげるエピソードは，保育所実習での体験です。

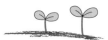

エピソード　見つけてくれて，ありがとう

砂場で４歳児クラスの女児二人と遊んでいると，そこに４歳児の女児Ａちゃんがやってきて「スコップがない」と言いました。道具置き場を見ると，大きなスコップが１本もありませんでした。小さなシャベルは数本残っていたので，「これじゃダメかな？」と聞いたのですが，大きいのがよいとのことでした。まわりに大きなスコップを使って遊んでいる子がいたので，「大きなスコップを使っている子に貸してと聞いてみたら？」と言いました。しかしＡちゃんは，「聞いたけれど貸してくれなかった」と言います。仕方がなかったので，「お友だちも使い始めたばかりだからかもしれないね。もう少しだけ待ってみようか」と声をかけましたが，「今，使いたい」と言われてしまい，どうしようかと悩んでいました。

すると，そこへ２歳児クラスの男児Ｆくんがやってきて，網のかかった運動会などで使う遊具がしまわれているほうを指差しました。中にあるものがほしいのかと思い，「ごめんね，その中のものは出せないんだよ」と言ったところ，どうやらそういうことではなかったようで，よく見ると大きなスコップが１本あり，それを私に知らせようとしてくれたことがわかりました。私は，そのスコップを取り出し，Ａちゃんに手渡しました。するとＡちゃんはすぐにでも遊びに行きそうでしたが，「Ｆくんに見つけてくれてありがとうと言おうね」と声をかけました。私からもＦくんに「見つけてくれてありがとう」と心から気持ちを伝えました。

子どもたちは遊びのなかで，貸し借りや待つこと，譲ること，我慢することを学んでいきます。実習生は，Ａちゃんの気持ちにより添い，いろいろな言葉がけをしていたと言えます。その様子をじっと見ていた２歳児のＦくんは，実習生が困っていることがきっとわかったのでしょう。Ｆくんは，言葉で伝えられない気持ちを，指先，表情で必死に実習生に伝えてくれたのです。言葉だけではない表現を，注意深く読みとろうとした実習生のみる目と心があったからこそ，Ｆくんの

優しさを引き出し，スコップを手にする結果につながったのでしょう。

ともすると，解決を急ぐあまり，子どもの気づきや自ら解決しようとする力，心の調整力，友だち同士の助け合いの機会を奪ってしまうことがあります。このような応答的な援助から主体性が育まれますので，実習でもぜひ実践してみてください。

3 子どもにとっての「好きな先生」

子どもは，たくさんの保育者とかかわるなかで，「好きな先生」を見つけます。一日の時間の大半を子どもと生活をともにする保育者は，子どもにとって心身ともに自分を保護し支えてくれる存在です。子どもにとって「好きな先生」との出会いは，とても大切なことなのです。もしかすると，実習生のあなたも幼児期に「好きな先生」に出会い，この保育の道をめざしたのかもしれません。

では，子どもにとって「好きな先生」が生まれるのは，どうしてでしょうか。

- あなたが子どもだったら，何をしたい？
- あなたが子どもだったら，先生に何をしてほしい？
- あなたが子どもだったら，どんなときに助けてほしい？

「あなたが子どもだったら」と自問してみると，その答えの多くは見つかるでしょう。子どもはみな，そして大人も，自分をわかってくれる人，大切にしてくれる人が大好きなのです。子ども自身が「自分は大切にされている」という実感を得るのは，子どもが日々，保育者と接するなかで，丁寧に優しく接してくれる保育者のふるまい，まなざし，声かけなど，保育者のかかわりすべてからなのです。「先生大好き！」という言葉の背後には，保育の場をともに生きる子どもと保育者の間に育まれる信頼関係があります。子どもたちは，安心できる保育者が見守るなかにいるとき，自分で考え行動する主体性を発揮し，育っていくのです。

アタッチメント（愛着行動，愛着関係）では，①子どもの欲求に丁寧に応答する行為，②柔らかい感触，③子ども自身の自由な探索行動の保障という 3 つが重要とされています。

アタッチメントは元来しがみつくという意味ですが，子どもは不安があると，日常的にそばにいる保育者にしがみつくことができます。その繰り返しのなかで，子どもの心のなかにその人への深い信頼感が育ち，そこが安全基地となってやがて友だちや身近な人，他者一般へと信頼感を身につけていきます。実習では，保育者が**子どもと信頼関係を築く**かかわりを理解し，そのかかわりを記録に留めておきましょう。

4 保育者の援助を学ぶ実習生としての心構え

援助技術を身につけることも大切ですが，子どもの心により添い，子どもの姿をよく見て，子どもの気持ちを読みとることから始めましょう。そしてよく観察し，よき保育者を手本にして，次のことを実践してみてください。

①子どもが遊びを通して，いま何に興味・関心をもって楽しんでいるか，気づき学んでいるかという視点で，子どもの姿，子どもの気持ちをとらえてみましょう。子どもの状況に合わせて，見守る必要のある場面なのか，それとも一緒に遊びを共有することによって子どもを理解できる場面なのかを考えてみましょう。

②お手本にしたいと思うような保育者の援助をまずはまねしてみることが大切です。そのために，保育者の援助方法をよく観察し，体験しながら学んでみましょう。

③保育者の援助について，「なぜ，そうしたのか」という援助の意図について推測し，実習日誌に記入し，保育者に質問するなどして考察してみましょう。

④保育者の保育行為で気になったことがあったら，自分のとらえ方を確認する意味でも質問し確認してみましょう。

⑤時系列の記録から，保育者が行う一日の流れや援助が読みとれるはずです。1回目の実習では，前日までの記録からの学びをもとに，一日の流れや保育者の援助を自分のなかで確認しながら，「次はこうするのかな」，「こういう意図があるから，このかかわりをしたんだな」など推測してみてください。こういう繰り返しが，保育者の意図を読みとる訓練になります。また，2回目の実習では，1回目の実習体験をもとに読みとりをさらに深めてください。

⑥自分が子どもたちにかかわり援助した体験を，エピソード記録として書きとめておきましょう。その際，自分の保育行為によって生じた子どもたちの状況や変化について，適切な援助ができたのかを振り返り，自己評価してみるとよいでしょう。

子どもは，表情やしぐさ，態度，言葉，まなざし，指先一本でも，私たち大人に喜びや，欲求などの心の声を表現してくれています。自分らしい笑顔と優しさで，まずはあなた自身が心を開いて，出会った子どもたちに「今，私のできること」を精一杯考えて，行動してみましょう。そして，保育者，子どもたちに学ばせていただくという謙虚な気持ちと感謝の気持ちは忘れないようにしましょう。

実習生としての一生懸命さは，子どもたち，保育者にしっかり伝わっています。自分自身の良さに気づいて自信につなげること，心の弱さや未熟さに出会うこと，すべて成長と将来につながるうえで必要なことなのです。自分自身に向き合い，多くのことを学んでくることを願い応援しています。

自分の行動を後悔……

３歳児クラス，７月終わりの保育実習での出来事です。３歳児クラスに入って２日目のこの日はプールがありました。園舎から少し歩いたところにある屋内プールに行くため，教室で水着に着替え，それが終わった子から靴を履き，外に並ぶことになりました。今年に入ってまだ数度目のプールの時間。子どもたちは早くプールに行きたいようで，せっせと着替えています。クラスの子どもたちはほとんど一人で衣服の着脱ができ，実習生の私がすることは水着の帽子をかぶる援助をしたり，脱いだ服のしまい忘れがないかを確認する程度でした。そんななか，なかなか着替えが進まずにいるＴくん。担任の先生は外で待っている子どもたちを見なくてはならないので私が援助することになりました。「お着替えしてお外行こうね」と声をかけながら見守っていましたが，なかなか進みません。

そこで思い出したのが担任の先生の「Ｔくんは少し自閉傾向がある」というお話です。詳しくは伺っていませんでしたが，もしかすると少しずつ伝えたほうがわかりやすいのかな……と思い，「Ｔくん，（足に触れながら）ズボンから履こうね」と声をかけ，それができたところで，「今度はお洋服をたたむよ」「次は帽子をかぶろうね」など，順番に伝えていきました。すると今までよりもスムーズに着替えが進み，Ｔくんにとってわかりやすい伝え方はこれなのだとわかったことがとてもうれしくなりました。

着替えが終わったところで，私は「よーし，じゃあみんなのいるお外行こっか！」と保育室を出ようとしました。するとＴくんはいきなり泣きだしてしまったのです。どうして？　私には訳がわからず，「Ｔくん，お着替え上手だったよ？」「何が悲しかったのかな？」と声をかけたのですが何も返事はなく，ただ泣くばかりです。どうしたらよいのかわからず，「じゃあ，おててつないでみんなの所へ行こうね」と，手をつないで先生のもとへ向かいました。

状況を話すと先生はＴくんを抱き上げ「どうしたＴくん，何があった？急いだのが嫌だったの？」とたずねました。するとＴくんは首を縦に振り「うん，うん」とうなずいたのです。Ｔくんが泣いたのは私が先に進もうとしたのが原因でした。Ｔくんのことをわかって待ってあげることができず，悲しい思いをさせてしまったことが申し訳なくて自分を責めましたが，先生からは「子どものことは少しずつわかっていくものよ」とアドバイスをいただきました。

その後のかかわりのなかで，歩くときに同じ色のタイルを踏まないと進めなかったり，リュックのジッパーは自分から見て右側にないといけないなど，Ｔくんがこだわりをもっている点が私にも少しずつわかってきました。私ははじめ，Ｔくんの行動を見てではなく，先生に「自閉傾向がある」と聞いたことを受けて，授業で習った「することを順番に伝える」という対応をとったのですが，子ども一人ひとりには本当に様々な個人差があって，それはその子のしぐさや話をこちらがこころから興味をもって見つめていくことで，少しずつわかっていくものなのだと感じました。

（毛塚李沙）

3. 子育て支援を理解する

1 保育者としての子育て支援とは何か

保育所保育指針（2018（平成30）年施行。第4章子育て支援）にあるとおり，保育所を利用している保護者および，保育所を利用していない地域の保護者などへの支援は保育者の業務です。**保護者支援**が業務として指針で明文化されて以来，子どもの健やかな育ちのために必要となる保護者の養育力の向上をめざした支援を保育所単位で行ってきました。

すなわち，子どもへの保育を中心に据えながら，子育てにまつわる保護者の様々な喜びや悩みにより添うことで，保護者が育児に喜びを見出し，主体的に取り組むことをめざす支援です。**親準備性**(注)の低い保護者や，とくに都市部において見られる，孤立した子育てを行う家庭が少なくない現代，保育所の担う子育て支援の役割はより重要性を増しています。

また，多様化する保育ニーズに応じた保育や，特別なニーズを有する家庭への支援，児童虐待の発生予防および発生時の迅速かつ的確な対応もますます必要となっているため[1]，保育所だけでは対応できない，あるいは関係機関との連携や協働が望ましいケースも少なくありません。したがって，保育所単位の支援のみならず，様々に展開されている地域の子育て支援事業をふまえたうえで，地域の社会資源との連携や協働を強めていくことが重要となっています。

加えて，次世代育成の視点から，地域の小・中・高校生が乳幼児とふれあう機会をもてるよう保育所が協力し，将来に向けて地域の子育て力の向上につながるような支援を展開していくことも役割とされています。つまり，困難ケースの早期発見と対応，次世代育成，地域社会の活性化という観点から，地域のほかの社会資源との連携や協働を図っていくことが，保育所の行う子育て支援として新たに求められているのです。

幼稚園教育要領（2018年施行）では，幼稚園は「地域における幼児期の教育のセンターとしての役割を果たすよう努めるもの」と記されており，保育所と同様，地域の他職種，他機関と連携，協働して子育て支援に取り組むようにとされています。幼保連携型認定こども園教育・保育要領（2018年施行）においても，園の保護者および地域の乳幼児をもつ保護者に対する子育て支援を行うこととされており，「子育て支援は園の重要な役割の一つ」と記されています。このように，子育て支援は保育者にとって重要な仕事です。どのように園で**子育て支援**が展開されているのかを，これから見ていきましょう。

2 子育て支援を実習のなかでどのように学ぶのか

実習で，保育者の行う子育て支援についてどのように学んでいけばよいのでしょうか。

実習生が保護者に直接かかわる機会はない場合が多いと思われるので，それ以外の方法での実習における学びについてここでは述べます。子育て支援には様々な職種の人がかかわっていますが，保護者は表 4-3-1 にしめした保育の専門性にもとづき支援を行います。

表 4-3-1　保育士の 6 つの専門性

保育士の 6 つの専門性
①子どもの発達に関する専門的知識をもとに子どもの育ちを見通し，一人ひとりの子どもの成長・発達を援助する知識および技術　**【発達援助の技術】**
②子どもの発達過程や意欲をふまえ，子ども自らが生活していく力を細やかに助ける生活援助の知識および技術　**【生活援助の技術】**
③保育所内外の空間や様々な設備，遊具，素材などの物的環境，自然環境や人的環境をいかし，保育の環境を構成していく知識および技術　**【環境構成の技術】**
④子どもの経験や興味や関心に応じて，様々な遊びを豊かに展開していくための知識および技術　**【遊びを展開する技術】**
⑤子ども同士のかかわりや子どもと保護者のかかわりなどを見守り，その気持ちにより添いながら適宜必要な援助をしていく関係構築の知識および技術　**【関係構築の技術】**
⑥保護者などへの相談・助言に関する知識および技術　**【相談助言の技術】**

『保育所保育指針解説書』（フレーベル館，2018）p.17 を参考に作成

上述の 6 つの専門性を念頭に置きながら，保護者支援につながるものを探そうと注目して観察すると，日々行われているその支援の一端が見えてくることでしょう。下記にポイントを 4 つ述べます。なお，観察によって知りえた内容については，守秘義務があることをもう一度しっかりと理解しておきましょう。

01　在園児の保護者への支援

様々な機会をとらえて保育者は個々の保護者との関係づくりをし，それを日々深めていっています。相談にのることだけが保護者支援ではありません。保育を主軸に置きながら，個別にまたはクラス，園単位で，多方向からなされる日々のやりとりや配慮の積み重ねが，信頼関係と支援効果を生み出していきます。このことが保育現場での保護者支援の特徴といえます。

送迎時の対応

朝，子どもを預かるときや夕方，子どもを保護者のもとに帰すとき，保育者は保護者にどのように言葉をかけ，どのような内容を話しているのでしょうか。送迎時は子どもにとっては，保護者との分離と再会を体験する時間でもあります。その様子から親子の関係性も垣間見えてきます。送迎時の保育者の対応にどのような支援意図があるのかについて，観察した内容をもとに質問してみましょう。

連絡帳に記載される内容

連絡帳を見る機会があるかもしれません。保護者はどのような内容を書いてくるのでしょうか。また，返事として保育者はどのような内容を書き，そこにはどのような意図があるのでしょうか。限られた字数内で書くためには，今日の保育のなかから何を切りとり，何を保護者に伝えるのかを選択せねばなりません。これには保育者の支援意図があるはずです。保護者からの相談が書かれている場合への対応の留意点なども含め，**保護者とのコミュニケーション**における連絡帳の役割について，保育者にたずねてみましょう。

子どもの様子を伝えるための様々な工夫

園での子どもの様子を伝える手段は，口頭伝達，連絡帳だけではありません。クラスの様子を伝えるお知らせボードの設置，撮影した写真や製作物の展示，ポートフォリオの作成なども子どもの育ちを可視化して伝えるための大切な手段です。作成方法，展示方法，そしてそこから生まれる保育者，保護者，子どものコミュニケーションの内容も含め，しっかりと観察しておきましょう。

親子の安全基地となる保育環境づくり

子どもがのびのびと生活し，遊び込めるよう工夫された保育環境は，保護者支援という視点から見ても重要な役割を果たしています。日々の送迎，保育参加や保育参観，行事などを通して，熟考された保育環境に保護者が触れることは，自宅内の環境の整え方や日々の生活の楽しみ方を学ぶ機会になりえます。保護者は園内の保育環境を見て，どのようなことに気づいたり，どのようなことを学んだりしているのかを想像してみましょう。

保育環境には物的環境のみならず人的環境も含まれます。**子どもも保護者も園が安全基地**であると感じられるよう，園にかかわるすべての職員（保育者，看護師，栄養士，調理員など）が行っている配慮について，観察してみるとよいでしょう。

02　地域の未就園児をもつ保護者への支援

次に未就園児のいる家庭への支援について見ていきましょう。これらの家庭に対して，園で行っている子育て支援をどのように周知しているのでしょうか。園の玄関にその内容を提示したり，ホームページや地域の情報誌に掲載したりする場合が多いようです。

園が行う支援のなかで実施頻度が高く，利用者がもっとも多いのは，「園庭開放」と「一時預かり」でしょう。外で安心して遊べる場所が少ない現在，園庭は外遊びのための貴重な場となっています。「一時預かり」も保護者からのニーズが非常に高い支援です。「一時預かり」とはパート就労，保護者の病気や出産のほか，リフレッシュ目的での利用にも対応しており託児の理由は問いません。数時間子どもと離れてリフレッシュする機会を保護者に提供することは，保護者が子育ての活力を取り戻すための重要な支援となります。未就園児のいる家庭への支援のありようは，地域や園の実情に合わせて様々です。実習園ではどのような支援が行われているのかを保育者に質問してみましょう。

03　地域の社会資源との協働，連携

保育者の行う保護者への支援は，発生予防，進行予防，特別なニーズへの対応の３段

階に分けて考えられます[2)]。とくに特別なニーズへ対応する場合には，地域の専門機関との**連携**，**協働**が必須となります。たとえば，障がいがあり，園と療育機関を併用しているような子どもがいます。そのような場合，子どもの最善の利益を考えると，保護者の許可を得たうえでかかわる機関が情報を共有し，見学しあうなどして，それぞれの場面での子どもの状況や行われている支援を理解しあい，園，家庭，療育機関において可能な実践については取り入れあうといったことが重要になります。実習中にこれらの実際について学ぶことは難しいと思いますが，機会があれば保育者に連携や協働について質問してみましょう。

04　保護者以外を対象とした子育て支援（地域の活性化と次世代育成支援）

子育て支援には，地域の保護者以外を対象とするものも含まれます。中・高生を見学や実習で受け入れ，生徒に地域の子育て家庭との交流の機会を提供している園があります。わが子の誕生までに赤ちゃんのお世話をしたことがないという保護者が多い現在，中高生が小さい子どもに触れ，子どもを知る経験は，次世代が子どもを慈しむ素地をつくり，親準備性を育てることに貢献するでしょう。

また，伝承遊びを教えてもらったり，園で製作したものを届けたり，行事に招待したりして顔の見える関係をつくるなど，地域の高齢者との交流をもつようにしている園もあるでしょう。園を中心として人的交流が生まれると，それは園外へと広がり，地域が活性化していき，子育てがしやすくなることにもつながっていきます。子どもを忌避する態度ではなく，子どもと子育て家庭への温かいまなざしと理解を地域のなかに培(つちか)っていくことも，園に求められている大切な役割です。

子どもの最善の利益を真摯に考える職として，子どもの健やかな育ちのために行う保育者の子育て支援は，保護者や家庭のための支援として機能しています。しかし，保護者を支援することは決して一義的なものではありません。太田（2016）は保育者側の意義として，①親の視点に立った保育のとらえ直し，②社会とのかかわりのなかで展開する保育，子育てへの視座，③地域の親子支援を通しての自園の保育の見直し，④保育者の専門性のとらえ直し，という４点を指摘しています[3)]。支援とその省察を行うなかで保護者のみならず保育者も育ちます[4)]。子育て支援に携わることは，自らの保育を振り返り，援助の質を向上させるためにも有意義なのです。

（注）親準備性とは，「子どもが将来，家庭を築き経営していくために必要な子どもの養育，家族の結合，家事労働，介護を含む親としての資質，およびそれが備わった状態」を指す[5)]。親準備性の発達に影響を及ぼす要因として，父親・母親イメージ，手伝い体験，子どもや高齢者についての学習やふれあい体験があるとされている。

引用文献

1）汐見稔幸「保育所保育指針の解説と改訂のポイント」汐見稔幸・無藤隆監修『平成 30 年施行保育所保育指針 幼稚園教育要領 幼保連携型認定こども園教育・保育要領　解説とポイント』ミネルヴァ書房，2018，p.48

2）橋本真紀「保育相談支援の３つの段階」柏女霊峰・橋本真紀『増補版　保育者の保護者支援』フレーベル館，2010，p.166

3）太田光洋「子育て支援と保育」日本保育学会編『保育学講座⑤保育を支えるネットワーク支援と連携』東京大学出版会，2016，pp.7-25

4）武田（六角）洋子「保育者の語りの分析から見た子育て支援における保育者と心理職の協働の意義」『日本乳幼児精神保健学会 FOUR WINDS 学会誌』Vol.10，2017，pp.11-20

5）岡本祐子・古賀真紀子「青年の「親準備性」概念の再検討とその発達に関する要因の分析」『広島大学心理学研究』第４号，2004，pp.159-172

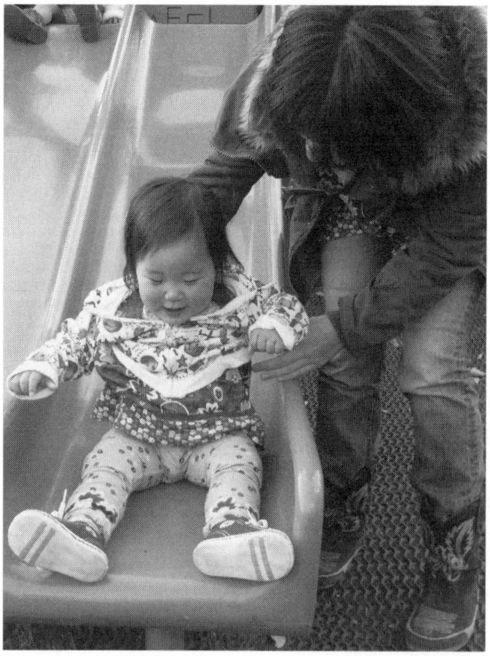

Column 子育て支援をめざす人が増えてくることを願って

子育て支援の本質を求めて

私は，現在この5月にオープンした東京都内のある子ども家庭支援センターの所長をしています（2010年当時）。新しく施設を開設することはなかなかに苦労もありますが，自分が10年間歩んできた子育て支援の取り組みを振り返るよい機会ともなりました。この10年間は様々なことに取り組み，同時に全国の仲間たちと子育て支援とは何なのか，その本質を追い続ける歩みだったと思います。ちょうど10年前，子育て支援という言葉が世間に知られるようになり，仕事と子育ての両立支援といった内容が主流であった国の施策が大きな変革を遂げ始めました。そこから現在にいたるまで，加速する少子化，虐待の急増，局地的に進む待機児問題や，子育てひろばの増加など，本当に激動といってよいほどの10年間でした。

10年前，当時保育所ではすでに地域子育て支援センターとして，在宅育児の親子を対象とした活動が始まっていました。新たに求められたこの事業を担当した保育士は一様に悩み，とまどいが多くあったものでした。そしてそのとまどいには「何をしてよいかわからない」「先が見えない」「自分の存在価値は……」と様々なものがありましたが，多くの保育者がぶつかり，立ちどまった問題は「何をしてよいかわからない」ということでした。

今みなさんが子育て支援の施設にボランティアなり，アルバイトなりしてかかわるとして，「何をしたらよいか」イメージが湧くでしょうか？　この「何をしたら」というキーワードが，実は私にとって子育て支援の本質を考えるための大きなヒントとなるものでした。

「～をしたら子育て支援？」

私が初めて勤めた子育て支援の施設は東京都江東区にある「みずべ」という施設でした。「みずべ」は，共生・共育・共有・共創という理念がありましたが，より具体的に，わかりやすいメッセージとして，遊び・ふれあい，学びあい，分かちあい，支えあい，育ちあいの5つのひろばを軸に活動を展開しました。ゼロからの出発は本当にいろいろなことを試行錯誤しながらの取り組みとなり，難しくもありましたが，とてもやりがいのある日々でもありました。そこでは目の前の親子から学び，地域の方々から学び，支援者の仲間たちから学び，ふと気がつくと支援をする側にいるといっても，実は多くのことを学び取る日々だったのでした。

そのようななか，当時は子育て支援の先行事例が少なく，「みずべ」には多くの見学者が訪れました。毎週のように訪れる見学者の対応をしていくうちに，私はいくつかのことに気づき始めました。一つには見学者からの質問に，ある共通点があることでした。それは決まってといってよいほど「何をしたらよいかわからなくて……」「どうしたらうまくいきますか？」という問いでした。「そんなことわかったら自分たちも苦労しないですよ」と笑いながら答え，自分たちの苦労話をしました。しかし何度も自分たちの活動を説明するうちに，今まで漠然としていたものが頭のなかで少しずつ整理されてきました。そこで自分自身で見いだした答えの一つは「～をしたから子育て支援」ではないということなのです。決まりきったことをするよりも，目の前の親子と一緒に笑い，喜び，悩み，泣きながら一緒に育っていくという過程が大事なのではないかと気づいたのです。

教わることと，教えること

最近では，実習生の受け入れや大学の子育て支援の講義などで，多くの若者たちと接することがあります。そこでの対話のなかでも「私に何ができるでしょうか？」「子どももいないし，保育の経験もないし，ひろばで質問なんてされたらどうしてよいかわかりません」といった話を聞くことがよくあります。そこで私はこう答えます。先ほどの「～をしたから子育て支援ではないのですよ」ということです。たとえば，子育て支援というと，子育ての相談を受ける，手遊び歌遊びでお楽しみの時間をつくる，といったメニューをイメージしやすいかと思いますが，「それができなければ子育て支援ではないのか？」と問えば，「そうではないですよ」ということです。私は学生なら学生の立場でできることがあるはずだと考えています。「それでは何が？」となるわけですが，そこでもう一つのキーワード「教わることと，教えること」が出てくるのです。

私は見学者に対して何度も話をしているうちに自分の考えを整理することができました。つまり教えている人，話をしている人がとても勉強になるということです。「みずべ」では小学生から大学生まで様々なボランティアを受け入れてきましたが，そのなかで気づいたことは，このボランティアの方々の大きな働きは，お母さん，お父さんたちにいろいろなことを教わることだろうなということでした。あるお母さんが中学生の女の子に抱っこの仕方を教えていました。あるお母さんは子どもが生まれたときの思いを語ってくれました。おっかなびっくりでミルクをあげている大学生に上手な飲ませ方を教えてあげていました。あるお母さんが言いました。「いつもは最近の若いお母さんみたいな感じで見られて，なんでも教わっているような立場だけど，いざ教える立場に立ってみると，いろんなことが見えてくるものですね，なにげなくやっていたことも，ああこういう意味があったんだ！　なんてね」。私はそれを聞きながら，自分が感じた発見と似ているなと思いました。子育ての支援と称していろいろな講座を受けてもらうことよりも，「ちょっと誰かに教えることのほうがよっぽど効果があるのでは？」とも考えました。それまでは子育て支援者として肩ひじをはっていたところがあったのですが，結局，子育て支援は上から下へ何かを教える，指導するということでなく，いろいろな人とのかかわりや，考えるきっかけ，チャンスをつくったりすることなのだなと思うようになりました。ですから，学生の方々もぜひ「何もできない」なんて思わずに，積極的にお母さんお父さんたちに話しかけ，いろいろなことを教わってください。わからないことは教わるのが一番，そしてそれは教えてくれる人の成長を促していることにもなるのです。

● 専門性も大切ですが ●

保育所や幼稚園に勤めるより，子育て支援センターなどの施設で働くことは若い方々にとっては少々敷居（しきい）が高いかもしれません。確かに，子どもたちの成長発達への理解や，親たちへの相談援助技術，対人関係の調整，関係機関との連携をもつソーシャルワーク的な要素など，幅広い知識と経験が必要です。しかしながら，毎日たくさんの親子とかかわっているスタッフを見ていると，専門性はもちろんですが，それだけではない幅広い人間性や感性もとても大切なことだと感じます。専門的な知識，経験は時間を積み重ねることや勉強をしていくことで身についていくことが多いと思いますが，反面，打ちこんだスポーツがある，音楽が好き，演奏が好き，落語が好き，歴史が好き，本が好きなどなど，そうした自分の幅が親子と対面するときに豊かな話題となって表れてくることもあります。このことはどのような仕事に就くときにも同じことがいえるのだと思います。とくに子育て支援の場は生活を丸ごと受けとめるという表現が合うかと思いますが，専門家と利用者という上下の関係性ではなく，一人の人間同士として，生活やその人の人生と向き合うこともあります。ですから狭い専門的な世界だけに埋没するのではなく，たくさんの経験をして，様々なことを吸収しながら，自分の感性を磨いて，ふくらませていってください。

子育て支援は，これからの時代になくてはならない仕事だと私は思っています。ぜひ多くの若者たちがこの仕事に興味をもち，いつかはやってみたいと思ってくれることを願っています。

4. 生活の連続性を理解する

1 生活の連続性から子どもを理解すること

保育の場は，子どもたちの生活時間の大半を過ごす場です。とくに，乳幼児期の子どもにとって安心して過ごせる生活の場となるためには，健康や安全が保障され，快適な環境であるとともに，子どもが一人の主体として尊重され，信頼できる身近な他者の存在によって情緒的な安定が得られることが必要です。

昨日の自分を生き切ることで，今日の生活につながり，今日の生活がまた明日の生活につながっていきます。大人も同じなのですが，発達する存在である子どもはとくに，日々の積み重ねが重要になってきます。一日 24 時間を見通して，子どもの状況や生活の実態を把握すること，そしてその時，その時の，子どもの思いや願いを受け止めることが，保育をするうえでとても大切なのです。

生活の連続性に配慮し保育するためには，保護者との連携や職員間の連携・協力体制，地域との連携が重要になってきます。そして，生活の連続性を理解するうえでは，①入園前から入園後の生活の連続性，②家庭と保育現場との 24 時間を見通した生活の連続性，③生活を通した遊びの連続性，④保育現場と地域社会との生活の連続性，という 4 つの視点から考えられますが，ここでは，とくに実習での学びとして，②と③について見ていきます。

2 24 時間を見通した家庭生活との連続性

エピソード① 安心してくださいね

3 歳児のＫくんは，風邪による発熱のため，3 日ぶりに登園してきました。早番の時間帯から保育が始まるＫくんの母親は，少し不安な表情で早番保育者に「Ｋは熱が下がったのですが，まだ体がだるそうです。でも，もう会社を休めなくて……。今朝，保育室の掲示版を見たら，今日散歩に行くことがわかりました。大丈夫でしょうか？」と伝えました。

早番保育士はその言葉を聞いて，「担任のＮ先生にＫくんの様子を見てもらうように話しておきます。そして，散歩はＫくんの状態で相談しますので安心してください」と応えました。Ｋくんの母親は少し安心した表情で出かけていきました。

担任のＮ先生が出勤すると，早番保育者は，Ｋくんの母親が心配していることや早番保育でのＫくんの様子などを説明しました。Ｎ保育者は，散歩に出かけるまでのＫくんの様子を注意深く見て，散歩は控えたほうがいいのではないかと考え，看護師に相談し，保育園の室内で過ごすことにしました。Ｋくんの気持ちも考え，「元気になったら一緒に散歩に行こうね。今日はうさぎ組さん（2歳児クラス）のお友だちと一緒に遊んでくれる？」と声をかけました。Kくんは「うん。いいよ」と答えました。うさぎ組とは日常的に一緒に遊ぶ機会が多いため，Kくんにとっては抵抗感なく自然に受け入れられました。

Kくんは2歳児室に行くと，さっそくレールを長くつなげ電車遊びを始めました。うさぎ組には電車が大好きな子も多く，Kくんのまわりには子どもたちが自然と集まり，一緒に遊び始めることができました。Kくんより小さなうさぎ組の子に電車を貸してあげる姿や，優しく接する姿が見られました。遊びが進むうちに「ここは上野駅だよ」，「パパとママと動物園にいったよ」，「パンダをみたよ」とKくんが経験した楽しかったことを言葉にすると，そばにいたうさぎ組の子どもたちからも「パンダみた」，「パンダしってる」と言葉が飛び交いました。

1時間ほど経ってKくんのクラスのお友だちが散歩から戻ってくると，N先生がKくんを迎えにきました。2歳児クラスの先生から，楽しく遊んでいたKくんの様子を聞き，N先生も安心しました。看護師，園長，主任保育者がKくんの様子を交代で見に来るなか，その後もKくんはとくに心配することもなく昼食を食べ，母親のお迎えまで過ごすことができました。N先生は遅番の時間帯にお迎えにくる母親に直接，Kくんの様子を話すことができないため，連絡帳には，散歩に行くことは控えたこと，2歳児クラスで楽しく遊んだKくんの様子を丁寧に記入しました。そして，遅番保育者にも日中の様子を説明し，遅番の時間帯も注意して見守ってもらうように伝えました。Kくんの母親がお迎えに来た際に，遅番保育者から日中の様子とともに，お迎え時も「変わりなく遊んでいましたよ」との言葉に，「いろいろ心配おかけしました。ありがとうございました」と笑顔でうれしそうに帰っていく母親とKくんの姿がありました。

このエピソードのように，職員間で連携して子どもの健康面の情報を共有し，見守ることは，子どもの健やかな成長を支えるためにとても重要なことです。また，集団生活のなかで，一人ひとりの状況に応じた保育を展開するためには，職員同士の協力体制がなくてはなりません。

母親はお迎えの際に遅番保育者からKくんの日中の話を聞いて，どのように思ったでしょうか。母親が朝，早番保育者に伝えたことが，降園時には担任以外の遅番保育者から伝え返されることによって，Kちゃんの様子に気を配って日中からお迎えまでにいろいろな先生がかかわってくれたことが感じられ，このことが母親の**安心感**や**信頼感**につながったことでしょう。

こうした日々の生活の連続性を大切にすることは，職員間の連携と協力体制を基盤とし，子どもの健康で安全な生活を保障するばかりでなく，保護者との信頼関係を育み，保育のパートナーとしての絆が深まっていくことになるのです。

3 生活を通した遊びの連続性

エピソード② まねっこだいこ

保育園では毎年７月に夏祭りを行っています。今年も５歳児クラスでは，どんな夏祭りにしようかと子どもたちと相談して進めていました。夏祭りのオープニングで５歳児が祭囃子の曲に合わせて和太鼓をたたき，踊ることになりました。ベランダには和太鼓が置かれ，子どもたちがいつでも思い思いに太鼓をたたいて親しめるようにしました。５歳児が楽しく活動をする様子を園庭から見つめていた２歳児の子どもたちは，５歳児のお兄さん，お姉さんがいないときには，そっとその太鼓に触れてみたり，時には先生から「たたいてみたい？」と聞かれ，バチを握って太鼓をたたく姿も見られました。その時のドキドキ感や年長児に内緒で太鼓をたたくしぐさ，太鼓をたたき音が出たときのうれしそうな笑顔は，なんともいえないものでした。

11月のある日，砂場で遊んでいた２歳児の子どもたちの一人が，シャベルを片手に土から伸びた小さな木の先を，シャベルで“こんこん”とたたき始めました。場所を変えては次々と，“こんこん“たたいています。そのうち園庭を囲っている鉄板フェンスをたたき始めました。一人がたたき始めると，一人から二人と増え，５人の子の大演奏となってしまいました。

大きな音に驚いて園庭に飛び出した園長の目に映ったのは，楽しそうにフェンスをシャベルでたたく子どもたちの姿でした。傍らには心配そうにのぞき込んでいる保育者の姿もあります。

園長と保育者が目と目と合わせると，

「大きな音に驚いて出てきたんだけど，とても楽しそうね」

「そうなんです，フェンスは困るな，どうしようと思ったのですが……。お兄さん，お姉さんの太鼓のまねかと思います。お部屋でもいろいろなものをたたいて楽しんでいるんです」

本来は，やってほしくない行為ですが，子どもの興味・関心にもとづく活動をほほえましく見守り，容認することとなりました。

その後，保育者がタライを用意してあげると，子どもたちはそのタライを太鼓に見立て，それを使って演奏するようになりました。

子どもたちは，日々の生活のなかから楽しさや喜びを味わい，エピソードのように，それを興味・関心をもった遊びとして再現し再構成することにより，心が豊かに育っていきます。たとえば，みなさんが保育所実習に行ったときに，コマ回し，カルタ，トランプ遊び，福笑い，すごろく，オセロなどを楽しむ子どもの姿に出会い，そこに正月遊びの経験との連続性を見出せるかもしれません。あるいは，帰省や旅行などの経験から遊びが始まるのかもしれません。

遊びの興味・関心は，子ども一人ひとり違い，一様ではありません。だからこそ，保育者は，子どもたちの興味・関心に合わせた環境構成をし，環境設定を考え，工夫していくのです。部分実習や一日実習を経験するときにも，子どもたちがどのような生活をしているのか，どんなことに興味・関心をもち活動や遊びをしているのか，生活と遊びとの連続性を意識して子どもの姿をとらえ，活動を考えていくことを心がけましょう。

4 生活の連続性をとらえるポイント

以上見てきたように，保育では，子どもの生活全体を見通し，家庭や遊びとの連続性を意識しながら，適切に援助していくことが大切です。実習では，とくに次の点に留意してみましょう。

①保育者は，登園時の健康観察や保育中の子どもの様子をどのように把握をしているでしょうか。また，登園受け入れ時の保護者との会話の様子や連絡帳の活用により，生活リズムの基盤となる食事・睡眠などについて，家庭での情報をどのように得ることができているのかを考え，質問や確認をしてみましょう。

②保育者は一日の生活全体の流れを見通して，遊び・活動のなかでの発散・集中・リラックス・休息のバランスや調和をどのように図っているでしょうか。保育者の工夫や援助についてよく観察し，実習日誌に時系列で丁寧に記録することにより確認し，理解を深めましょう。

③子どもたちが興味・関心をもった遊びについて，保育者がそれをどのようにとらえ，今日から明日へとつなげているでしょうか。子ども主体の遊びを支える保育についての保育者の援助方法をよく観察し，体験しながら学んでみましょう。

④部分実習，一日実習を立案するとき，子どもたちが興味・関心をもっている遊びの連続性を大切にするならば，あなたはどのような遊びの内容を提案する必要があるでしょうか。これまでのかかわった経験や実習日誌の記録などから，考えてみましょう。

⑤降園時に，保育者は日中の健康面での様子やけがなどについて保護者にどのように伝えているのでしょうか。保育者や職員間の連携についてよく観察し，わからないところは質問して確認してみましょう。また，保育園や認定こども園の場合，保育の終了時間が一人ひとり違うので，保育者同士がどのように連携しているのかも，意識してみてみましょう。

一日の保育が終わって，子どもたち一人ひとりを元気な姿で保護者にお渡しすることは当然ですが，小さな傷であってもいつできたものなのかを確認しておくことは，保護者と保育園との信頼関係を育むうえで重要なこととなります。小さなことでも，わからない・説明できないことがあるのは，不安につながる要因となることを忘れてはいけません。

家庭と保育現場との生活の連続性は，保育者・職員間の連携に支えられています。そこでの報告・連絡・相談の重要性を理解し，実習中は実習生も職員の一員として，「報告」や「相談」を心がけていきましょう。

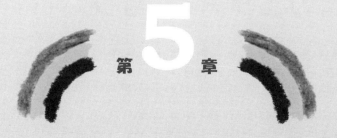

第5章

実習の準備をする

1.　オリエンテーション
■ 先輩の学び 「どきどきオリエンテーション」
2.　組織(チーム)で働くという意識
3.　子どもの最善の利益
4.　安全への配慮
5.　疾病予防・アレルギーへの配慮

1．オリエンテーション

「段取り八割，仕事は二割」とよくいわれます。段取りとは，日本国語大辞典には「一般に物事を進めていく手順。また，そのための用意，工夫」とあります。つまり，物事の進め方，手順がうまくいけば，仕事はおおむねうまくいく。それほど，全体の仕事の結果を左右するものと考えられています。仕事をする以上，段取りはどの場面でも必要なのですが，実習でとくに段取りが必要な場面は，オリエンテーションと実習が終わった後の手続きではないでしょうか。部分実習や一日実習でも，段取りの良し悪しが問われるかもしれません。職業人の訓練として意識してみては，いかがでしょうか。

1 事前の心構え

オリエンテーションは，ただ単に実習先を訪問・見学するのではなく，打ち合わせを兼ねた事前学習です。周囲の環境や園内の様子，雰囲気を感じ，職場で共有している決まり事，事前に学習しておかないといけない内容や課題など，実習内容を十分に打ち合わせてください。また，アポイントメントの取り方（電話対応），マナー，身だしなみ，オリエンテーション時の態度や積極性，質問の内容，メモの取り方など，実習先の先生方はみなさんの様子をしっかりと見ています。**すでに指導が始まっている**という意識で緊張感をもって取り組んでください。

食物アレルギーや持病などで実習に支障をきたすようであれば，事前に必ず相談しておきましょう。公立の採用試験（2次試験も）や法事などでやむをえず休まなければならない場合にも，必ず事前に相談し，許可を得るようにしてください。実習先ではみなさんの実習のために勤務を調整していたり，ほかからも養成校の実習を受け入れている場合があります。欠勤した場合，追加の実習が組めないこともありますので，十分注意してください。

2 オリエンテーションの実際

01　必要なことはリストアップする

授業では，学生が友人と確認しながら，確認リストを作成します。たとえば，「事前に調べればわかること」以外の「先生・担当者に聞かなければわからないこと」を抽出し，図表5-1-1のような，**自分に必要な確認リストを作成**するのです。また，図表5-1-2（p.120）のように**持ち物リストも事前に作成**しておくとよいでしょう。一度リストアップすることにより，新たにオリエンテーションで聞かなければならない内容，確認しておかなければならない内容が明確になってきます。

図表 5-1-1 オリエンテーションでの確認リスト（M さんの場合）

出勤時間	給食
□ 何時から保育が始まるのか → 園に着く時間は何時か → その時間までに，着替えも済ませておくのか □ 実習時間やシフトは，どうなっているのか	□ お昼は，給食かお弁当か → 給食の場合 □ 箸やコップが必要なのか □ 給食費は 1 食いくらで，いつ支払えばいいのか
服装	**実習日誌**
□ 通勤着は，どのような服装が望ましいのか ・スーツ ・私服 □ 保育着は，どのような服装が望ましいか ・ジャージは OK か ・ジーンズは OK か ・キャラクターもののエプロンは，OK か ・安全ピン付きの名札は，OK か	□ 園独自の書き方があるのか → 学校から指定された日誌の実物を見せながら聞いてみる □ 実習日誌は，「いつ」「どこへ」提出したらよいか □ 実習日誌には子どもたちの名前をどのように書くか → 実名か，イニシャルか
予定	**その他**
□ 実習の流れは，どうなっているのか □ 何歳児のクラスに入るのか □ 実習中に特別な行事があるのか □ 部分・一日実習はあるのか □ 土・日・その他の休みの確認	□ 実習中にメモを取ってもいいか □ 特別な持ち物があるのか □ ピアノを弾くことがあるのか → ある場合は，楽譜をもらっておくとよい

02 日程調整の電話をかける

電話をかけるときは，よく考えてから，かけ直しのないようにします。これも段取りです。用件や取り決める内容があらかじめわかっているなら，それをメモしておき，メモを見ながら話を進めてみましょう。

同じ実習先に複数実習する場合や異なる期間で実習する場合には，候補日をあげるなど実習生同士であらかじめ日程調整を済ませてから，電話を入れましょう。また，オリエンテーションなどで授業を欠席しなければならない場合には，その手続きをし，担当教員と補講等に関する日程や内容の確認をしておきましょう。

〈オリエンテーションの日程調整（電話例）〉

「こんにちは。○月○日から実習させていただきます，○○（学校名）○年の○○と申します。本日は，オリエンテーションの日程の件でお電話いたしました。実習担当の先生（もしくは園長／施設長）をお願いします」と元気よくさわやかに切りだします。続いて，オリエンテーションの日程を調整して決めます。最後に，決定した日程（○月○日○曜日○時から）を復唱し，確認します。

03 訪問する

オリエンテーション時は，清潔感のあるスーツを着用し，女性の場合はヒールが高くない靴で訪問しましょう。持ち物は，上履き，ノート，筆記用具は最低限必要ですが，オリエンテーションが施設の行事見学などを兼ね，動きやすい服装を求められる場合などもあるので，確認しておきましょう。

図表5-1-2 持ち物チェックリストの例〜自分でリストアップをしておこう〜

保育所・幼稚園編
□ハンカチ
□ティッシュ
エプロン or ズボンのポケットに入る大きさのもの
□湯呑み
指定された園のみ
□コップ
プラスチックで取手付き
□印鑑
実印がよい
□歯ブラシ
□実習日誌
□ファイル（2枚）
実習日誌を1日分ずつ提出する園もある
□筆記用具
メモ帳や修正テープもあるとよい
□名札
ひらがなフルネーム
□上履き
□絵本
1冊もっていると便利
〜★夏なら★〜
＊足のペディキュア注意！
□水着
□着替え（1セット）
スポーツブランドやカジュアルなもの（ビキニはNG）水着の上にTシャツやハーフパンツを着てよい園もある
□フェイスタオル
□帽子
□日焼け止め
＊ピンがNGな園もあるため、
①エプロンに直接縫う
②スナップタイプ
③輪タイプ　など工夫する
＊②はエプロンにスナップの凹、名札にスナップの凸をつける
＊③は左右どちらかにスナップ or ボタンをつけ、取り外しを可能にする
裏

施設編
通いの場合
□ハンカチ
□ティッシュ
エプロン or ズボンのポケットに入る大きさのもの
□歯ブラシ
□実習日誌
□筆記用具
□上履き
□ファイル（2枚）
実習日誌を1日分ずつ提出する園もある
□名札
ひらがなフルネーム
□印鑑
〜★入浴援助で必要なもの★〜
□半袖
□ハーフパンツ
□フェイスタオル
宿泊の場合
＊「通い」の持ち物＋α
□洗濯用洗剤
□ドライヤー
□調味料
□バスタオル（2枚）
□スリッパ
□ジャージ（3セット）
□パジャマ（1セット）
□諭吉さん（約1万円）
食材なども買い出しに行けるため
□ハンガー（5つ）
洗濯ばさみ
洗濯ロープ
□シーツ・枕カバー
□軽食
□インスタントスープ
□常備薬
□ハンドクリーム
リップクリーム

（細井理美）

3 実習が終わって

実習が終わると緊張感がほぐれ，気持ちも解放されます。しかし，最終日の日誌を書き記した後も，実習日誌の最終提出や受けとり，学校への提出書類や課題の準備，そして御礼状と，実に様々な手続きが待っています。とくに，実習でお世話になった園長先生や担当の先生，職員の方々に感謝の意を表す御礼状は，様々な手続きに追われ，忘れがちになりますので，注意しましょう。

01 御礼状を書く際の注意

① 白の縦書き便せんと封筒を用意し，封書で郵送します。その際，郵送料を必ず確かめてから投函すること。

② 実習が終わって，2 週間以内に届くようにしましょう。

③ 個人の御礼の気持ちを伝えるものなので，複数で実習したとしても，個人で出しましょう。

④ 辞書で確認しながら，誤字・脱字に気をつけましょう。敬語は使い方に注意しましょう。

02 内容の構成

① 書き出しと手紙の体裁

書き慣れていないと，書き出しをどう始めてよいかわからない人も多いのではないでしょうか。手紙の文例集は本だけでなくインターネットでも閲覧できますので，参考にしてください。ただし，学生なのであまり儀礼的になりすぎるのもよくありません。なるべく自分の言葉で書くようにしてください。

② 御礼の言葉

③ 実習エピソードなど

子ども（利用者）とのかかわりや実習中の印象に残ったエピソード，指導者からの助言や励ましなど，感謝している具体的な事柄が伝わるように記述する。

④ 決意で締める

実習で学んだことや思い，新たに見えてきた課題などを決意とし締めくくる。

4「時間」の感覚を身につけて

協働して仕事を行う職場では，相手や職場の人たちの時間と調和して物事を進めていく必要があります。授業などで，平気で遅刻し，遅れた理由と自分の主張を堂々とする学生や，相手の予定を考えず一方的に自分の用件だけを主張する学生をよく見かけます。こうした人は，自分の時間に対してもルーズで大切にできないばかりか，他人の時間を奪っている，他人にとっても時間は大切であり尊重すべき，という感覚がないのです。実習を機会に，自身の「時間」の感覚を振り返り，相手の「時間」を配慮し調整して物事を進めるとはどういうことかを考えてみましょう。自分が仕事に要する時間の感覚，スケジュール調整と管理の感覚，先を見通す力などを身につけ，工夫しましょう。

どきどきオリエンテーション

オリエンテーションは，実習園との初めての顔合わせです。どんな保育をしているのか，どんな予定で実習が行われるのか，実習中に自分の学びたいことなど，実習担当の先生とよく打ち合わせをする時間です。

何度経験しても，オリエンテーションにのぞむときはいつも緊張してしまいます。行く前に，実習仲間とチェックリストを作り，聞き忘れなく，スムーズに質問ができるようにしておきました。また，インターネットなどでどのような園なのかを事前に調べました。

当日は，約束の時間より少し余裕をもって到着し，園のまわりを見学させていただきました。ギリギリの時間に着いてしまうと，焦りと緊張で落ち着いてのぞむことができません。園を一周することで，その園の環境を見ることができ，気持ちを落ち着かせることができました。

実習園のチャイムを押したときから，オリエンテーションはスタートします。携帯電話の電源がきちんと切れているか確認しておきましょう。園の先生方は忙しいなか，私たち実習生のために貴重な時間を割いて準備してくださっています。第一印象は大事です。私は笑顔で元気よく「東京家政大学の宮本です」とあいさつしました。

園舎に入るときは，園のスリッパを借りることがないように，自分で室内履きを用意し，持って行きました。室内に入り荷物を置くときは，カバンなどは自分の座る席の足元に置くようにしました。カバンなど日頃から使っている持ち物は，きれいに見えても汚れています。オリエンテーションは，保育室など子どもたちの生活の場で行われる場合があります。その時はとくに，子どもたちが毎日使う椅子やテーブルなどにカバンを置くことがないようにしましょう。このような小さなふるまいにも，私たち実習生が子どもたちのことをどのように考え，行動しているのか，保育への姿勢が問われると思います。

実習担当の先生との打ち合わせは，園や実習についての，先生からの説明，学生側からの質問など，様々です。あらかじめ聞きたいことを考えておくと，焦ることもなく聞きたいことをきちんと聞くことができると思います。私がオリエンテーションで必ずする質問に，ピアノのことがあります。私はピアノが苦手で，いきなり楽譜を渡されてもすぐに弾くことができません。そのため，オリエンテーションのときに「ピアノが苦手なので，もし実習中に弾く曲などがありましたら楽譜をお借りできますか」と聞き，実習が始まるまでの期間に練習ができるようにしました。

また，打ち合わせの後に園舎を案内してくださる場合もあります。そのようなときに，園での子どもたちの様子や，どのような遊びをしているかなどを先生に伺いました。また，保育室内や廊下などに飾られている子どもたちの作品や，先生方の手作りの壁面を見て，どのような雰囲気のなかで保育が行われているかを知り，部分実習や一日実習で何をしたらよいかを考えるヒントにすることができました。そうすることで実習への不安が少なくなり，その園で実習をさせていただくのが楽しみになりました。楽しい実習にするための第一歩が，オリエンテーションだと思います。

（宮本沙織）

2. 組織（チーム）で働くという意識

社会に出て働くのだから，言葉づかいやマナーはきちんと覚え使えなければならない，とよく耳にします。確かにそのとおりですが，ここでは，組織（チーム）による保育の力を引きだす前提として，雰囲気づくりや豊かな関係性の促進，情報の共有等の観点から，言葉づかいやマナーの必要性を考えていきます。組織のなかで働くという意識をもつと，それらがますます重要であることがわかるでしょう。

1 まずは気持ちのよいあいさつを

実習は社会と出会い，自分と出会う場です。職業人としての基本的なマナーは**あいさつ**です。極端な例ですが，朝の掃除をしているときに，園長から「おはようございます」とあいさつされ掃除をしながら頭を少し下げるだけの人と，園長を見かけるとあいさつされる前にお辞儀しさわやかにあいさつする人と，どちらのほうが感じがよいでしょうか。第一印象は数秒で決まり，その印象がその後も影響するといわれます。五感のなかでも見た目（視覚情報）がしめる割合は87％といわれるように，人はまず見た目で評価するのです。

三厨によれば，あいさつには「自分の心を開いて，相手の心に迫る」という意味があるそうです[1)]。そして，初対面の人が集まる会場で隣に座った人が元気よくあいさつをしてくれ，気持ちよく会話が弾んだ体験から，「自分からあいさつすることで場の空気を変え，自分も居心地のよさを感じられるようになる」，「あいさつは自分自身のためにするもの」と述べています。あいさつは，相手も自分も居心地のよい関係をつくるものなのです。

2 ホウレンソウ――報告・連絡・相談

もう一つの基本的なマナーは，**報告・連絡・相談（ホウレンソウ）**です。報告は主に上司へ，連絡は仕事仲間へと行われますので，実習生が連絡するという機会はあまりありません。実習では相談・報告を意識し，実習が終わってからも習慣化してください。たとえば，何か行動を起こそうとするとき，あるいは何かを計画しているとき，まず相談するとよいでしょう。いきなり実行するのではなく，「今日，学んだことをいかして，明日はこういうことをしようと考えているのですが，いかがでしょうか」などと助言やヒントをもらうのです。このとき，考えもなしに何でも聞くのは失礼ですので，自分なりの考えをもちましょう。

また，不安・心配などが生じたときや自分で対応できそうにないと感じたときも，手遅れになる前にためらわず相談しましょう。相談の後は，すぐに報告です。人は結果が出てから報告しがちですが，「今，これをやっています」，「ここまでできています」，「この部分がつまずいていて，悩んでいます」など途中経過や報告を入れることによって，まわりにいる人は進行状況を把握しやすくなり，問題にも対処しやすくなります。**組織**でのコミュニケーションを意識し，**情報の共有**を心がけましょう。

3 ものごとをスムーズに進める「常識」を

マナーでは，「べからず集」や作法の手順を覚えることよりも，「常識」豊かになることが大切です。ここでいう「**常識**」とは，人間関係をスムーズに進めるための“潤滑油”のようなものです。たとえば，敬語は，相手を尊重しその気持ちを表現するということはもちろんですが，立場の違う者同士が交流し合うことのできる「道具」として機能していると考えることができます。これを使わなかったばかりに人間関係がスムーズにいかなくなることもあるかもしれません。梶原は，「どの場面でどんな敬語を使うか」が人間関係をつくり，自己表現となることを指摘しています[2)]。最近では，敬語も尊敬語・謙譲語Ⅰ・謙譲語Ⅱ（丁重語）・丁寧語・美化語の5種類に分類され[3)]，言語表現も変化しています。一方，服装・化粧・ヘアスタイルなどの身だしなみや態度，動作，表情，しぐさなどの非言語表現も，互いが気持ちよく働くために大切です。そのためには，学生時代に素敵だと思えるモデルを身近に見つけることが一番の近道なのです。

集団組織のなかで，どうしたらものごとをスムーズに進められるかを問い，自分の言動を振り返り「常識」豊かに成長していきましょう。

4 「何を考えているのかわからない人」からの脱却

これは，ある職場で私が主任のときに経験したエピソードです。ある日，職員からWさんが仕事を自分から積極的にやらないという相談を受けました。そこで，私はしばらくWさんの様子を観察していましたが，私にもそのように感じられました。本人にとってもよくないし，職場も険悪なムードになっていました。そこで，Wさんと面談し，本人がまわりの人にどのように見えているのかをそのまま伝えました。すると，涙目になりながら，「そんなふうに見られてたなんて！　私，ちゃんとやってます」と言うのです。「でも，ここ2週間くらい仕事を見ていたけど，私にもそう見えたんだよ」と具体的な場面をあげると，「(その場面では）やるつもりだったことを，(ほかの職員が）いつも先にやってしまうんです」と。

Wさんの気持ちを聴いてみると，いろいろなことを考え，仕事への情熱もあることがわかりました。しかし，まわりからすればWさんにやる気が感じられないから自分が代わりに仕方なくやっているというふうに，お互いの意識にズレがあるのです。私はこう切りだしました。「Wさんはとても良い感性や仕事への情熱があるのに，まわりの人から評価されていないのは辛いね。Wさんの良さを誰も認めてくれないのは，もったいないよ。どうだろう。次は，“つもり”を声や動作で見えるようにしてみては」と。その後，Wさんは“つもり”をまわりにわかるように，口に出したり相談したり動作に表したりしてしめし，理解を得ることができるようになりました。

いくら思いがあっても，心（つもり）は見える行為や形でしめさないとわかりません。積極性がないと評価される人は，伝える努力をしてみましょう。また，自分のことを話せる範囲で少しだけ話してみるなど適度な自己開示をすることで，「何を考えているのかわからない人」から脱却できるかもしれません。

5 保育・福祉の現場に“ホスピタリティ・マインド”を

私の子どもが通っていた保育所には，迎えのときに「お帰りなさい」と声をかけながら門を開け，バギーを中まで運んでくれる警備の方がいます。そのおもてなしの心に，疲れて迎えにいく親としては「ホッ」と癒（いや）されます。その方は帰りのときには，元新幹線の車掌さんの経験から「よーし！」のかけ声も実演し，またあるときは折り紙で作ったものをくれ，子どもと会話を楽しみます。また，職員は担当保育士でなくとも，あいさつに一言添え，今日のわが子の姿をうれしそうに教えてくれます。

良い雰囲気の保育所や施設には，**おもてなしのこころ（ホスピタリティ）**がある。これが親の視点をもちつつ，実習担当者として多くの園や施設を見て私が感じることです。力石はこれを「物事を心，気持ちで受けとめ，心，気持ちから行動に移すこと」と定義し，ホスピタリティがないサービスは，単なる作業であり義務感だけの寂しいものになると述べています[4)]。

保育の仕事は人間性を磨き，人とかかわることであり，子育ての喜びや楽しさ，感動を共有する仕事です。人々のこころが氷のようになりがちな昨今だからこそ，他人の喜びをわが喜びとし，思いやりや気持ちを込めて対応すること，つまり“ホスピタリティ・マインド”が求められるのではないでしょうか。

引用文献

1）三厨万妃江『大人のマナー：ホスピタリティの心で変わる』あさ出版，2008

2）梶原しげる『すべらない敬語』新潮社，2008，pp. 51–65

3）文化審議会「敬語の指針（答申）」文化庁，2007，p. 13

4）力石寛夫『ホスピタリティ：サービスの原点』商業界，1997，pp. 13–17

3. 子どもの最善の利益

1 子どもの最善の利益

成人のように，自らの力で身を守り，自らの意志で生活することが難しい“子ども”という時期は，**子どもの権利**をとりわけ配慮しなくてはいけません。それを象徴するものが，「**子どもの最善の利益の考慮**」という言葉です。

子どもの最善の利益を，私は「子どもの生存，発達を最大限の範囲において確保するために必要なニーズが最優先されること」と定義しています。成人は自らそのニーズを充たすことが相当に可能です。しかし，子どもは違います。必要なニーズを“最優先”することが重要なのです。

この言葉は，児童の世紀と呼ばれた20世紀に入り用いられてきましたが，わが国でも広く普及するようになったのは，**児童の権利に関する条約**が1989（平成元）年に国際連合で採択され，その5年後の1994（平成6）年に日本政府で批准（ひじゅん）されてからのことです。それ以降，条約の趣旨つまり，すべての児童の尊厳を守り，児童の生存，発達及び保護を促進するために必要となる具体的な事項を考慮する，という趣旨が重んじられるようになりました。たとえば2000（平成12）年に施行された旧保育所保育指針は，初めてこの言葉を用いました。

そして2009（平成21）年4月から施行された新指針は，第1章総則で，「保育所は（中略），保育に欠ける子どもの保育を行い，その健全な心身の発達を図ることを目的とする児童福祉施設であり，入所する子どもの最善の利益を考慮し，その福祉を積極的に増進することに最もふさわしい生活の場でなければならない」とうたっています。

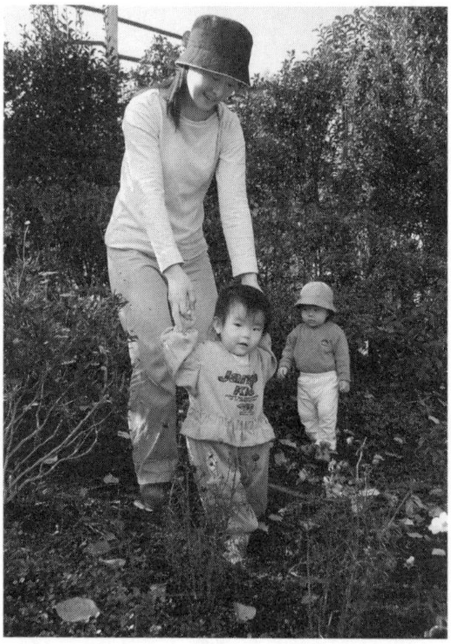

保育所に限らず，児童養護施設などに入所する子どもたちのために「子どもの権利ノート」を用意している所が非常に広がってきました。実習にあたっては，それぞれの施設などで，子どもの最善の利益がどのように考慮されているかを実際に学ぶことが大切です。

2 子どもの最善の利益に思いをいたす保育，養護

実習に際してとくに大切な点をあげてみます。第 1 に，子どもが人間として尊重され，人権や権利が重んじられるように配慮することを学びましょう。第 2 に，保護者や保育者などの利益が先行していないかを考慮することを学びましょう。成人と比較して圧倒的に弱い立場にある乳幼児や学童期の子どもたちにとって，その利益は容易に軽視され，ときには無視される傾向があります。それゆえに，保護者や保育者の利益よりも，子どもの利益を常に考慮することがとくに大切なのです。考慮する例を一つあげてみます。

2000 年までの保育所保育指針には，1 歳 3 か月未満児の保育内容に，「他の子どもの排泄する姿などを見ることによって便器での排泄への興味を持つようにする」という内容が含まれていましたが，それは現在では「子どもの人格を辱めることがないようにする」という趣旨から削除されています。

3 子どもの最善の利益を考慮する 4 段階

子どもの最善の利益を考慮する具体的な姿は，子どもの権利を保障するプロセスに重なっていきます。通常，子どもの権利を保障するというとき，私たちがイメージするものはどのようなものでしょうか。たとえば 1951（昭和 26）年に制定されたわが国の**児童憲章**の有名な前文には，「児童は，人として尊ばれる」「児童は，社会の一員として重んぜられる」「児童は，よい環境のなかで育てられる」と書かれています。その内容はすべて，「……れる」という受け身の表現となっています。

図表 5-3-1 を見てください。「保護される」「守られる」「育てられる」のように，義務を負うべき者（大人の側）から保護や援助を受けることによって効力をもつ権利です。これを**受動的権利**といいます。受動的権利は，子どもという弱者の立場にあることに思いをいたすとき，いかにそれが重要であるかを理解することができるでしょう。

しかし，往々にして大人の側の関心が低く，また軽視しがちなもう一つの権利があります。図表 5-3-2 を見てください。「……したい！」「いや！」「学びたい！」のように，人間として主張し行使する自由を得ることによって効力をもつ権利です。これを**能動的権利**といいます。子どもは“子ども”である前に，まずは一人の人間であるという**人間の尊厳**に思いをいたすとき，いかにそれが深く重い意義をもったものであるかを理解できるでしょう。子どもは単に権利を享受する主体ではなく，権利を行使する主体であることを常に大切にしましょう。

図表 5-3-1　受動的権利保障

義務を負うべき者から保護や援助を受けることによって効力をもつ権利（網野武博の定義）

図表 5-3-2　能動的権利保障

人間として主張し行使する自由を得ることによって効力をもつ権利（網野武博の定義）

施設実習の際，子どもの最善の利益を考慮した保育を，子どもの権利保障という視点からとらえるヒントとして，次の図表 5-3-3 を実践の参考として見てください。

図表 5-3-3　子どもの権利保障の４段階

第１段階	子どもの命や健康，成長・発達が脅かされることのないように考慮する。 （例）虐待，ネグレクトなどをしない。
第２段階	子どもへの差別，偏見，蔑視がなされることのないように考慮する。 （例）人格を辱める行為，先入観・固定観念などをもたない。
第３段階	子どものニーズ，思い，願いを無視，軽視することのないように考慮する。 （例）方針を押しつけ，強制するなどをしない。
第４段階	子どもの意見を確かめるように考慮する。 （例）思いを聴きとる，声なき声を聴く。

第１段階は，子どもの生命の保持と安全，健康を図るうえで，もっとも受動的権利保障が求められるものです。第２段階では，受動的権利を保障しつつ能動的権利保障も深く考慮する必要があります。第３段階は，受動的権利とともにいっそう能動的権利保障が求められます。第４段階は，もっとも能動的権利保障が求められるものです。しかし，子どもの思いや意見をそのまま取り入れるのではなく，その意見を十分にふまえ，そのことによって受動的権利が脅かされることのないように配慮して，保育や養護にあたる必要があります。

これまでに実習生が体験した例をあげると，ほかの子どもたちとは違うことをしようとしたり，園外散歩のときに，一人だけ花や虫に夢中になり，どんどん遅れてしまったときなどに，この第３段階や第４段階での考慮が求められます。みなさんならどのように対応しようとするでしょうか。

4. 安全への配慮

1 実習でのヒヤリハット体験

エピソード① スノコが倒れた

園庭での好きな遊びの時間，子どもに「Mちゃんが泣いてるー」と呼ばれて泣いていたMちゃんのところへ行った。すると，1歳児クラスの前にあるスノコが足の上に落ちてきたとのことだった。靴を脱がせ，足を見ると若干紫になっていたので，担任の先生のところへ行っておいでと担任の先生に任せた。

すると，5歳児クラスの子どもたち全員が保育室に集められ，担任の先生から園長先生におんぶされ，保育所の隣の接骨院へ行ったこと，もしかすると骨折やひびかもしれないこと，保育所最後の運動会に出られないかもしれないことなどのお話があった。結果，打撲で済んだが，子どもたちもしゅんとしてしまった。

後で先生に話を聞くと，そのスノコの下には虫がたくさんいて，普段は子どもに頼まれて保育士がスノコを上げていた。だが，その日は5歳児の男の子2，3人で持ち上げてしまい，近くにいたMちゃんの足の上にたまたま落ちてきたらしい。

私はその状況などを詳しく知らないまま，Mちゃんだけを担任の先生にあずけたが，一緒に来てくれたほうがよかったねとアドバイスを受けた。けがの後は自分のせいだと落ちこんだが，今回はこちらの配慮も足りなかったなど，けがについていろいろ話していただいた。直接かかわってはいないが，今後このようなことがあったときの対応などを学ぶ機会となった。

上記の事例は，学生が実習中にヒヤリ，ハッとしたことに関するレポートの一例です。1件の重大災害（死亡・重傷）が発生する背景には，29件の軽傷事故と300件の**ヒヤリハット**があります。この比率は「ハインリッヒの法則」といわれるもので，労働災害の事例の統計を分析した結果，導きだされたものです。実際に，2004（平成16）年に6歳の子どもが六本木ヒルズ（東京）で自動回転ドアに頭をはさまれ死亡した事故の背景には，それ以前にも回転ドアで32件の事故があり，大事故にはこうした予兆があると畑村は指摘します[1)]。

保育用品や備品，遊具の製造販売や園舎設計を行うある企業では，自社で経営する幼稚園や保育所からヒヤリハット報告書として情報を収集し，原因を分析し，事故情報の公開や具体的な施設づくりに役立てています。こうした取り組みが評価され，この企業は2007（平成19）年にはキッズデザイン大賞経済産業大臣賞を受賞しました。

近年，子どもの事故が大きく報道されていますが，その背景には無数の意識されていない行動があるといえるでしょう。「ヒヤリハット」した段階で，どのような配慮が必要か，大事故につながらないように考える習慣を身につけ，小さなことでも途中経過を見逃さず，まわりの人に報告することが**安全な保育環境づくり**には欠かせません。

2 ヒューマンエラーとは

事故（結果）が起こる原因は様々ありますが，それには人間の行動が深くかかわっています。事例のスノコ自体は危険源（ハザード）ではありますが，これがあるからといって必ず事故が起こるわけではありません。ここでは，虫や持ち上げることへの強い好奇心をもつ子どもの特性に対して，保育者がどのように配慮し，対策を講じているかが問われます。「危ないかも」と直感的に感じたとき，あるいは危険とわかっているときに，何も対処しないことが問題なのです。このように，人間によってつくりだされる事故の原因は，**ヒューマンエラー**とよばれています。小松原は，ヒューマンエラーを「すべきことが決まっている」ときに「すべきことをしない」，あるいは「すべきでないことをする」と定義しています[2)]。つまり，保育者が，保育環境の安全点検，危険源を遠ざける，子どもへの注意を喚起するなど「すべきことをしない」場合に生じるということです。

とくに実習では，知識・技能不足によるエラーに気をつけなければなりません。そのためには，「知らないことはしない」，「知らないことは聞く」の心がけが大切です。実習生は何が重要な情報かわからず，経験による予測も困難で，気づいたときには手遅れだったということになりかねません。

3 実習で確認しておきたいポイント

安全な環境づくりは，子どもにとって最善の利益であり，子どもの権利の保障です。

第1に生活の側面から考えると，安全で健康的で，快適な環境が大切です。安全性や快適さのチェックが必要です。活動，遊び，生活，食の各々の場面，遊具やものの配置，天候や室内の状況，細菌やウイルスからの予防など，掃除や片づけの時間などを活用し点検してみましょう。

第2に，子どもの発達の側面から考えると，子どもの特性の理解があげられます。子どもには，興味がないものは見えていない，聞こえていないということがあります。子どもの動線や子どもの身体能力とその限界は，発達の観点から注意深く把握する必要があります。こうした子どもの特性に対して，最近ではデザインからアプローチした製品も多く見られるようになりました。たとえば，絵を描くときなどに使うマーカーで，フタに通気孔が開いているものがあります。誤飲しても窒息を防ぐことができるのです。これは，誤った操作をしても事故を防ぐフールプルーフといわれるものです。

第3に，危険回避能力の養成も重要です。保育所保育指針や幼稚園教育要領にもあるように，危険を教え，幼児自らが回避するだけでなく仲間の危険にも関心を向けられるよう援助していきましょう。

最後に，危険であるという理由から大型遊具を撤去した園もあります。安全や危険の考え方や方針，事故の対応など実習園や施設によって様々です。実習園や施設の安全への対応とその考え方を確認しておきましょう。

4 危険に学ぶ

畑村は，「私たちが安全について考えたり行動するとき，多くの場合，過去にうまくいった手順を繰り返そうとしか考えていない」，それはやがて「ノウハウ」や「マニュアル」となり，「これをやっていれば大丈夫」とそれ以上考えることをやめてしまうと指摘しています[3)]。どこに危険がありどのような場合に危険な事態が起こりやすいのかを，人間の行動パターンや心の働きなども含めてトータルで見ていく「危険学」を提唱しています。

ここで注目したいことは，「どう失敗したか」，「どうして失敗したか」，「どうすれば避けられるか」がしめされた「危険地図」のようなものが必要であるという知見です。ここでの「危険地図」は，危険学を説明した比喩ですが，実際に現場のなかで危険に学んだことを組織で共有するツールとして役立てることはできます。実習でも，実習日誌に環境図を書いたときに，危険源や気づいたことを書き込んでみると後で役に立つことでしょう。

To Err is Human（人は誰でも間違える）は前提に考えなくてはいけませんが，子どもの事故は当事者である子どもだけでなく，その子を取りまくすべての人たちのその後の人生に暗い影を落とします。事故は，小さな芽（予兆）のうちに，未然に防ぐものなのです。

エピソード② ヒヤリハット事例集～実習生の体験談より～

0歳児の子を座って抱っこしていたが，急に子どもが動き出し，手から滑って頬を床に勢いよくぶつけてしまった。

1歳児のクラスに入っていたときのことです。5日目ぐらいだったのでしっかり名前と顔も覚えていました。その園では感染性胃腸炎がはやっていてアルコール消毒などしっかりとやっていました。「ハッと」した出来事は午睡の時間でのことです。1時間くらいが経ち子どもたちも深い眠りに入ったので，先生が「事務所に用事があるから少しの間，見ててもらっていいかな？」と言われました。私は子どもたちの寝ている部屋で，頼まれた作業をしながら子どもたちの様子を見ていました。少しすると一人の女の子が咳を何度かした後に吐いてしまいました。私はどうしていいかわからず，すぐに保育室を出て事務所にいる先生に「もどしてしまいました」と伝えました。先生は「誰が？」と聞いたのですが，私は伝えなきゃという気持ちとどうしてよいかわからない状態だったので焦るだけで，誰だったのかわからず伝えられませんでした。先生は一緒に保育室に戻り対応してくださり，どういう対処をするべきか（窓を開ける・手袋をしてアルコール消毒・汚れた布団は保育園で洗うと感染が広がることがあるので持ち帰るなど）教えてくださいましたが，冷静さを失っている自分を情けなく思いました。もう少し先々のことを考えたりして，もしものときに動けるようにしておきたいと思いました。この経験をしたことで次に起きたときは誰がどういう状況でということや，まわりにいた子へは離れるように「こっちの方でブロック遊びをしようね」と声をかけることができました。経験も大切ですが，けがなどの対処は経験とはいっていられないので，少しでも自分で考え配慮していきたいなと思いました。

合同保育の時です。私が部屋の角に座って1歳（なりたて）の女の子をひざに乗せている時，急に2歳（8か月）の活発な男の子が背中から（横から？）抱きついてきて，その勢いで前に倒れそうになり，女の子をつぶしてしまいそうになってしまいました。後から先生にも注意されてしまいました。

保護者懇談会の間，2歳児と私と時間外保育士の方と大きなつみ木を使って遊んでいました。つみ木をきれいにつなげて並べ，その上に子どもが乗り，端と端からスタートしてじゃんけんをするというゲームをしていました。子どもたちも盛りあがっている様子で，つみ木の上をバランスをとりながら走っていました。その時，「ドン」という音がして目を向けてみると，Aくんが頭を押さえながらあおむけになって泣いていました。きっとつみ木がくずれてAくんは滑って頭を床に打ってしまったのだと思います。その場面を私も保育士も見ていませんでした。大きなケガにはならなかったものの，危険がとなり合わせであることを忘れずに，遊びの環境設定を考えなければならないと感じました。

外遊びの時間に，3歳児の男の子がホッピングを持って私の所へ来て，「これやるからここ押さえてて」と言った。私は言われたとおりにホッピングを押さえていたが，その子がホッピングに乗り，跳び始めたので，「もう手を離しても大丈夫だろう。むしろ，おさえている状態のほうが不安定で危ないのでは」と思い，急に押さえていた手を離してしまった。ところが，私が手を離した途端に男の子は転んで，ひざを軽くすりむいてしまった。私が3歳児の子どもの運動能力を理解していなかったこと，子どもに「手を離してもいいの？」などと確認せず独断で行動したことが原因だと反省した。笑いながら「先生，離しちゃだめじゃん！」と言う男の子に，私が何度も謝っていると，「許してあげる」とその男の子は笑って許してくれた。

園外保育で散歩をするときに，歩道で4歳の女の子がお店の看板にぶつかって，看板が倒れかけた。一緒に手をつないでいた5歳の男の子と一緒に看板を支えた。

5歳児クラスに入って1日目，男の子が笑顔で寄ってきて手をつないだまではよかったのですが，いきなりくるっと回ろうとして，私は対応しきれずその男の子は床に頭を打ちつけてしまいました。すぐに先生に伝え，対応をお願いしました。きっとなかよくなりたくて来てくれたと思うけれど，予測のつかない行動で，体も大きな5歳児だったので防ぐことができませんでした。幸い，大きなけがにはつながらず，その後もなついてくれましたが，ヒヤリ……でした。

5歳児クラスに入り，外で鉄棒をして遊んでいたときのことです。Cくんは鉄棒が得意らしく「おれ，鉄棒の上に座れるんだ！先生見ててよ！」と自信満々に言って鉄棒に座りました。私はよく5歳の子どもが鉄棒に座っているのを見ていたので，少し注意しつつも「すごいね！」とほめ，Cくんと話をしていました。すると，Dくんが「おれもできる！」とCくんの隣にきて鉄棒に座ろうとしました。しかし，そのとき，Dくんの手がCくんの手にぶつかり，Cくんは鉄棒から落ちそうになってしまいました。Cくんの隣にいたのですぐ支えることができましたが，想定外のことでとても驚きました。2人には，鉄棒をするときの友だちとの距離を教えましたが，バランス感覚がまだあまりない子でも無茶をするので，気をつけてみてあげたいです。

5歳児クラスでのことです。その日は，大きな公園に乳児から幼児4クラスで遊びに行きました。前日は雨で地面（土）が滑りやすくなっていました。その日は5歳児クラスを担当していて，担任の先生に「危ないときには子どもたちに声かけしてあげてね」と言われていました。木登りのアスレチック（高さ1m70cm）で遊ぶ5歳児の女の子が手を離し立って歩こうとしたので「今日は土が滑りやすいから気をつけてね」と声をかけた瞬間，滑って落下しそうになりました。とっさに手をつかみ女の子にケガは無かったのですが，ヒヤリとしました。

ドア（スライド式）の開け閉めの際，手を挟みそうになっていた。子どもたちは両側から出ようとするので危なかったです。

乳児院で，散歩から帰ってきたときに2歳の女の子をバギーからおろしベンチに座らせました。ほんの一瞬目を離したら落ちてしまっていた。けがをしてないかヒヤリとした。考えなおしてみると，バギーにまだ残っていた子が（手をはさまれケガをすることがある）ストッパーで遊んでいた。そちらに気をとられてしまった。

施設の朝のミーティングで報告されたヒヤリハットは，利用者さんにアレルギー反応のある材料を含む食事を提供してしまったことでした。

利用者の転倒時，支えられず，一緒に倒れ，下敷きになる。筋力が足りなかった。

ある日の排泄介助の後，ほかの学校の実習生がベッドの棚を上げ忘れてしまった。すぐに近くにいた職員が気づき事故にはならなかった。この施設では棚を上げ，柵をひもでしっかり結ぶ決まりがある。利用者さんが柵を大きく揺さぶると下がってしまい落下事故につながることがあるからである。今回事故にはならなかったからよかったけれども，一つのミスが大きな事故につながるおそれがある。一つひとつの介助を丁寧に，気を抜かず行わなければならない。

施設の利用者さんは，施設を飛び出してしまうことがあるので気をつけて見ているようにと言われていました。一時入所をしていたＡさんも，時々外に出てしまうということで，玄関や通用口の鍵はなるべく閉めておくことになっていました。活動がなく，利用者さんが自由に過ごしているとき，2階からおりてきた男性スタッフの方が，「今，女性一人外に出ました」と言って外に出た人を追いかけました。それはＡさんでした。2階からちょうど降りてきたスタッフが目撃したため，すぐに追いかけることができたので施設敷地内からは外に出ていなくてよかったのですが，もし誰も気づいていなかったらと思いました。私もＡさんが外に出るかもしれないことを知りながら，注意してＡさんの行動を見ていなかったので反省しました。

私が実習中に一番ヒヤリとしたのは利用者さんの入浴介助の時です。正確に言うと，入浴する前の準備段階です。施設では，15：10から入浴開始なのですが，早めに行って準備しようと思い，10分前にお風呂場へ行き電気をつけ，洗面用具の準備をしていました。すると，外で利用者さんが数人待っていて，あと5分くらいで入浴開始だから脱衣場に入って待っていてもらおうと思い利用者さんを中に入れました。自分のなかでは，職員の方が来るまで利用者さんは静かに待ってくれるだろうという想定しかできず，脱衣場に入るとすぐに服を脱いで入浴しようとする利用者さん（Ｋさん）の存在をまったく忘れていました。全員がそのような行動をするわけではないのですが，Ｋさんという利用者さんはきちんと見ていないとお風呂場で転倒してしまう恐れがあったので，とても焦りました。その時は入浴開始前で，一人で数人の利用者さんに対応していたので，もうどうしてよいかわからず，職員の方を呼びました。結果的には何も起こらずにすんだのですが，自分の考えの甘さが許せませんでした。いろいろな場面での危険予測をしなければならないと強く感じました。何か起きてからでは遅いので，自分の行動に責任をもちたいと思いました。今回の出来事をまねいたのは自分自身でした。積極的に行動しようという気持ちが強すぎて空回りしました。実習生という立場をわきまえながら，わからないことなどはきちんと聞き，自分だけの甘い予測だけで行動しないように心がけたいと思いました。

まとめてみよう―ヒヤリハット体験

上記のような，実習中にあなたが出会った「ヒヤリ」としたり「ハッ」とする行動・出来事についてのエピソードを書きだしてみましょう。

＊エピソードは，いつ，どこで，だれが，どのように，どうしたかを明示してください。また，なぜ，そうなったのかの原因が推測できる場合は記入してください。

＊出来事は，あなたの行動だけでなく，他人の行動を見たり聞いたりしたことでもかまいません。

引用文献

1）畑村洋太郎『失敗学実践講義：だから失敗は繰り返される』講談社，2006，pp. 39-40

2）小松原明哲『ヒューマンエラー』（第2版）丸善，2008，pp. 5-6

3）畑村洋太郎『危険学のすすめ：ドアプロジェクトに学ぶ』講談社，2006，pp. 14-25

5. 疾病予防・アレルギーへの配慮

1 疾病予防

実習前には様々な事柄に対する注意が必要ですが，そのなかで**疾病予防**（しっぺい）とはどのような意味をもつのでしょうか。疾病とは，疾患ともいいますが，ようするに病気のことです。病気には多数のものがあります。大人も病気をしますが，大人がかかる病気と子どもがかかる病気は少しその様子が違います。子どもでは病原体の侵入による感染症が重要です。予防とは病気にかからないようにするという意味ですが，実習前に心がけなければならない疾病予防とは，**様々な感染症にかからない**，そして**人にうつさない**ということを意味しています。

種々の病原体が進入してきて，体がそれに対して反応する過程のなかでしめす表現を症状といい様々なものがありますが，病原体の数だけ感染症にも種類があります。子どもは多くの病原体をそれぞれ経験している最中なので，症状が出てくる回数が多いことになります。大人も年に何回か風邪症状をしめすことが普通であろうと思います。風邪というのは，急性上気道炎ですが，実に多数のウイルスが同じような症状を引き起こします。大人でもすべてのウイルスに対しては，十分な免疫がついているわけではないために，年に何回か風邪をひくのです。一方でしっかりと経験した病原体に対しては，すでに免疫状態になっているため，たとえその病原体が体に進入してきたとしても，明らかな症状とならず，したがって進入された（感染した）ことに気づかないことすらあります。しかし，その病原体に未経験な人には，濃厚な接触によってうつすことがあります。実習の間は，子どもたちとの密な接触が日常的に行われます。細心の注意を払って，子どもたちに感染症をうつすことのないようにしなければなりません。

01 細菌検査

保育実習に際して，検便を行います。人間の便の中には無数の細菌が共存しています。ときにそれらの細菌の中で，病原性をもつものが知らないうちに増えていることがあります。便の検査（**細菌検査**）で調べる菌は，**赤痢菌**，**チフス菌**，**病原性大腸菌**（**とくにO-157**）です。これらの菌に感染すると，多くの場合は大人でも下痢症状を起こします。なかには症状が軽くてあまり意識をしなかったけれど，実は便中に菌を排出しているという場合があります。そうすると，人へうつす可能性がでてきます。本人は気づかないような軽い症状でも，子ども，とくに乳幼児では重い症状となることもあるため，病原性をしめす細菌が便中にいないことはしっかりと確かめておく必要があります。このように細菌検査はとても重要な意味がありますので，実習の前に必ず検査の結果が出ていなければなりません。

02　日頃の注意

多くの感染症は，手指に病原体がついていると，あちこちらを触ることで環境中に広がり，それが口の中に入ることでうつっていきます。これを**経口（けいこう）感染**といいます。また，せきやくしゃみをすることで，微細な飛沫が空気中に飛び散り，その粒子を吸いこむことで感染します。これを**飛沫（ひまつ）感染**といいます。さらに，病原体が空気中に漂っている微粒子に付着して，または病原体そのものが浮遊して，それを吸いこむことで感染します。これを**空気感染**といいます。

このように直接触れることから吸いこむことまで感染のルートは複数ありますが，それらを防ぐためには（人にうつさないようにするためには）**よく手を洗うこと，うがいをすること**，これにつきます。うがいは頻繁にしなければ意味がありません。少なくとも朝，昼，夕方と行うようにし，とくにトイレの後の手洗いは十分にしなければなりません。

実習前から自分自身の体調管理は普段以上に気をつけておく必要があります。たとえばインフルエンザの流行期には，自分自身の体温測定も毎日行い，体温の上昇に注意を払いましょう。また，これまでどのような予防接種を受けているかの再確認が必要です。予防接種で防げるはずの感染症にかかって，それをまた子どもたちにうつすことがないように配慮が必要です。

2　アレルギーへの配慮

アレルギー性の疾患は，子どもたちの間で珍しいものではなく，なんらかのアレルギー疾患は 10 人に 1 人以上見られます。乳幼児で多いアレルギー疾患は，食物アレルギー，アトピー性皮膚炎，そして気管支喘息（ぜんそく）です。実習中に接する子どもたちに，このような疾患がある場合，どのように接していけばよいのか，あらかじめそれらの疾患に関して一定の知識が必要でしょう。

01　食物アレルギー

厚生労働省の研究班による**食物アレルギー**の定義は以下のようです。

「原因食物を摂取した後に免疫学的機序を介して生体にとって不利益な症状（皮膚，粘膜，消化器，呼吸器，アナフィラキシーなど）が惹起（じゃっき）される現象」[1)]

この免疫学的機序という部分は多くの場合，その食物中の抗原に対して特異IgE抗体(免疫グロブリンの一種で，即時型アレルギー反応のとき，抗原と結合していろいろな症状を引き起こす）をもっていることで証明されます。同じ食物を摂取すると，ほぼ同じ症状が出てくる場合には，検査をしなくても一応その食物に対してアレルギー反応をしめしていると解釈できます。症状のうちで一番問題となるものは，**アナフィラキシー**と呼ばれるものです。これはじんましんが出るとか，皮膚が赤くなる，という皮膚の症状，そしてせきが出る，あるいは声がかすれる，息が苦しいというような呼吸器の症状が同時に出る，つまり，体の二つの臓器に同時に症状が出る場合をいいます。皮膚と呼吸器の組み合わせもあれば，消化器（腹痛や下痢，嘔吐（おうと）など）と呼吸器の組み合わせもあります。そのアナフィラキシーの最重症のものは，血圧が下がり意識ももうろうとしてくる**アナフィラキシーショック**といわれるものです。

保育所や幼稚園では，通園している子どもたちのなかで，どの子が食物アレルギーをもっているかはあらかじめわかっていることが多いので，園での食事やおやつのときに，一定の注意をするよう，実習のときには指導されると思います。それを確実に守る必要がありますが，少なくともどの食物に対して反応するのか，反応があるためにいわゆる**除去食**をどの程度行っているのか，指導の先生の指示をしっかりと守ることが必要です。個々の例で，除去食の程度も違います。完全除去から部分除去まで様々ですので，指示を受けた場合，その内容を十分に把握しておくことが重要です。

02　アトピー性皮膚炎

アトピー性皮膚炎は，ともかくかゆいのが特徴です。かゆみという感覚は，かくことによってますます強まります。物事に集中していると忘れていますが，何かの拍子に感じると無意識にかき，それが次のかゆみを引き起こします。かくことを止められればよいのですが，制止することはほぼ不可能です。しかし，ある程度かいたところで気をそらすようにしむけることは可能です。また，かゆい場所を冷やすと一時的にかゆみがおさまります。

03　気管支喘息（ぜんそく）

気管支喘息は，急にせきが出たり，ヒューヒューと喘鳴（ぜんめい）が聞こえ，息をすることが苦しい発作をしめします。そのような発作は，運動をすることで明らかになることがよくあります。しかし，それに対して運動をさせないという対応をするのではなく，その子の状態にあった運動をさせるというように考えるのがよいでしょう。もしも息が苦しい発作が出たときには，それまでの行動をいったん中断させ，座らせ，少量の水を与え，息を効率よく吐けるようにリズムをとってあげることがよいでしょう。また，すぐに指導の先生に状況を伝える必要があります。

引用文献

1）主任研究者 海老澤元宏 国立病院機構相模原病院臨床研究センターアレルギー性疾患研究部「食物アレルギーの診療の手引き2008」厚生労働科学研究費補助金 免疫アレルギー疾患予防・治療研究事業 アレルギー性疾患の発症・進展・重症化の予防に関する研究

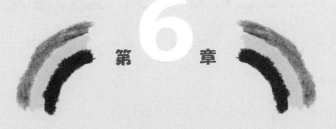

第6章

子どもとのかかわり

1. 子どもとかかわり，遊びを理解する

1 保育における遊び

エピソード① ジョウロで水やり

7月，テラスでの水遊びでのこと。2歳児のA男は小さなジョウロにタライの水を入れては，うれしそうに花に水をやっている。

タライに水が半分程度入っているときは，ジョウロを少し横にすると，ある程度の水が入った。しかし，タライの水が少なくなり，ジョウロを横にしてもあまり水が入らない。ジョウロを横にする角度をいろいろと変えているが，やはり水は入らない。A男はB子がプリンカップでジョウロに水を入れている様子を見て，プリンカップを使い始める。この間，一言も話さず，保育者を探すこともなく黙々としている。ジョウロに少し水が入り，走って花に水をやりに行く。

タライに戻ってくると，再びプリンカップを使い始めたが，500ccのペットボトルがあることに気がつく。すると，今度はペットボトルにプリンカップで水を入れ始める。そして，ペットボトルに少し水が入ると，それをジョウロに移していた。

A男は花とタライの間を忙しそうに行ったり来たりしていました。花に水をやりたかったのか，単にジョウロを使いたかっただけなのかはわかりませんが，いずれにしても何とかしてジョウロに水を入れようと一生懸命でした。

2歳児に，「少なくなったタライの水をジョウロに入れる方法を考えましょう」と言っても難しいことでしょう。では，A男はなぜこれほどまでに夢中で試行錯誤ができたのでしょう。それは，A男がジョウロに水を入れたかったからです。環境に自らかかわり，そのなかで「ジョウロに水を入れたい」という目的をもったからです。保育のなかでは，このような自発的な活動としての遊びをとても大切にしています。自ら興味をもち，目的をもち遊ぶなかで結果として多くの学びを得ると考えられるためです。

2 遊び場面のエピソード記録から考えましょう

実習中は子どもとかかわる貴重な機会です。養成校の授業でどれほど写真や映像を見たとしても，先生から話を聞いたとしても，子どもたちの遊びの世界を実感することは難しいでしょう。だからこそ，目の前で繰り広げられる遊びの世界をたっぷりと感じてきてほしいと思います。実習生のエピソード記録から具体的に考えていきましょう。

エピソード② まん丸の泥団子

4歳児Cちゃんと D ちゃんが泥団子を作った。C ちゃんは丸く固めることが難しい様子で，手際よく進める D ちゃんの様子を時々見ている。私はその様子を見て，私が途中まで作った泥団子を見せながら「これ，いる？」と聞いた。すると，C ちゃんは首を横に振り受けとらなかった。

この実習生は C ちゃんや D ちゃんとかかわって一緒に泥団子を作ったからこそ，うまく作ることができない C ちゃんのせつない思いを傍らで感じたと考えられます。そして「これ，いる？」と，思わず声が出たのでしょう。しかし，C ちゃんはきっぱりと断ります。この後，もちろん実習生は C ちゃんの気持ちを受けとめ，励ましていきます。実習生はエピソードの考察として，C ちゃんの「自分で作りたい」という思いの強さを感じたと書いています。そして思わず言った「これ，いる？」という援助の妥当性についても触れていました。

それに対して担任の先生からは，「泥団子作りは楽しかったですか？　お姉さん先生と一緒に作ることができ，応援してもらいうれしかったことでしょう。結果ではなくがんばる姿をしっかり言葉にして認めていきたいですね」とのコメントがありました。実習生は子どもとかかわったからこそ泥団子作りの楽しさや難しさを感じることができました。さらに，C ちゃんのせつなさや，あきらめない思いの強さもその場で実感することができました。そして，担任の先生からのコメントで，子どもと一緒の場で一緒の行為をすることの意味にも気づいたのです。

エピソード③ 何して遊ぼう

遊びの時間に 5 歳児の E ちゃんが園庭で一人でいた。しばらく様子を見ていたが，いつまでも何もしないでいたので，「E ちゃん，一緒に遊ぶ？」と声をかけた。「うん」と返事があったが，何をするかは決まらない。私が落ちていた枝で地面に絵を描きだすと，E ちゃんも楽しそうに描き始めた。二人でしばらく絵を描いて遊んだ。

E ちゃんは，実習生が「ぶらんこ，する？」と言っても，「鬼ごっこに入る？」と言っても浮かない表情でした。なかなか遊びだせない E ちゃんの気持ちがわからず困っていた実習生でしたが，その時，E ちゃんが保育室でよく絵を描いていることを思い出したそうです。遊びの提案をしてもなかなか E ちゃんの気持ちに添うことができなかったので，誘わずに一人で描き始めてみました。すると，状況が一変し，楽しい時間を過ごせたということでした。

実習生の考察には，担任の先生がいつも子どもの気持ちや興味を大切にしていることに言及し，自分もまねしてみたとありました。それが，無理に遊びに誘わない援助や，Eちゃんが好きな「絵を描く」ことを始めた理由だったと振り返っています。Eちゃんと丁寧にかかわったことで，遊び出せないEちゃんの気持ちを感じ，とまどいながらもその気持ちに添うことで，Eちゃんの好きな「絵を描く」遊びを見いだしたのです。

このように，**子どもとかかわりながら感じたり考えたりすること**，そして，**感じたり考えたりしながらかかわること**を繰り返し実習で経験してきてください。それをエピソード記録に記し，その時の思いや迷いを考察として整理しましょう。そうすることで，一人一人の個別の理解や遊びの理解が少しずつ進み，翌日のかかわりにいかされていくことでしょう。

3 子どもの遊びにかかわるときは

今まで述べたように，積極的にかかわることで理解できることはたくさんあります。同時に，いかなるときも子どもにとってはかけがえのない大事なひとときを過ごしているのです。どのようにかかわるかについては，子どもの気持ちに思いをめぐらせ考えることが必要です。

01　一呼吸置いてから「何してるの？」

砂場で遊んでいた子どもに「何してるの？」と聞いた実習生がいました。「お山」と子どもが答えると，「ふ〜ん，そうなんだ」と言っただけで，次の言葉もなく離れていきました。一言だけ言葉を交わしていなくなった実習生に対して，子どもはどう思ったのでしょう。何でもかんでも「何してるの？」と唐突に聞かずに，まずは様子を見ましょう。あなたが声をかけることで，子どもがせっかく夢中になっていることをやめてしまうかもしれません。聞くのであれば，一呼吸置いてから声をかけてみてください。

「白砂がかかっている！」「うん。白砂集めたの」「どこで？」「あっち」，などと**子どもとの対話**や**遊びのきっかけ**となるような「何してるの？」であるといいですね。

02　遊びの状況を理解しながら「入れて」

二人の男児がレールの遊具を組み合わせながら，遊び始めました。「ここ，駅にする？」「うん，じゃあこっちは分かれ道ね」「いいね」などと受けとめ合いながら二人の世界が構築されつつあります。その時，実習生が大きな声で「入れて」と言いました。二人は一瞬顔を見合わせ，「いいよ」と言います。3人で遊び始めましたが，そこまであった穏やかな二人の世界とは違う雰囲気になっていきました。

「積極的に遊びにかかわること」と「無造作に遊びに踏み込むこと」とは違います。ここでも，やはり一呼吸置きタイミングを計ってから「入れて」と言うことが必要でしょう。そばで見ていると様子がわかりますし，「一緒にやる？」と誘われるかもしれませんね。

03　子どもの思いを理解しながら「〇〇しよう」

3歳児の2月のこと，実習生は数人の子どもに誘われて氷鬼を始めました。次第に人数が増えてきて，子どもたちは歓声をあげ走りまわっています。鬼役の子どもにタッチされても逃げたり，遠くまで逃げたりする子どももいます。実習生は何度も何度もルールの確認をしようとしますが，集まることさえ難しい状況になっていきました。

この日の保育後，実習生は担任の先生に質問しました。すると，先生は「あの子たち，何が楽しかったのかしらね」と，子どもが何を楽しんでいたかについて笑顔で話してくれたそうです。ルールを守らないといけないと考えていた実習生は，先生の言葉にはっとしました。子どものその時々の思いを受けとめながら，遊びを柔軟に考える必要があることに気がついたのです。

子どもたちの気持ちを理解することはとても難しいことです。この実習生はルールの確認や守ることへの援助に夢中でしたが，子どもたちがルールではなく友だちと走る楽しさを感じていたことはわかっていました。それは，かかわったからです。かかわったからこそ，3 歳児の遊びの楽しさが流動的なことや，その際の援助の難しさを実感したのです。

「**保育は子ども理解に始まり子ども理解に終わる**」と繰り返し言われています。実習生も保育者と同様に，保育に参加する以上はこうした意識をもつことが必要です。ここで学んだことを心に留め，実習園の先生方のご指導をいただきながら，ぜひ子どもたちにかかわり，かかわることを通して保育における遊びを体験してきてください。

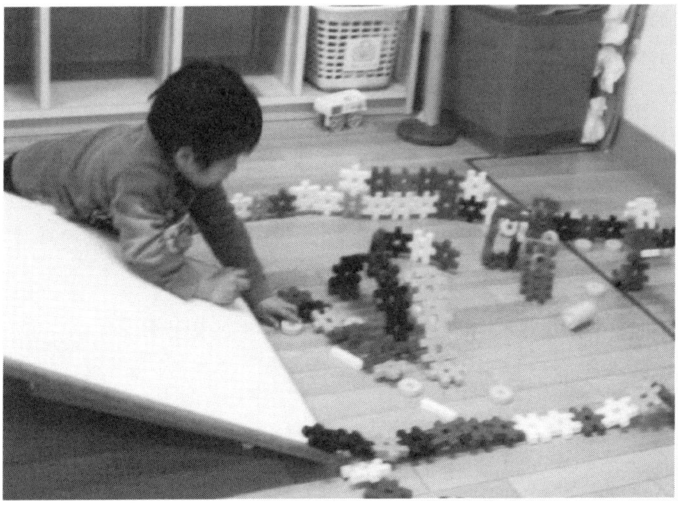

2. 実習記録の基本

私たちは，なぜ観察し，記録するのでしょうか。保育者として働くうえでとても重要なことですので，実習記録を書く前に基本的なことを確認しておきましょう。

1 なぜ観察するのか

保育をするうえで子どもを観察するのは，第１に「**安全と健康**」のためです。安全については，危険・ハザードを意識して「観る」ということです。保育環境や子どもが活動する動線を確認し，子どもの特性による危険を想定することが大切です。安全マップを作成し，それに観察したことを書き込んで，安全への配慮について考察してみるのもよいでしょう。健康については，子どもの健康状態をよく観ること（**視診**）が大切です。もし，子どもの異変に気づいたら，すぐに保育者に伝え，対処を学びましょう。

２点目は，「**発達のプロセス**」をとらえるためです。養成校で事前に学んだ事柄を実際に観た保育場面につなげて考えることによって，発達の理解が深まります。ルーブリック「発達の理解」の項目で，実習生が着目している場面は次のようなものです。たとえば，ルールのある遊び，友達とのかかわり，遊び方，子どもの言葉，物の貸し借り，物の取り合い，食の場面，はさみで切ること・指先の器用さなどに着目したエピソードが多くあげられています。このような場面に着目することで，観察に役立てることができます。

３点目は，「**アセスメント（事前評価）**」です。ルーブリック「発達の理解」の項目では，実習生は年齢の違いを「できること」に着目して理解していました。発達プロセスにおいて，目の前の子どもがどのようなことができ，どのようなことを考えているのか，何に挑戦しているのかなどをとらえ，子どもの評価とその手がかりを集めることが大切です。

2 なぜ記録するのか

では，なぜ記録する必要があるのでしょうか。記録の一番重要な役割は，**記憶し保存すること**です。記憶は時間とともに曖昧になり，忘れていきます。メモしたものも記憶が新しいうちに，記録に残しておきましょう。そして，**記録を共有**することで，**組織（共同体）の記憶**にすることができます。「わたしの記憶」が「みんなの記憶」になるのです。

２つ目は，**発見するため**です。記録からは，①その子ども（利用者）の興味・関心を探し当てることができる，②その子ども（利用者）の成長・変化・学び方が理解できる，③保育行為（方法）を振り返ることができる，といった発見が生まれます。発見が生まれやすくなるのは，**比較してみる**ことです。一日だけではなく連続して日々，記録することで，前の日の出来事（情報）と今日の出来事（情報）との比較ができます。様々な条件の違いで違った側面を発見することができるのです。

3つ目は，**活用するため**です。記録をもとに，①**援助・指導**を考える，②学びを**広げ発展**させる，③**指導計画**を作る（**事前評価**），④**証拠**を提供する，などに活用できます。実習では，自分自身が保育を実践するうえで役立てることができます。とくに部分実習や責任実習を準備するうえでは，年齢ごとの子どもの動き・様子，保育者の援助，環境構成，言葉がけなどの記録には，**ヒント**がたくさん含まれています。あなたの記録が**あなた自身の教科書**になるのです。また，**職員間**で記録をもとに**共有**したり，話し合ったり，次の実践や計画を立てたりするときに，記録したものが役立ちます。記録をもとに**子どもや保護者とのコミュニケーション**も生まれます。虐待や事故・トラブルを伝える**証拠**となることもあります。

3 時系列で記録してみよう

実習は，まず**保育者の「まね」**から入ります。たとえば，あなたが明日，担任の代わりにクラスを任されたら，何を観察し何を書き留めますか？　担任保育者は，「時間に沿って何をしていたかな，どんなことに配慮していたかな，どの子にどういう意図で言葉がけをしていたかな」など，まねするには書き留めておかなければならない点があるはずです。そこからまずは始めてみるとよいでしょう。

時系列記録は，一日の生活の流れを時系列に沿って書き留めていきます。実習生は時間の流れに沿って観察したものを記録しますが，「子どもの活動」や「保育者の援助」「実習生の動き」のように**分け整理して書く**と，**それぞれの動きが焦点化**され，年齢による活動の違いや，複数の保育者の動き・役割の違いなど**各々の行為を考察する**ことができます。

また，「子どもの活動」がどのような「保育者の援助」によって促進されているのかといった**関係性を考察する**こともできます。実習生が子どもにかかわったのであれば，「実習生の動き」に記入できますし，観察によって気づきが生じた場合には，気づきを書くことができます。「子どもの活動」や「保育者の援助」にも気づきや環境図などを書き込むことができます。施設実習の時系列記録では「利用者の動き」「支援員の援助」「実習生の動き」などを記録することで，児童福祉施設の生活を細部にわたって理解し，自身の保育実践に役立てることができます。

<table>
<tr><td colspan="2">月　　日（ ）</td><td>天気（気温）
（　　℃）</td><td colspan="2">歳児　　　　組
男児　　名、女児　　名　　合計　　名</td></tr>
<tr><td>実習目標</td><td colspan="4">・
・
・</td></tr>
<tr><td>時　間</td><td colspan="2">子どもの活動（環境）</td><td>保育者の援助（環境）</td><td>実習生の動き</td></tr>
<tr><td></td><td colspan="2"></td><td></td><td></td></tr>
</table>

時系列記録と言っても，観察したことをすべて書くことはできませんし，すべてを記録する必要はありません。むしろ，**要点をしぼって簡潔に**書くように心がけてください。それには，その日の**実習目標から**最低限，何を書くべきかを考えることが大切です。たとえ

ば，「○歳児クラスの一日の流れを知る」という実習目標であれば，この記録を読み返したときに，一日の流れに沿ってどのような活動や保育が行われていたのか，保育室の環境はどのように変化していったのかがわかるような記録を書く必要があります。「保育者のかかわりを知る」ことが実習目標に入っていれば，「保育者の援助」の記入欄が充実していないといけません。気づきを書き込んだり，保育者の意図を確認したりして，考察の記入欄もこの点に着目してまとめるとよいでしょう。「園外保育の様子を知る」ことが実習目標に入っていれば，園外へ移動する際に注意すべき事柄・安全への配慮・保育者の援助，園外での子どもの動きの特徴などを記録する必要があります。このように，実習目標に応じて最低限，何を書くのかを意識しておくと，ポイントをしぼって書くことができます。

4 ルーブリックにひもづくエピソード記録を書いてみよう

エピソード記録は，子ども（利用者）やその生活に関与するなかで，実習生の関心に応じてとらえた意識体験をエピソード（逸話）として記録する方法です。詳細は，p.158〜161を参照してください。ここでは，ルーブリック型エピソード記録について触れておきます。ルーブリック型エピソード記録では，二つのアプローチが可能です。一つ目は，**ルーブリックの観点から**エピソードを書きます。その場面に当てはまる出来事を探していくというものです。もう一つは，**感じるもの**を書くということです。感じたままに，その出来事をとらえ，記録し，後にそのエピソードがルーブリックのどの評価観点に当てはまっているかを振り返ることです。ルーブリック型エピソード記録での，二つのアプローチに慣れてくれば，保育ドキュメンテーション（主に写真と文字データによる記録）も書きやすくなります。エピソード事例（p.20〜29）を参考にし，作成してみてください。

5 一日を振り返り，書き留めておこう

一日の実習が終わったら，「一日の振り返り」を書きます。一日の振り返りは，単なる感想ではなく，その日の実習目標に対する実習全般にかかわる振り返り（省察）と，翌日以降に向けた課題を書きます。ここから，翌日の実習目標が生まれることもあります。

6 自分の実習に役立つものを記録してみよう

上記以外にも，反省会での記録や環境図だけを取り出して時間別に並べた記録，いつも行われる作業工程，子ども（利用者）からもらった製作物（写真やその時のコメント）など，自分の実習に役立つ記録を保存しておきましょう。また，ルーブリックの中間自己評価票（中間反省会）や中間レポート，総合所感（最終レポート）などもあるとよいでしょう。総合所感は，全日程の実習が終了した段階で当初の実習目標と照らし合わせ，目標は達成できたのか，何を学んだのかなど，実習全体の振り返りを記入しましょう。

上記のように，記録の形態と特徴は様々です。**実習記録**は保育者の保育記録と違い，**保育をとらえ子どもを理解する実習（学習）方法である**ことを意識しておいてください。

3. 保育所実習記録のポイント

1 保育者が記録する意味

01 子どもに対する理解を深め，明日の保育（援助）を考える手がかりを得るため

保育者は，一日の保育を思い返して記録を書きます。書き起こすなかで，「A ちゃんは，〇〇を見ていたけれど，本当は〇〇をやりたかったのかな」と，保育中の状況を思い浮かべながらその時には気づかなかった子どもの気持ちを考えて，明日のかかわり方につなげています。記録に書き残す作業は，日々の保育を振り返ること（省察）であり，子どもに対する理解を深めるために必要不可欠なのです。

02 ほかの保育者や保護者と情報を共有するため

記録を通して，子どもの姿・保育に対する考えを保護者・同僚保育者と共有することは，子どもに対する理解を深め，より良い保育実践をつくり出すために必要不可欠です。とくにエピソード記録を通して子どもの姿をほかの保育者と共有し，子どもについての理解や援助の方法について意見交換をすることで，自分とは異なる子どもの見方や，援助の方法を知ることができます。保護者とは連絡帳を通して日々の子どもの姿とその成長，家庭での子どもの姿を共有することにより，互いに子どもに対する理解を深めることで子どもの成長・発達を支えることにつながるのです。

2 視点をもって記録しよう！――日々の実習目標を定める

実習生は，実習を通して「何を観て」「どう感じたか」を記録するとともに，自分の援助につなげるために子どもや保育者が行動する姿から「子どもの思いは何か」「保育者の意図は何か」「そこには，どのような意味があるのか」などを振り返り記録します。

実習に入る前に，これまで学んでいた年齢ごとの，子どもの発達過程や遊び，生活の仕方などを整理しておきます。そのうえで，実習が始まったら事前学習と照らし合わせ，観察やかかわりを通してとらえたことを実習日誌に記録します。**ルーブリックの観点**（p.14～15 参照）**をより深く理解し**，視点を定めて記録ができるように，01　子どもを理解する視点，02　保育者の援助を理解する視点，03　保育環境・環境構成の工夫を理解する視点をもって，実習にのぞみましょう。

01 子どもを理解する視点――子どもの姿・動きから内面（思い・考え）を探る

保育者は，子どもの育ってほしい姿を願って保育を実践しています。子どもの発達過程や興味・関心に応じた援助をするためには，子どもを理解することが重要です。子どもの表面に現れた言葉や行動，表情を通して，その奥にある気持ちや要求，考えを理解する**「内面を見る目」**を養いましょう。

加えて保育の場は，個と集団がかかわり合う場でもあります。一人ひとりの内面を理解しようとするのと同時に，複数の子どもが集まって展開している遊びにも着目してみましょう。「何に夢中になっているか」「人，もの，場にどのようにかかわっているか」「遊びの面白さは何か」「友だちと遊びを進めていくにあたり，課題やつまずいていることは何か」など，様々な視点からとらえたことを記録していきましょう。

02　保育者の援助を理解する視点――保育者の援助から意図を考える

（詳しくは p.101～104 を参照）

子どもが好きな遊びをしているからといって，ただ見ていればよいわけではありません。保育者は，子どもの遊びを理解して見守っているため，ただ傍観しているわけではないのです。保育者は意図をもって保育をしています。その意図は，一方的に意図する方向にもっていくのではなく，子どもの姿や遊びの実態をとらえて，子どもが「やってみたいな」「こうしてみよう」など，主体的に活動にかかわり，必要な体験が積み重ねられるように意図した援助や配慮を行っているのです。

保育者は子どもの思いや考えに共感したり，気持ちに寄り添ったりすることや，助言やモデルになることなど，場面に応じて様々な役割を担い，援助や配慮を行っています。保育者の表情や醸し出す雰囲気，声のトーンや立ち居ふるまいなどから，その援助のあり方をとらえて記録します。目の前の子どもにとって必要な声・言葉のかけ方や見守り方，かかわり方，子どもと教材の出会わせ方など保育者の姿と照らし合わせながら記録します。記録をするなかで理解することが難しかった保育者の意図については質問をしてみましょう。自分の援助や留意点につながっていきます。そして，このことが指導計画作成にもつながると理解しておきましょう。

03　保育環境・環境構成の工夫を理解する視点

子どもが生活や遊びを通して，必要な経験を積み重ねて成長していくために，保育者は発達の道筋を見通して，子どもの育ちに必要な価値のある保育環境を検討し，環境構成の工夫をしています。

環境が単に存在するだけでは，必ずしも子どもの発達を促すものになるとは限りません。子どもが環境と出会うことで，それにどのような意味があるのかを見いだし，興味・関心を抱いてかかわろうとしているのかを理解する必要があります。加えて，その環境が子どもにとって「身近な環境」であるか，「繰り返しかかわることができる環境」であるか，などについても考えて保育環境が整えられているのです。

「子どもの興味・関心のきっかけとなる季節の自然物や絵本を手に取りやすいように配置する」，「素材や材料を子どもが扱いやすいように適切な大きさに整える」，「種類ごとに整理して取り出しやすいように準備をする」などの工夫がなされているでしょう。

また，生活面では安心・安全に配慮して環境を整え，年齢に応じて必要なことを自分で行えるようにするための環境を構成しています。子どもの目線に配慮した掲示物や飾っているもの，棚や教材の配置，表示の仕方，教材の準備の仕方など，年齢に応じた適切な環境構成の工夫と，保育者の意図をとらえ，記録してみましょう。そして，環境構成に関する自分の考えを深め，考察したことを指導計画作成につなげていきましょう。

3 書き方のポイント──誰が読んでも情景が浮かぶ記録になるように

記録の方法は様々ですが，ここでは保育所保育における，01　時系列記録，02　エピソード記録，03　一日の振り返りに焦点を当て，具体的な書き方について触れていきます。

> ⬜ 01　**時系列記録➡クラス全体の一日の流れや動きをとらえる記録。**
> ⬜ 02　**エピソード記録➡とくに心に残ったエピソードを詳細に記録する。エピソードに見られる子どもの心の動きや保育者の援助の意図を考慮して探ることができる記録。** ✎⬜（※詳細は p.158～161 参照）
> ⬜ 03　**一日の振り返り➡一日の目標に対する振り返り（達成できたこと・できなかったこと）を整理して記入し，今後（明日へ）の課題を見出す。保育者の助言から学んだこと・保育者への質問を記録。**

✱ 01　時系列記録を書く

時系列記録は，一日の流れに沿って記録します。

> ①時間：活動が切り替わるところで時間を記入する。（おおむね 10～15 分程度の間）
> ②環境：活動の場面が転換するところなどで環境図を記入する。（工夫している道具や準備の仕方などは，絵や説明を記入する。）
> ③子どもの活動：主語は子ども。「子どもが～する」となるように現在形で記入する。
> ④保育士の援助：子どもに対する保育者の援助を「保育者が～する」となるよう現在形で記入する。
> ⑤実習生の動き：子どもの活動に配慮しながら，どのように行動したのか，何に気づいて考えたのかを記入する。
> ※活動の見出しに◎や○を付す。
> 　③④⑤に対して，実習生が「気づいたこと・考えたこと」には☆印をつける。

時系列記録では流れに沿って動きを書きますが，そのなかで実習生が**何に気づいて考えたのか**を書くことが大切です。「気づいたこと・考えたこと」はスペースが限られているため，目標に対する気づきや考え，とくに着目した点を記録します。より詳細な記録は，エピソード記録にまとめます。p.158～161 を参考に，誰が読んでも情景が浮かぶようなエピソード記録としましょう。時系列で記録する時は，以下のように簡潔に書きます。

> （例）子どもの活動　　○砂場で遊ぶ。
> 　☆砂で作った山から川を流すために，友だち同士で力を合わせ，雨どいやビールケースなどを使って声をかけ合い，工夫して遊んでいる様子が見られた。年長児は互いのイメージを伝え合い，同じ目的に向かって遊びを進めることができるのだと考えた。

マークや絵などは書かない

○月○日（ ○ ）	天気（気温）	晴れ（20℃）	3歳児 ○○ 組 男児 ○名・女児 ○名 計 ○ 名
実習目標	・子どもの主体的な遊びを引き出す保育者の援助を学ぶ。		

※記録は目標に対して情報を整理して書きます

①時間	③子どもの活動	④保育士の援助	⑤実習生の動き
8：30	◎順次登園をする ○挨拶をする ○手洗い・身支度をする ☆実習生から挨拶をされると，黙ってじっと見ている子がいた。実習生は知らない人なので，声のかけ方に配慮しなければいけないと考えた。	・挨拶をし，温かく迎え入れる。 ☆子どもたちの健康観察をしながら，笑顔で迎え入れていた。自分で身支度ができるように見守り，必要に応じて自分でできるような声をかけていた。	・笑顔で挨拶をする。 ☆子どもたちが気持ちよく一日をスタートできるようにしたいと思い，温かく迎え入れることを心がけて挨拶をした。 ・身支度をしている様子を見守る。
	◎好きな遊びをする （登園後，準備ができた子どもから遊びはじめる。） ・ままごと・ブロック・積み木・動物ごっこ・遊びに使うものを自分で作る（動物のお面，しっぽ作りなど）	・前日の子どもの遊びの流れに沿って，環境を整える。 ☆作ったお面を置く場所，材料を取り出しやすく整理して準備していた。 ○子どもたちの遊びを見守り，必要に応じて援助をする ・一緒に遊びながら遊びの様子を見てテーブルを出したり，子どもがしたいことを聞いたりしていた。 ☆子どもが製作しやすい場を整えたり，うまく言葉で伝えられない子どもの気持ちをくみ取って話を聞いていると考えた。	・動物ごっこで使うお面作りの準備をする。 ☆保育者の動きを見て，道具やテーブルの準備など気づいて動くように心がけ環境を整えた。 ・後から参加した子どもと一緒に道具の使い方を確認しながら作る。 ☆友だち同士で教え合い，工夫して作ろうとしていたため，「○○ちゃんのアイディアすてきだね」など，子どものしていることを認める伝え方を心がけた。 ☆お面バンドは，作ったらすぐに身につけて遊べるように準備されていた。 ☆作ったお面は次の日も遊べるように，棚の上に飾って置けるスペースを準備していた。子どもが明日を楽しみにしたり，友だちの作ったものを見て互いの良さに気づけるようにしたりしていると感じた。見通しをもった準備が必要だと気づいた。

活動の節目に記入
5分10分単位で記入

「☆」……実習生が「気づいたこと・考えたこと」を記入する。「○○していた」など過去形で記入

同じ活動は高さを揃えて記入する。

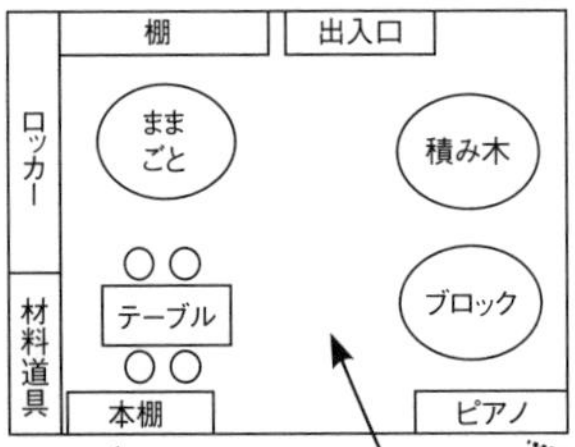

必要な環境図の記入
…活動が切り替わった節目に記入
※定規を使い丁寧に作図する。

②環境（図）
基本的には③もしくは④に入れる。
材料の準備の仕方／場づくりの工夫など矢印（→）をして記入しておくとよい。

どのように自分がかかわったのかがわかる記述をしましょう。

お面バンドの作り方
- 切れないように輪ゴムを二重にする。
- 子どもの頭に合わせて調整できるように，片方のみに輪ゴムをつける。
- 頭に合わせてホチキスでバンドを留める。時には芯の先が頭に触れないように内側を表にして留める。

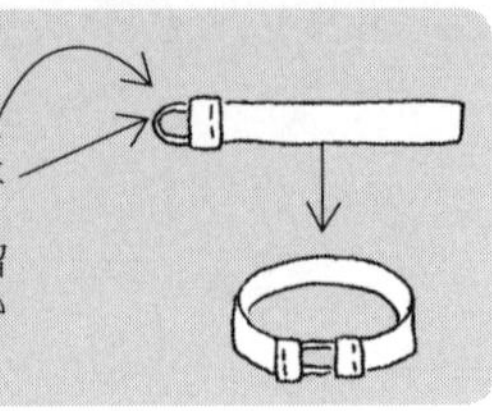

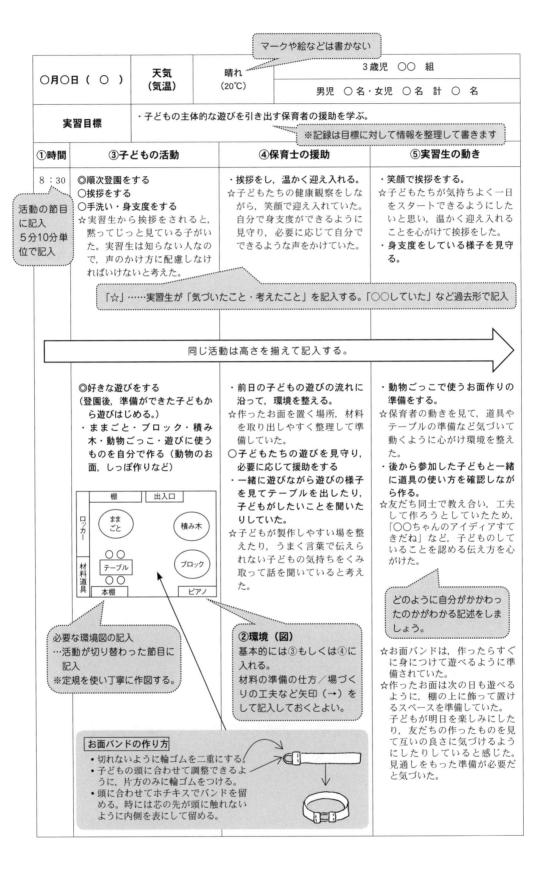

03　一日の振り返りを記録する

例示したように，その日の実習目標に対する振り返りとその学び，指導者への質問などを記述していきます。

A：実習目標に対する振り返り

実習目標の振り返りは，①達成できたこと，②達成できなかったこと，③今後の課題の３点を押さえて記入します。「今後の課題」が翌日の目標になるように振り返りをすると，翌日の実習において観点が明確になり，見通しをもった実習ができます。

B：保育者から学んだことの記録

保育者からの助言や，反省会で学んだこと，実習生が質問したことへの回答についてを記録に残します。その内容に対して実習生自身が考えたこと，自身の実践を振り返って得られた学びを書きます。指導者からの指導・助言の内容と，そこから実習生自身（自分）が考えたこと・学んだことは区別して記録に残しておきましょう。

C：保育者への質問

保育者への質問は，その場で直接するようにします。しかし，保育中は子ども中心で動いていますので，質問のタイミングを逃してしまうことや，日誌を記入するなかで疑問が湧いてくることもあります。そのような場合は，「一日の振り返り」を活用して質問するとよいでしょう。「実習生として学ばせていただく」という謙虚な気持ちで質問します。「～すべきではないのですか？」というような指摘や批判的な内容は，学ばせていただいている立場ですので控えます。質問内容の記述は，指導者である先生方に対して失礼のないよう，敬語表現を用いましょう。

◎一日の振り返り（内省・達成度・学び・今後の課題など） あなたの今日一日の実習目標に対しての振り返り（明日の課題を含む）を記入してください。
今日は**「子どもの主体的な遊びを引き出す保育者の援助を学ぶ」という目標をもって，保育者の援助に着目して**一日を過ごしました。子どもたちは登園をして支度をすると「○○ちゃん，動物ごっこしよう」と言って友だちを誘い，前日にしていた遊びの続きを始めました。**保育者が動物になりきって遊べるようにと，お面バンドやお面にちょうどよい大きさの紙を取り出しやすく準備していた**ので，それに気づいたＡちゃんは，「私うさぎのお面作りたい！」と言って作りはじめました。ほかの子どもたちも「作りたい！」と集まったので保育者は**さりげなくテーブルを増やしたり，**「しっぽもつけたらいいんじゃない？」と言う子に**「いいアイディアだね」と言って，「しっぽになりそうなものはあるかな」と子どもと一緒に素材を探したり**していました。保育者は**ほかの遊びをしている子どもにも目を配りながら，一人ひとりの子どもたちが自分たちで遊びを進められるような目配りや配慮をしていました。保育者のような援助ができるようになるためには，子どものしたいことをよく見ていないとできないことだと考えます。明日は，もっとよく子どもの姿を観察して，子どもの思いを感じられるように学びたいです。** また，私は観察をすることに夢中になり，立ってメモを取っていました。「子どもの目の高さにしゃがんで見たり，かかわったりできるといいですね」と助言いただいたので，明日からは子どもの目線に合わせることを心がけて行動していきます。

○一日の振り返り事例 1

今日は，保育者の声のかけ方やかかわり方に着目して実習をしました。

その日にあげていた目標に添って書きます。

子ども同士でポスター作りをしていたときの保育者の配慮が，とても印象に残りました。保育者は，子ども同士で作っていたクワガタのポスターを見て，ただ文字を教えるのではなく，ポスターに書くために必要な文字を一緒に探したり，「この文字書ける人はいる？」などと協力できるような伝え方をしていて，自分たちでポスターを作ることができるような配慮をしていることに気づきました。

一つのポスターを友だち同士で話し合って作ることは，相手の気持ちに気づいたり，自分の気持ちを友だちにわかりやすく伝えたりできるようにする保育者の意図があると思いました。実習後に質問をすることができなかったので，この活動のねらいや意図を教えていただきたいです。

自分の考え
述べたうえ
質問します

○一日の振り返り事例 2

今日は子どもたち同士の遊びの進め方に着目して実習をしました。

何を観て学んだのかをわかりやすく書きます。

鬼ごっこの場面では，子どもたちが自分たちでルールを守って遊びを進める様子が見られました。

はじめは，3 人で鬼ごっこをしていたのですが，自然と人数が増えていき，最終的には 8 人で鬼ごっこをしていました。

途中 A くんが「入れて」と入ろうとした時，鬼ごっこで遊んでいた子どもたちは遊びに夢中で気づかなかったのですが，鬼をやっていた B くんが気づいて「みんな聞いてー。A くんが入りたいってー」と遊んでいた友だちに声をかけました。

エピソードを記入す
るときは，どのよう
な場面だったのかを
具体的に書きます
（読み手がわかるよ
うに）。

友だちのしていることに魅力があるからこそ，B くんは「入りたい」と感じたのではないかと思います。また，鬼ごっこは，友だち同士で遊ぶからこそ「楽しい」と感じる遊びだということにあらためて気づきました。

自分が気づいたことを書きます。

5 歳児の発達過程について事前学習で学んでいましたが，鬼ごっこでは，保育者が中に入らなくても，友だち同士でやりとりをしながら遊びを進めることができるという姿を目の当たりにして，5 歳児の育ちを理解することができました。

事前学習と照らし
わせてるなど，考
たことを書きます

保育者が遊びのなかに入らなくても遊べるようになるためには，ポスター作りのときのように，必要な時に声をかけたり気づかせたりする保育者の配慮があるからだと考えました。

なぜ，子どもたちは自分たちでルールを理解して遊べるようになったのか，保育者はこれまでどのような配慮をされていたのかをお伺いし，今後の自分の援助につなげたいと考えました。

今日学んだことや
反省，次の日への
課題を書きます。

鬼ごっこでは，遊びの楽しさを感じている子どもの気持ちを理解することはできましたが，好きな遊びでの保育者の配慮について理解することができませんでした。明日は，好きな遊び場面での保育者の配慮に着目し，学びたいです。

明日の目標になります。

Column 先輩との交流から学ぶ

実習の授業では，学生同士が学び合い，それぞれの経験や思い，感情を分かち合うことを大切にしています。たとえば，初めて保育実習の授業（事前指導）を受ける学年（後輩）と保育実習がすべて終わった事後指導の学年（先輩）が一堂に会して，ポスターセッション（報告会）を行います。すべての実習が終わった段階で，先輩はこれまでの学びを整理しまとめ，学びのエッセンスをわかりやすく，これから実習に行く後輩に伝えるグループ活動です。

グループのテーマは，それぞれ学生に任せてありますので，テーマが重複しないようにグループ間で自主的に調整し決めていきます。後輩は，これからの実習に期待と不安を抱えた状態で，各グループでの先輩の話を真剣に聞いています。先輩からの実体験にもとづいた話は，実習について何よりのオリエンテーションになり，イメージがつかめてくるようです。ここで，一気に「実習モード」に切り替わります。学生（後輩）は「不安が心配に変わった」と語ります。やらなければならないことが具体的になってくるのです。

先輩は，約 15 分間程度の話を 5〜6 回，順番に回ってくる後輩に対して話します。回数を重ねるたびに，プレゼンテーションでの話し方に工夫が生まれ，どんどん上達してきます。演出が加わり，テンポもよくなり，まるで先生のように話をするようになるのです。

自分たちもそうだった，気持ちがわかる，励ましてあげたい，と先輩は思います。そして，実習を始める前の自分を思い浮かべ，少し成長した自分を感じることができます。人は誰かの役に立つことで，自分の存在意義を認め，肯定的に生きることができるのです。うまくいかなかった経験やなんとか乗り越えた経験も，後輩に役立つのです。先輩たちは，プレゼンテーションを準備し内容を話し合うなかで，体験や気持ちを分かち合い，自分の体験がよかったのかと考え，友だちの経験に触発されながら，自分の思いを振り返ります。たとえば，児童養護施設をテーマにしたグループでは，自分が実習した経験と共通のものもあるけれども，ほかの施設のあり方との違いを知ることによって，さらに児童養護施設への認識を深めることになるのです。

このように，学生は実際にチームで活動することを通して，協力やコミュニケーションの大切さを意識し，自分の振る舞いや傾向性に気づき，「チーム意識」を学びます。また，他者に図解などを活用してわかりやすく説明することは，アカウンタビリティ（説明責任）が必要とされる時代にあっては，とても大切なスキルなのです。教員が一方向で何かを伝達するだけでなく，学生が相互に学び合うことで，ひとまわりもふたまわりも成長していきます。

4. 施設実習記録のポイント

1 記録を書くための事前準備——下調べで記録が充実

施設実習では，大きく分けると，①障害に関する施設，②社会的養護に関する施設の2種類の施設に実習に行きます。どちらも保育所や幼稚園に関する学びと比較して，学習の機会が少ないのではないでしょうか。また，現場では保育士だけではなく，児童指導員，介助員，職業指導員，心理士など様々な職種の職員が働いていることから，これまで保育について学んできたなかでは聞き慣れない言葉を耳にする機会も多くなります。

実際，実習に行った学生から「会議に参加させてもらったが，専門用語が飛びかっていて，何を言っているのかがわからなかった」という話を聞くことがあります。現場の先生も，保育士になるための勉強をしている学生が，施設に関する専門知識を学ぶ機会が多くないことは理解しています。施設で実習するには，**まずは施設に興味をもち，知ろう，学ぼうとする姿勢が大切**なのです。

そこで，おすすめしたいのは，事前学習として**「施設が力を入れていることについて学ぶ」こと**です。限られた事前学習の時間のなかで，それぞれの施設に関する理論を一から十まで学ぶことは現実的ではありません。実習先のホームページを調べ，オリエンテーションでの話から，施設で重点的に行われている取り組みを理解することができます。たとえば，乳児院であれば「家族への養育支援」や「愛着関係」，医療型障害児通所施設なら「ホスピタル・プレイ」といったキーワードが出てくるかもしれません。実習では，あなたが記録に残しておきたいと思う場面をこうした専門知識にひもづけ，記録してみましょう。

また，実習中にはこうした事前学習を生かし職員の方に質問をしてみると，実習記録が充実してきます。実習が終わるころには，実習先施設の役割，実際に利用者やその家族・地域に行われている支援について，他者に説明できるようになることをめざしましょう。

2 実習目標を具体的に設定する

日誌を書くための前提として，実習目標を設定する必要があります。初日であれば，目標を「一日の流れを把握する」こととしても問題ありませんが，目標が具体的なほど記録は書きやすくなります。目標が具体的でないのは，行き先がわからないまま運転をしても目的地にたどり着けないようなものです。ルーブリックの達成目標や，事前学習で見つけた「学びたいこと」を参考に，自分が実習で何を体得したいのかを考え，目標を設定してみましょう。目標は大きすぎると結局どこを見ていいのかわからなくなりますから，**自分がその日に達成できたか，できなかったか判断できる具体的な内容**にします。

例
△子どもの生活について学ぶ
→「生活」とは何か，どこを見たらよいのか，目標が達成できたのかがわかりにくい
◎子どもが食事を楽しむために職員が行っている支援を観察し，実践する
→どの場面をみて，何をしたらよいのかが明確。達成（実践）できたかもわかりやすい

設定した目標に対しては，振り返りを行い，達成できなかった場合はどうしたら達成できるかを考え，改めて目標を考えます。その日の実習を，次につなげていくことで，学びが深まっていきます。

設定した目標の 結果 と，→次へのつなげかた（例）
「子どもが食事を楽しむために職員が行っている支援を観察し，実践する」に対して
・職員が行っている支援をまねて，実践できた
→新たな目標を設定する／ほかの場面に応用する
・職員の実践をまねたが，うまくいかなかった
→職員に支援の背景や意図について質問し，どうすればうまくいくのかを検討したうえで改めて実践する
・子どもが食事を楽しむことができず，泣いてしまっている子がいた
→そもそもの子ども理解が足りないことを原因と仮定し，個々の子どもに応じたかかわりをするために，まずは遊びのなかで子どもの好きなことを見つける

3 様々な視点をもって質問してみる

記録で取り上げるのは，利用者（子ども）と直接かかわる場面だけではありません。通所施設であれば，送迎の様子に加え，利用者（子ども）が不在のときの家事や環境整備などの**間接支援**も，利用者（子ども）の生活を支えるための大事な時間です。何をしたか，どういった配慮があったかなど，具体的に記入するようにしましょう。

入所施設では，24 時間体制で早朝帯や夜勤，宿直といった夜間帯にも支援が行われています。実習では体験できない場合も，利用者（子ども）の生活の全体像を理解するために，職員への質問を通して学べます。

個別支援という視点から，一人ひとりのニーズを記録することも重要です。利用者（子ども）の支援は，個別計画をもとに行われています。もし，実際の個別支援計画や自立支援計画をみせてもらえるのであれば，見せてもらいましょう。ただし，施設利用（入所）の背景について教えていただいた場合，それを記録して問題がないかは，実習先の指導者に確認をするようにしてください。ほかには，実習期間中に長く同じグループに配属されたら，そのグループの利用者（子ども）一人ひとりについて，実習中に学んだことをまと

めてみるとよいでしょう。

保護者の支援や地域支援など，実習中に経験することが難しい場面については，資料を見せていただく，指導者に質問するなどして学ぶことができます。質問したこととその回答は，記録しまとめておきましょう。

初めて知ったこと，わからなかった言葉（専門用語など）があれば，記録しておきましょう。わからなかったことは，まずは自分で調べ，調べてもわからない場合はそのままにせず，職員に尋ねるようにします。**不明点をそのままにしないことは，利用者（子ども）の安全を守るためにも重要**なことなのです。

4 記録に見られる思い込み・先入観

エピソード①

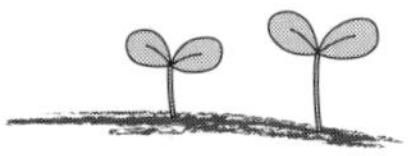

児童養護施設で生活する小学生のＢちゃんが，「運動会が嫌だ」と繰り返し話していたので，私は施設で生活するＢちゃんは，家の人が見に来られないから嫌なのだろうと考え，**日誌に「家族がいないから運動会などの行事は辛いことがわかった」と記入した。**

日誌を見た職員の方から，反省会で「Ｂちゃんは実親との関係は良好で，運動会も見に来る予定であること」「リレーの選手に選ばれて，とても緊張していることから『嫌だ』と話しているが，毎日練習をがんばっており，楽しみにしている面もあること」を教えていただいた。子どもの背景について，よく知らないのに勝手な先入観をもってしまっていたことに気がつき，また，子どもの「嫌だ」という言葉をそのまま受け取るのではなく，日々の生活の様子を様々な角度から見て，その本意を理解するよう努めることが大切だと学んだ。

生活の流れが把握できたら，次に職員が支援した意図や，子どもの動きについての理由・背景を考察していきます。「なぜだろう？」と思った動きについて，その理由を考えます。この時，言葉でやりとりをすることが難しい利用者や，様々な生活背景をもち自身の意見を伝えることが難しい子どもを対象とする施設では，記録や考察への自分自身の先入観を意識することが大切です。

エピソード①は，その先入観に実習生が気づいた学びが示されています。**利用者（子ども）の気持ちを推測することは大切ですが，支援者側の「決めつけ」にならないよう留意する必要があります。**

エピソード②

障害があり，お話をすることが難しいAさんと，出かけ先の公園のベンチで，昼食のパンを食べることになった。Aさんは食が進まない様子だった。私は「パンは苦手ですか」「喉につまりますか？　お茶を飲みますか」「少しずつでいいですからね」と気遣ったが，Aさんの様子は変わらなかった。

結局，Aさんはほとんど食べないまま移動となった。ベンチから立ち上がると，Aさんが看板の方をじっと見ていた。そこには「飲食禁止」と書いてあった。そのとき私は，Aさんは，お話はできないが，そのスペースは飲食禁止だということをわかっており，食べづらく思っていたのではないかと気がついた。「障害がある方は支援の対象」と思い込んで，Aさんを“支援”しようとしていたが，状況がわかっていなかったのは自分のほうだったことが恥ずかしくなった。

エピソード②では，自分の思い込みが利用者へのかかわりを変えている事例です。利用者（子ども）のそばで支援する保育者だからこそ，思い込みで支援するのではなく，様々な可能性を考え，利用者（子ども）の気持ちを代弁できるよう努めたいものです。

5 考察を深める４つのポイント

「決めつけ」で記録しないためには，第一に，エピソード①のように，職員，特に保育士以外の職員やベテランの職員と**対話し検討する**ことが大切です。

第二に，**ほかの理由も検討**してみます。自分で「本当にそうだろうか？」と問い，ほかの理由が考えられないか考察してみましょう。

第三に，自分がそう**考えた根拠を探す**ことも有効です。たとえば，利用者（子ども）の反応・視線・行動・その直前の動きなどもふまえて，再び考えてみます。

第四に，**失敗したことも書く**ことです。できたことだけ記録することを前提にしていると，無意識に自分に都合のよい解釈をしてしまうことがあります。「実習は学びの場であるため，自身の支援の反省点も記録する」ことを前提としていれば，「自分はこう思って支援をしたが，実は利用者（子ども）の思いは違ったかもしれない」と思いをはせることができるかもしれません。

これらの４つのポイントは，**「決めつけ」で記録しないだけでなく，考察を書くためにも必要なことなのです。**

考察を深める４つのポイント

① 職員と話す

② ほかの理由が考えられないか，検討する

③ 自分がそう考えた根拠を探す

④ 失敗したことも書く

【資料】 実習日誌の例：児童養護施設

○月×日（△）	天気：晴れ	［実習エリア］○○○	
実習目標	・幼児と高齢児の援助の違いに着目して，職員の援助について学ぶ		
時間	子どもの姿	職員の援助と［配慮］	実習生の動きと［気づき］
13：00	○幼児：午睡 寝室 暗くなりすぎないようカーテンは半分だけ閉める。寝かしつけがしやすいよう，隣に並べる形で布団を敷く 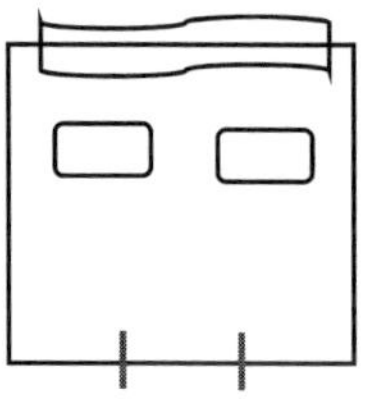	○引き継ぎ 前日の子どもの様子や今日の予定について共有する ○洗濯物をたたむ	○引き継ぎの様子を見学する ［それぞれのホームごとにパソコンで記録を作成し，それを全ホームで共有することで，施設全体で子どもを見守ることができるようにしていた］ ○洗濯物をたたむ ［衣服には子どもの名前が書いてあるが，高齢児は他者に見られても恥ずかしくないようマークにしている。下着は見えないように下に重ねていた］
15：00	○幼児：起床，おやつ おやつを選ぶ	○子どもを起こす ［まだ眠そうな子どもには，「今日のおやつは○○だよ」，と楽しい気持ちで起きることができるよう声をかけていた］	
16：00	○小学生：学校から順次帰宅 ・宿題をする ・「先に遊びに行っていい？」と聞く子がいる	○おやつの準備をする ○帰宅した子どもに声をかける ・プリントや宿題の確認をする ［基本的には宿題をしてから遊びに行くことになっているが，友人と遊ぶ場合は，臨機応変に対応していた］	○宿題を終えた子どもと遊ぶ
17：00	○自由遊び ・あやとりが得意なMちゃんは，様々な職員や年上のSくんに「ねぇみて，これできるよ」と披露していた ・Sくんは「Mはすごいね」とMちゃんを褒めていた	・Sくんに対し「ほめてくれてありがとうね」と伝えていた	［Mちゃんは，いろんな人に声をかけ，ほめてもらうことで自信をつけたいのではないかと考えた］ ・「Sくん優しいね」と声をかける。［職員は年上の児童が年下の児童に優しく接してくれることを肯定することで，「なんで年下ばっかり」と思わず，よい循環が生まれるようにしているのではないかと考え，職員の対応をまねた］
	○中学生：学校から順次帰宅 ・宿題をする ・塾に行く子がいる ・好きな音楽を聴いて過ごす子がいる	○中学生を迎え入れる ・「今日の委員会どうだった？」と話を聞く ［帰宅後すぐに子どもに問いかけていたので，疑問に思い質問をしたところ，前日に宿泊をした職員から，委員会で書記をすることについて緊張していたとの引き継ぎがあったため，様子を確認したとのこと］	

【一日の振り返り】

本日の目標は，「幼児と高齢児への援助の違いに着目して，職員の援助について学ぶ」としましたが，おおむね達成できたと考えます。その理由は二つあります。

一つ目は，職員から子どもへの具体的な声のかけ方やかかわり方について，年齢ごとの違いを見つけることができたからです。職員は幼児に対しては，ゆっくりと簡単な言葉で話しかけることが多く，また抱っこをしたり，くすぐったりとスキンシップをしながらかかわっているのに対して，小学生にはどうしてやらなければいけないのか説明したり，「先に遊びに行くなら，いつ宿題する？」と問いかけることで，自分で考えられるような話し方をすることが多いことがわかりました。

また，ひざに乗るなどのスキンシップは，拒否はしないものの，一緒に遊ぶなどの年齢相応の他の手段でかかわりをもつように心がけているということを教えていただきました。中学生に対しては，幼児や小学生と比べると一緒に過ごす時間は短いですが，前日の職員から引き継いだ内容をもとに，子どもの心配事について声をかけるようにするなど，それぞれの子どもに応じた必要な支援を行っていることがわかりました。

二つ目は，異年齢で過ごす生活をスムーズに行うための工夫について学ぶことができたためです。年下の子に優しくしてくれた小学生をほめたり，試験日が近い中学生Ｒちゃんに対しては夜食を用意したり，他の子にテレビの音量を下げるなどの協力を促したりと，生活リズムが異なる子ども同士，お互い思いやりをもって過ごせるように工夫していることが理解できました。

本日学んだことを生かし，明日は自分自身が子どもの年齢に応じた……（書き出し例につき以下省略）

5. エピソード記録のポイント

1 エピソード記録とは

エピソード記録とは，エピソードと，エピソードにもとづく考察からなる記録です。一日の実習を振り返り，気になった出来事や部分実習・責任実習中の出来事を**エピソード**として書きます。そして，エピソードを書くという行為を通して，実際の場から離れてエピソードをとらえなおすことにより得られた学びをエピソードにもとづく考察として書きます。

一日の実習を振り返り，子どもの姿や子どもに対する自分自身のかかわりを思い返すとき，あの時はわからなかった子どもの気持ちや背景にある状況が見えてくることがあります。記録に書き起こす作業は，自分自身の体験を振り返り，それを言語化することによってとらえなおす（**省察**（せいさつ）する）行為です。とくにエピソード記録は，実習生にとって自分自身が子どものことや保育者の援助をどのように理解しているのか，自分自身の子ども観や保育観を自覚するために有効な記録の方法なのです。

≪エピソード記録の構成≫

①エピソード 実際にあった出来事について 詳細に記された（5W1H）記述	＋	②エピソードにもとづく考察 エピソードを省察することにより，考えたこと，わかったこと，学び得たことの記述

エピソードは，5W（When いつ，Where どこで，Who 誰が，What 何を，Why なぜ）1H（How どのように）を明記し，その出来事を実際には見ていない保育者や保護者にもわかるように記述します。エピソードにもとづく考察では，実際の出来事を様々な観点から振り返り，省察することで得られた学び・気づきを書きます。出来事の記述（**エピソード**）と，エピソードを省察することにより考えたことやわかったこと，学び得たことの記述（**エピソードにもとづく考察**）は書き分けるようにしましょう。

2 エピソードを記録することの意味

エピソード記録を書き起こす意味は，大きく二つあります。一つ目は，子どもに対する理解を深め，明日の保育（援助）を考える手がかりを得ることです。二つ目は，ほかの保育者や保護者と情報共有をすることです。エピソードを共有することにより，子どもの理解や援助の方法について，自分とは異なる見解や発想に触れることができます。また，このエピソード記録を活用して，保護者に対して子どもの日々の様子と成長を共有するツールとなる連絡帳があります。日々の子どもの姿と保育の意図を保育者・保護者と共有することは，より良い保育実践をつくり出すために有効な手段となり，その記録をわかりやすく書き起こす技術は保育者の専門的な技術の一つなのです。その日一日の様々な出来事のなかから一つのエピソードを選択するとき，そこには何らかの基準があり，あなたの考え方や価値観が反映されています。実習を終え，エピソード記録を読み返すとき，そこにまだ自覚されていなかった子ども観や保育観を見出すことができるでしょう。

3 エピソードを見つける観点

エピソードを見つける観点は，その日の実習目標「ねらい」にあります。「ねらい」を観点として一日の実習に参加し，エピソードを通して何を学び，得たのか考察することにより，実習で経験したことから着実に学びを得ることができます。時には「今日はエピソードがなかった」と感じることもあるでしょう。とくに初めての実習では，「毎日エピソードがなかった」との声が聞かれます。エピソード記録として書き起こされる出来事は，そこにあるものではなく，見つけるものです。一日の実習目標「ねらい」を意識して実習をするなかで深く考察をしたいエピソードを見つけるのです。

実習中にエピソードを見つける観点は大きく３つあります。一つ目は，子どもが集中している場面や，生活のなかで充実感を得ている場面に着目することです。子どもが熱中している遊びや数日に渡り継続している遊び，生活のなかで課題として一生懸命取り組んでいることに注目して，エピソード記録を書いてみましょう。数日に渡り継続している遊びでは，子どもが遊びのなかで魅力を感じていることは何か，それは日によって変化するのか，遊び方や使用している玩具の違い，仲間の変化に着目することで発見があるでしょう。それを記録しておくと，子どもはその遊びの何に魅力を感じ，遊びがどのように展開・発展したのかを考察することで，遊びを援助する手がかりを得ることができます。

また，生活のなかでの課題について記録するときには，子ども一人ひとりが課題とする内容の違いに着目するとよいでしょう。たとえば「衣服の着脱」という課題を取り上げても，自立の過程には段階的に様々な課題があります。その子どもにとって何が課題なのかを理解するために記録することで，発達や援助の手がかりを得ることができます。

二つ目は，自分自身が子どもと深くかかわった場面に着目することです。子どもとかかわるなかで，課題が残った出来事や手ごたえを感じた出来事をエピソードに書きとめてみましょう。たとえば部分実習や一日実習を行った日には，その実践のなかでの出来事を取り上げるとよいでしょう。自分自身がどのような子どもの姿をとらえて計画を立案し，実践したのか。その結果どのような出来事があり，そのことから自分は何を学ぶことができたのかを省察することで，より良い実践をするための手がかりを得ることができます。

三つ目は，子どもとかかわるなかで自分自身が課題としていることについて，保育者がどのように援助しているかに着目することです。たとえば自分がまだできていないことを，保育者の援助から学べた体験をエピソード記録にしてみるのです。援助の意図を自分自身で推測し，そして保育者にも質問してみましょう。そこで明らかになった保育者の意図を考察することにより，保育者の援助を学ぶことができるでしょう。

4 エピソードを考察する

一日の実習を振り返り，エピソードを思い起こすとき，自分自身が子どもとかかわるなかで感じ考えた出来事，また保育者が子どもとかかわる姿を見て，感じ考えた出来事が思い出されることでしょう。エピソード記録は，実際の出来事を振り返り，省察を通して子どもの行為や気持ち，その時の状況や自分の援助を解釈し，意味づけることによって生み出されます。しかし，はじめから保育中の出来事に意味づけを行うことは難しいことです。まずは気になった出来事を振り返り，エピソード記録として考察してみることから始めてみましょう。次の事例は，実習生が子どもたちと楽しく遊ぶことができたと感じた保育中のエピソードです。エピソードを読み，どのように考察ができるか，考えてみましょう。

エピソード：おばけ鬼ごっこ

午前中，好きな遊びの時間に，園庭で３歳児クラスの子ども６人と鬼ごっこをしました。じゃんけんでは鬼が決まらなかったので，私が鬼をすることで，遊びが始まりました。

みんな楽しそうに「キャー」と笑いながら逃げていると，Ｋくんが「おばけ屋敷したい」と言いました。私は「おばけ屋敷は，今，明るいからできないな～」と言うと，Ｋくんが「えー」と言ったので，「おばけ鬼ごっこにしようか？」と子どもたちに提案してみました。すると，子どもたちが賛成してくれたので，そこから「おばけ鬼ごっこ」をすることになりました。①

私が「おばけが出たぞ～！　待て～！」とおばけになりきって子どもたちを追いかけると，さっきの鬼ごっこより楽しそうに子どもたちは逃げ始めました。②

しばらくすると，Ａちゃんが「キャー」とうれしそうに笑いながら私に抱きついてきました。するとほかの子どもたちも抱きついてきました。私も「つかまえた」と言って抱きしめると，「もう１回おばけ鬼ごっこしよう！　先生が鬼ね」と子どもから誘われ，何度も繰り返し遊びました。

エピソードを読み，どのような感想をもったでしょうか。「なぜだろう」と感じたこと，「おもしろい」と感じたことを箇条書きであげてみてください。たとえば，「Ｋくんはなぜ，おばけ屋敷がしたかったのか？」，「なぜ鬼がおばけになると，遊びが楽しくなったのか？」といった疑問が浮かんだとします。これらの疑問一つひとつが考察の観点になります。しかし実際に目の前で起きた出来事を考察する場合，その出来事のなかにいるあなたがその時点で「なぜだろう？」，「どうしてだろう？」と疑問をもつことは難しいことです。

そこで，エピソードを次の二つの観点から考察してみたいと思います。一つ目は，子どもを理解するという観点です。子どものものの見方（味方）に立ち，エピソードに登場する子どものなかの一人に焦点をあて，その子どもの発言や行動から，その時の気持ちや意図を考察してみると，着目した子どもを深く理解できます。また，複数の子どもやクラスといった集団に着目する場合には，年齢に応じた子どもの発達を理解できます。

二つ目は，援助を考えるという観点です。エピソードのなかで子どもが経験していることは何か，そこから学んでいることは何か考察することにより，その経験が充実するためにはどのような援助ができるのか手がかりを得ることができます。これらの観点から，改めて「おばけ鬼ごっこ」のエピソードの考察を見てみましょう。

〈考察〉

私はこの出来事から，遊びの援助について学びました。

鬼ごっこは，追いかける役と追いかけられる役に分かれて遊ぶ役割のある遊びです。しかしはじめは，私が追いかけることで始まる「追いかけっこ」をするという状況がありました。しばらく子どもたちを追いかけていると，追いかけっこに満足した様子のKくんが「おばけ屋敷したい」と言いました。外遊びの時間が残り15分であったことから，私は今から新しい遊びを始めるのは難しいと考えました。そこで「おばけになって追いかける」ことを思いつき，おばけの鬼から逃げる「おばけ鬼ごっこ」が始まりました。「おばけ鬼ごっこ」は，Kくんの「おばけ屋敷したい」という言葉によって生まれた新しい遊びです。

私はこれまで，子どもたちの遊びははじめから何かやりたいことがあって始まり，それを実現できるようにお手伝いすることが遊びを援助することだと思っていました。実際に，5歳児クラスの実習では，子どもたちがやりたいことを理解し，手伝うことをしていました。この出来事を通して，遊ぶなかでやりたいことが見つかるという経験をしました。そして，遊びの援助には，遊びを見つける援助もあることを学びました。遊びの提案や遊びが見つかる環境の工夫など，遊びを見つける援助について学びたいです。

エピソード記録は，子ども一人ひとりを深く理解するために有効な記録の方法です。また，実践の具体的な改善点を探り，手がかりを得ることにも有効なのです。このエピソードでは，援助を考える観点から，遊びのなかで経験していることの理解とその援助について考察をしています。実際に子どもとかかわっているとき，実習生は「どうしたら子どもの気持ちを受けとめることができるのか」,「どうしたら子どもたちにとってこの遊びが楽しくなるのか」を一生懸命考えながらかかわっていたことでしょう。

この考察から，実習生は意図せず遊びの援助をしていることがわかります。実習生の行った援助は，遊びの提案（下線部①）であり，遊びの提案により子どもたちのやりたい遊びが明確になったこと（下線部②）で，最初は明確な目的がなかった追いかけっこを「おばけ鬼ごっこ」という遊びに発展させることにつながったといえます。遊びの援助のなかでも遊びを提案する援助は，興味がうつろいやすい0〜3歳児の子どもたちに求められる援助といえます。自分自身のかかわりが子どもにどのような影響を与え，遊びにどのような変化をもたらしたのかを考察することにより，援助の手がかりを得ることができます。一日のなかのわずかな時間のエピソードですが，考察の観点を意識してみると，新たな気づきや学びが得られることが理解できたと思います。

最後に，エピソード記録は子ども一人ひとりの様子を鮮明に描くことができます。それゆえに，個人情報の保護・守秘義務を守るために，メモや記録は適切に管理し，**個人が特定できる記録は書かない・残さない**ように注意してください。

Column 目標によってエピソードのとらえ方が変わる

次の事例を読んでみましょう。

高校2年生のAくんは，22時ごろにアルバイトから帰って来てから（②）夕飯を食べていた。職員のBさんは，部屋の中央にある台所でAくんの帰りを待ち，食事を温めなおして出してから，カウンター越しにAくんの話を聞いていた（①）。

Aくんは昨日，C職員に部屋の整理ができていないことについて注意を受け，C職員に殴りかかってしまった。そのことについてAくんは「本当にC職員がムカつく」「俺も悪かったかもしれないけど」（②）と話す。B職員は「C職員の態度や言い方にも悪いところがあったかもしれない。職員も間違うことがある。ただ，どちらかが殴ったら殴ったほうが悪いになってしまう。手を出したら負けなんだと思うよ」と返した。Aくんは黙ってその話を聞いていた。

同じエピソードでも，どこに着目するかでとらえ方が変わります。

①「施設の役割や機能にもとづいた環境構成について理解したうえで支援を行う」という目標を立てた場合，事例の下線の箇所に焦点を当て，以下のように考察できます。

施設の役割として，子どもの食事作りとその提供だけではなく，一緒に話を聞く時間を設けて子どもの気持ちを整理することも，施設の大切な役割であると理解した。Dホームでは，高齢児とのかかわりがもちやすいよう，台所を部屋の中央に配置して子どもが部屋に入る際に必ず通るように設計されており，またカウンターを作ることで，子どもとよい距離感で話すことができるようにしているとうかがった。

②「子どもの心情に着目し，記録や質問をする」という目標を立てた場合，事例の下線のAくんの心情に着目して，以下のような考察ができます。

Aくんは遅い時間までアルバイトをしており，それは大学進学後に向けた貯金をするためだと職員の方からうかがった。今回，Aくんが手を出してしまった背景には，学校とアルバイトで忙しく疲れていたこと，また進学後の自立に向けた不安もあったのではないかと考えた。そういった状況のなかでC職員から注意を受けたため「ムカつく」と口にしたのではないだろうか。Aくんは勝ち負けにこだわりがあるため，B職員は「手を出したら負け」という話し方を選んだそうだ。AくんはB職員の話を反論することなく聞いており，また「俺も悪いかもしれないけど」という言葉からも，自身の行動を振り返り反省しているのだろうと考えた。

考察を深めるためには，**どこに着目するかを事前に検討しておくこと**が大切です。そのためには，実習先施設の基本的な役割，施設に入所している利用者や子どもの置かれている状況，施設保育士の支援方法などの事前学習をしておくことが大切です。事前学習をもとに目標を設定することで，日誌の記載内容も充実していきます。その際，視点をもつためのヒントとして，ルーブリックを活用してください。

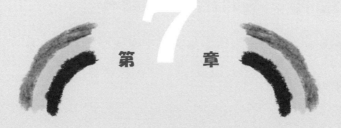

第7章

計画から実践を体験的に学ぶ

1. 指導計画作成の基本
2. 指導計画作成の手順

■ コラム　活動ありきの指導計画にならないために

■ ワークシート　読み聞かせ指導案作成

3. 表現・表記に関して

■ コラム　遊びファイルを作って，模擬保育をしてみよう！

1. 指導計画作成の基本

1 指導計画作成の意義

保育の計画は，子ども理解にもとづいて作成されます。**PDCAサイクルといわれる**「計画（Plan）➡実践（Do）➡評価・反省（Check）➡改善（Action）」の過程（プロセス）を循環させることが大切なのですが，保育では計画をする前に**子どもの姿**をとらえます。そのうえで，保育者は育ってほしい子どもの姿を思い浮かべ，ねらいをもって子どもが生活や遊びを通して健やかに育つために計画を立てていきます。**このように，実習を通して保育の過程（プロセス）を実習生が体験することに意義があるのです。**

こうした意義を理解し，これまで学んできた事前学習を整理し，目の前の子どもにとって必要な部分実習，責任実習となるように，指導計画を立案していきましょう。

図表 7-1-1　部分実習・責任実習体験の過程（プロセス）

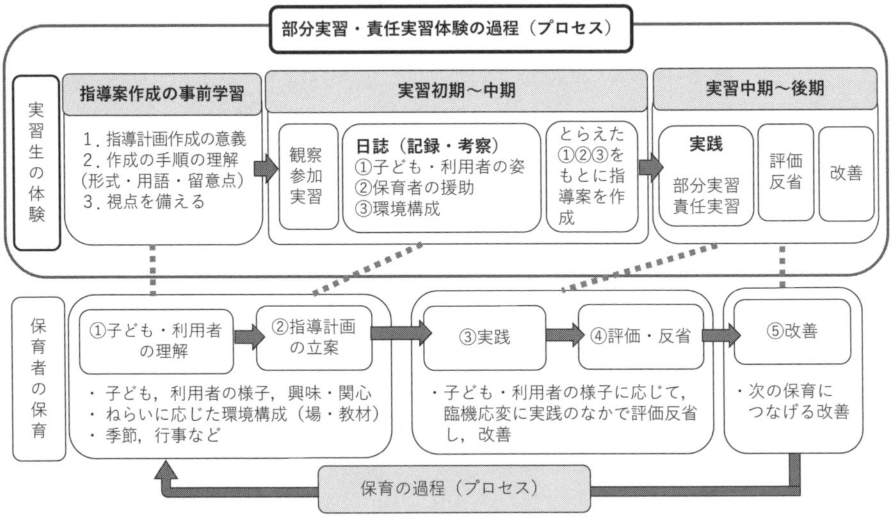

2 部分実習・責任実習とは

実習では，「部分実習」「責任実習」の指導案として立案します。

01 「部分実習」とは

実習生が一日の保育の一部分を担当して学ぶ実習です。「部分実習」では，一日のどの部分を任されるのかによって，計画をしていく活動の内容が変わってきます。

遊び場面では，クラスの皆が集まっているときに一斉活動として実施する場合と，それぞれが楽しむ遊びの時間に実施する場合があります。とくに乳児はクラス全体ではなく，少人数や一人ひとりに合わせて実施することになります。

実習初期は，絵本の読み聞かせをする，手遊び・ペープサートに合わせて歌をうたうなど，短時間の部分実習が実施されることが多くあります。中期から後期にかけては，鬼遊びのようなルールのある遊びをする，製作をして作ったもので遊ぶなどが多く，実施に向けての配慮点や必要な物を考え準備しなければなりません。また，子どもが今している遊びを充実させる場合は，遊びの様子をとらえ，遊びに必要な材料や道具，場づくりなどを行います。

実習生が任される「遊び場面の進め方」には，以下のように大きく分けて３つあります。園の方針や年齢によって進め方が変わってきますので，確認しておきましょう。

①遊びの提案・一斉活動……実習生が活動を提案し，クラス内で一斉に活動を進める。
②遊びの提案・自由参加……好きな遊び場面など，子どもが自由に遊べるなかで実施する。実習生が提案する活動のコーナーを一つ設定する，遊びのきっかけづくりをするなど，興味をもった子どもから自由に参加できるように活動を進める。
③子どもが今楽しんでいる遊びを充実させる……子どもが思い思いに遊ぶ姿をとらえ，子どもの遊びが発展するような環境構成や援助をする。園の環境に応じて，子どもの遊びをとらえ必要な素材や道具を準備する。

生活場面では，登園時，昼食，午睡前から午睡の時間まで，午睡からおやつまでなど，子どもの生活部分を担当します。子ども自らが健康や安全に気をつけて生活できるような援助の仕方や，生活しやすい場づくりや動線への配慮をし，学びます。

02 「責任実習」（一日実習）とは

一日ないしは半日の保育を，実習生が主に担当して学ぶ実習です。「責任実習」（一日実習）についても，保育の方針によって一日の生活の仕方が変わってきますので，どのような形式で立案をするのか，実習担当者に相談や確認をし，立案をしていきましょう。

責任実習の多くは，実習後期に実施されます。実習記録でとらえた保育者の援助や環境構成の留意点を活かしてみましょう。保育者が計画した指導計画を事前に見せていただいたり，保育者への相談を重ねたりしながら，見通しをもって準備をしていきましょう。

3 事前学習と実態のすり合わせ

保育の計画は，あくまでも子どものために計画をするものです。立案の際は，活動や援助は適切かを問いながら立案をしていきますが，**実習生が計画した活動を子どもに「させる」ことが目的ではありません。**

事前学習では，**対象となる子どもがいないので**子どもの姿を想像しながら指導計画を立案することになります。本来とらえておくべき「子どもの姿」をとらえずに立案するので，事前に検討していた活動や内容をそのまま実習で実行しようとしがちです。園の方針や子どもの実態に合う活動を主眼において，各年齢に合った活動を複数考えておき，実習担当者に相談しながら実態とすり合わせて一緒に計画することを心がけましょう。

2. 指導計画作成の手順

①子どもの姿

前日までに観察やかかわりでとらえた**ねらいや経験する内容に関係する**子どもの様子や姿を書きます。たとえば，「鬼ごっこをしている」だけではなく，「友だちと一緒に鬼ごっこをして一緒に遊ぶ心地よさを感じている」というように，遊びを通して何を感じているのか，どのような気持ちをもって遊んでいるのかを「子どもの心情・意欲・態度」として書き出します。当然，実習生が実習中にはとらえきれない育ちのプロセスがありますので，これまでの様子を担当の保育者にうかがい，記入するようにしましょう。

②「ねらい」

「ねらい」とは，「子どもに育ってほしい心情・意欲・態度」のことです。

何かができるようになることや知識や技能を高めることが目的ではありません。その活動を通して，子どもに経験してほしい・感じてほしい・身につけてほしいことです。子どもにとって豊かな気持ちがもてるように，楽しんだり味わったりする経験となるようなねらいとしましょう。責任実習（一日・半日実習）では，養護（生命の保持・情緒の安定）に関するねらいを入れます。（例）汗をかいたら着替えるなど，自分からしようとする。

〇「（子どもが）〇〇を味わう。〇〇を楽しむ。〇〇を感じる。」 ※子どもを主語にする。

③「経験する内容」

「経験する内容」とは，子どもの姿やねらいにもとづいて，活動を通して子どもが具体的に経験する内容です。子どもの育ちの様子（発達やこれまでの経験）や興味・関心の方向性など，とらえた子どもの姿と事前に考えていた複数の活動を照らし合わせて，いま目の前の子どもにふさわしい活動を選択していきましょう。時期（季節・行事），時間帯なども考慮して活動を検討します。

〇「（子どもが）活動名（〇〇）を通して，〇〇をする。」 ※子どもを主語にする。

④用意するもの

子どもが扱う必要な材料や道具と，それに必要な個数や大きさなども具体的に記入しておきます。たとえば，製作で使う材料は，少し多めに準備をしておきます。記入しておくことで，子どもが用意する道具，実習先で借りることができる道具なども確認することができます。（※製作の材料や絵本などは自分で用意します。）

用意するものは，安全に扱えるか，子どもにとって扱いやすいかを必ず確認しておくようにしましょう。

⑤時間

時間を予測して活動の区切りとなる時間を5分，10分単位で書きます。

責任実習では順次登園～降園まで，部分実習では，導入，展開，まとめ，片づけなどの目安となる時間を書きます。実習生が担当をする活動前の動きについても見通しをもつために記入しておきましょう。（例：好きな遊び後の片づけ，排せつなどの活動前の時間配分）

実習先のデイリープログラムに沿った時間配分にしていくことが大切です。

⑥環境構成（環境の構成，準備）

出入り口やピアノ，ロッカーなど，固定のものを基準として，活動が始まる段階の配置を環境図に書き起こします。実習生の立ち位置▲や子どもの位置○，活動に必要な物の配置（製作の材料や道具を置くテーブルの位置，子どもが座る椅子の位置など）をわかりやすく記号をつけて作図します。場所の移動をする場合や，子どもの動き方が変わる（集まる，広がる，移動するなど），物の配置を変えるなど，環境の再構成を行うたびに作図します。

図に示せない製作物の完成図は，絵で示しておくとわかりやすいです。環境図に書き起こすことで，実習生の立ち位置や子どもの動き方のイメージがつき，必要な留意点に気づくことができます。製作の手順や遊びのルールなどは，文字で記入しておきましょう。

作図は定規を使い丁寧に書きます。

⑦予想される子どもの活動

計画が実行された活動を想像しながら，子どもが見せる姿，様子，動きなどを書きます。動きですので，「ワクワクしている様子が見られる」などの子どもの思いは書きません。節目となる大きな活動の見出しには「○」，その中の細かな内容は「・」を付け，整理して記入します。また，多様な子どもの姿を予測して，配慮が必要になる場合は効果的に※印を付け，子どもの姿・状況を記入します。

（例）　○園庭でしっぽ取りゲームをする
　　　　・しっぽ取りゲームのルールを聞く。
　　　　・繰り返し追いかけて遊ぶ。
　　　※しっぽを一人で付けることが難しい子どももいる。

⑧実習生の援助と留意点

予想される子どもの活動に対して，実習生が行う具体的な配慮を書きます。子どもが主体的・自発的に活動ができるような援助や，安全面や安心して過ごすための配慮など，留意点を記入します。たとえば，予想される子どもの活動が「繰り返し追いかけて遊ぶ」であれば，「しっぽを取られても新しいしっぽを付けて遊べることを伝え，繰り返し遊べるようにする」「ぶつからないように周りをよく見て走るように声をかける」などの配慮があげられます。

⑨あなたの指導計画実践の振り返り（評価・反省）

部分実習や責任実習を実施した後に記入します。部分実習・責任実習の内容を振り返り，子どもの姿と年齢・発達に即した計画を立案することができていたか，実習生自身の評価・反省を記入します。この部分は保育者からの評価ではなく，実習生の評価となります。

反省というと，できていないことや失敗に意識が向きがちですが，明日から自分が保育実践をすることを想像して，明日からの保育がよりよくなるように，前向きな振り返りを書きましょう。

※「○○を育てる」×
「○○することにより手先が器用になる」×
一つの活動（一日）では達成できないねらいです。

実習指導案	実習生氏名　　　　　　　　印	指導者　　　　　　先生　　印
	日時：　　年　　月　　日（ ）　：　　～　　：	
	クラス：　　歳児　　　　組　　名（男児　　名，女児　　名）	

①子どもの姿

・前日までに観察で捉えた子どもの育ちの様子（発達，興味・関心），遊びや生活の様子，人とのかかわりなどを書く。

②ねらい・経験する内容につながることを書く。
「～する姿が見られる」

(例)
・2～3人の気の合う友だちと追いかけっこを楽しむ姿が見られる。
・友だちのしていることに興味があり，同じことをしようとする姿が見られる。

②ねらい

活動を通して子どもが獲得する心情・意欲・態度などのねらいを記入する。（子どもに経験してほしい，感じてほしい，身につけてほしいこと）
※子どもを主語にする。※抽象的な表現にする。
「～を楽しむ」「～を味わう」「～に親しむ」など
※責任実習は，養護のねらいを入れる。

(例)・ルールのある遊びのおもしろさを感じる。
・友達や保育者と一緒に，思いきり体を動かす心地よさを味わう。

① 経験する内容

①子どもが具体的に経験する主な活動を記入する。
②活動を通して経験する内容を記入する。

※子どもを主語にする
「～する」「～遊ぶ」など

(例)【主な活動】しっぽ取りゲームをする
・実習生の話を聞く。
・保育者や友だちのしっぽを追いかけて取ったり，自分のしっぽを取られたりしないように逃げる。

③用意するもの

子どもが扱う材料や道具など，個数や大きさなども記入しておく。

(例)　しっぽ：扱いやすい布（50～55cm（幅3cm～5cm））人数分＋予備○枚，予備のしっぽを入れるかご二つ
ラインカー，CDプレーヤーなど音楽を流せる機器（※園で借りることができるかを確認しておく。）
※しっぽを取られても，繰り返し付けて遊べるように多めに準備する。
子どもたちが準備するもの（帽子，水筒）

⑤時間	⑥環境構成	予想される子どもの活動	実習生の援助・留意点
活動の節目となる時間を書く （5分・10分単位）	・記号を付けてわかりやすく書く。 （実習生▲，子ども○など） **※定規を使い丁寧に作図する。**	活動中の子どもの様子・姿・動きを書く。 **※子どもを主語にする。** **「○」節目の内容** **「・」細かな内容** **「※」配慮が必要な場合**	・予想される子どもの活動に対する実習生の援助・留意点を書く。 ・子どもが主体的・自発的に取り組めるような援助を具体的に記入する。 **※実習生を主語にする。**
9：45	**〈保育室〉** 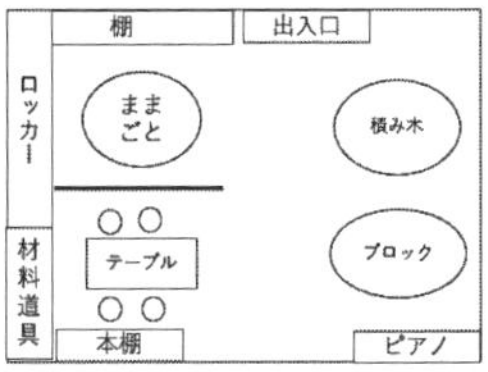 	○片づけ ・保育室で遊んでいた玩具を保育者と一緒に片づける。 ○園庭に出る前の準備 ・トイレに行き，排せつをする。 ・手洗い・水分補給をする。 ・帽子をかぶる。 ・水筒を持つ。 **※一斉活動で取り組むのではなく，やりたい子どもから参加できるようにする場合は，自然な流れのなかで必要な物を準備したり，説明をしたりしよう。「やってみたい」と興味を示した子どもと遊びを進めよう**	・使っていた玩具を丁寧にしまえるように，整理しながら実習生も一緒に片づける。 ・見通しが持てるように，片づけの後に園庭で遊ぶことを伝える。その際，実習生が遊びを考えていることを伝え，興味が持てるようにする。 ・担任保育者と連携を取り，トイレの見守りと園庭に出る準備を見守る役割を分担する。 ・園庭に移動する前に，帽子をかぶること，水筒を持つことを伝える。 **※活動の変わり目や移動の際は，子どもがとまどわないように，わかりやすい言葉で伝えることや，保育者間の連携を記入しておこう。**
10：00	**〈園庭〉**　※雨天時はホール 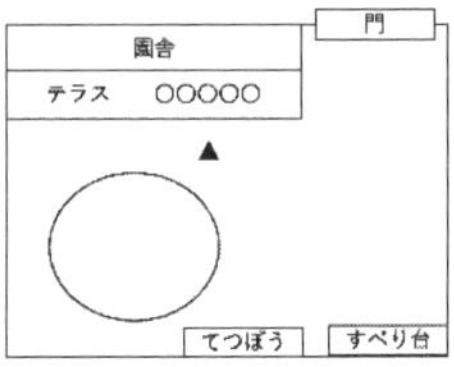 **▲実習生　○子ども** **・あらかじめラインカーで線を描いておく。** **・かごの中に予備のしっぽを入れておく。** 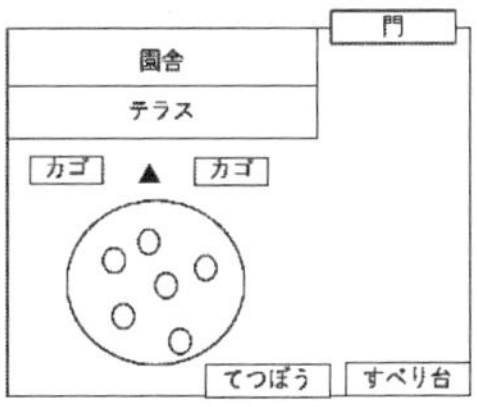 	○園庭で遊ぶ ○しっぽ取りゲームをする ・しっぽ取りゲームのルールを聞く。 ・しっぽをつける。 ・曲が流れたらしっぽを取られないように走る。 ・繰り返し追いかけて遊ぶ。 ・しっぽを取られたら，かごの中に入っているしっぽをつけて再び遊びに参加する。 ※しっぽを一人でつけることが難しい子どももいる。 ・曲が止まったらしゃがむ。 **※好きな遊びのなかでやりたい子どもが取り組む場合は，違う遊びをしている子どもの様子も視野に入れて遊びを進めよう。**	・水筒をテラスに置き，座るように伝える。（一斉活動でない場合は，興味を示した子ども） ・遊びに期待がもてるように，わかりやすい言葉でルールを説明する。 （紙芝居にして遊び方のポイントが理解しやすいように準備をしておく。） ・しっぽを取られても新しいしっぽをつけて遊べることを伝え，繰り返し遊べるようにする。 ・ぶつからないように周りをよく見て走るように伝える。 ・季節の曲や日頃親しんでいる曲などを流す。 （※具体的な曲名を入れておくとよい。） ※「はじっこを持つといいよ」など，つけ方のポイントとなる言葉をかけ，自分でつけられるように見守る。 ・必要に応じて手を添えて，しっぽをつけやすいように援助する。 ・一緒に遊びを楽しみながら，全体を見渡せるように意識し，危険のないように見守る。

横に追うとわかるように，関連する項目の高さを揃える。

あなたの指導計画実践の振り返り
※部分実習や責任実習を実施した後に記入します。 部分実習の内容を振り返り，子どもの姿と年齢・発達に即した計画を立案することができていたか，実習生自身の評価・反省を記入します。

1 実習が始まったら

01　子どもの姿をとらえる

指導計画は，子ども理解にもとづいて作成します。実習が始まったら，事前学習で整理した視点をもって，子どもの姿をとらえます。観察や関わりを通して，子どもが見ている先を見て，思いや考えなどの気持ち（内面）を感じましょう。また，自分自身も子どもと一緒にその遊びを体験することで，子どもが遊びのなかで何に心を動かされているのか，何に夢中になっているのかを知ることができ，遊びのおもしろさが体感できます。

02　園の保育方針，保育方法，保育環境をとらえる

実習園の方針，保育方法を理解したうえで，園が行っている日ごろの保育の流れ（登園から降園までの時間や活動の流れ）に沿った計画を立てることが必要です。また，事前に考えていた活動が園の環境によっては実施できないことも考えられます。保育室や園庭の広さ，置かれているものの位置，子どもが扱える道具などを事前に確認しておきましょう。

とくに製作は準備物が多いため，配慮点が多くなります。使うはさみやクレヨンなどの管理方法は年齢によって異なりますので，準備の仕方を確認しておきましょう。個人でお道具箱に管理している場合は，友達同士ぶつからないように気をつけて準備をすることやはさみの持ち方を確認してから取りに行くようにするなど，子どもたちが理解しやすい言葉で保育者が伝えていることでしょう。のりを使うときは，テーブルクロスを敷いたり，事前に濡らしたお手ふきを準備したりなど，子どもが扱いやすいような準備をしています。

また，クラスの子ども全員で行うゲームでは，待っている時間がないような工夫がされているでしょう。いす取りゲームはよく行う活動ですが，30 人のクラスで一つずつ椅子を減らしていった場合，始めに座れなかった子どもは，30 人が終わるまでずっと待っていることになります。実習生がいす取りゲームを活動で実施し，1 回が終わるまでに 30 分以上かかってしまう場合，はじめのほうで椅子に座れなかった子どもは，「もう一回やりたい！」と言っても，時間が取れないことが予想されます。これでは，みんなが楽しめたとは言えないでしょう。最後までみんなで楽しめる活動にするにはどのような留意が必要か，どうしたら楽しめるのかを常に検討していきましょう。

03　保育者の意図をとらえる

保育者の「子どもへのかかわり方」や「活動内容」「環境構成」の意図を考えながら観察し，なぜ保育者はこの活動を取り上げたのか，なぜこのような環境構成にしているのかなどを考察します。そのうえで，「私は○○と考えたのですが，この環境構成にしている意図を教えてください」というように，自分の考えをもって質問するとよいでしょう。

保育者は生活のなかで日々子どもが見通しをもって生活や遊びを進めていけるような工夫をしています。保育者が全体に向けて伝えている言葉は，よりわかりやすく整理されています。あえて見守り，気づくのを待っていることもあるでしょう。保育者の姿からその意図をとらえて，自分の援助や留意点につなげていきましょう。

Column 活動ありきの指導計画にならないために

実習生を受けもった実習担当の先生から，次のような話がありました。

実習生が「アジサイを作りたい」と準備をしてきたんですけど，それが前日のことでした。内容を確認すると，同じ形に切った台紙と，同じ枚数の折り紙，同じ折り方，完成するものが全員一緒になるような製作の進め方でした。修正している時間もないので，結局，子どもをその計画につき合わせることになってしまいました。うちの園では，全員で同じものを一斉で作るような保育の進め方をしていないので，それを事前に理解していないことがとても残念でした。せめて色を選べる等の工夫があったらよかったなと思います。

活動を振り返ると，実習生のほうには達成感があっても，子どもにしてみれば「実習生につき合わせるような活動」になってしまったことは，理解できたのかなと思います。準備の仕方や活動のもち方を，もっと早い段階から相談してほしかったです。

この実習生は，実習に入って10日目でした。責任実習までに「園の方針」や「子どもの遊びの様子」「保育者の保育の進め方」を，自らが提案する活動に結びつけて捉えていなかったようです。実習では，子どもたちや保育現場から貴重な時間を割いていただいています。

実習生が提案する部分実習や責任実習が，子どもをその計画につき合わせることがないようにするために，早い段階で保育者に相談をして準備をしていきましょう。

●実習が始まる前に……活動を複数準備しておきましょう●

実習生は，子どもと楽しみたい活動を複数考えておきましょう。リストアップした活動は，年齢ごとに整理しておきます。季節に合っている，行事につながりがある，手作りをしたので取り入れたい等，子どもにとっても楽しい経験になり，自分にとってもよい経験になるような活動を複数準備しておきましょう。

●実習が始まったら……活動ありきにならないように●

自分が準備した活動は，目の前の子どもの発達や興味・関心に合っているのか，実習が始まってから照らし合わせます。活動をさせるために指導計画を作成するのではありません。指導計画は仮説であって，計画をしたとおりに子どもに何かをさせるためのものでないことを理解しておきましょう。**計画は保育者の援助を導くもの**なのです。とくに実習生は，書き出すことで様々な留意点に気づくことができます。ねらいに即した自分自身の援助のあり方を検討していきましょう。

実習における指導計画
読み聞かせ指導案作成ワークシート

実習生氏名　　　　　　　　　　　　印
指　導　者　　　　　　　　　　　　印

指導日時　平成　　年　月　日（　）　10：00 ～ 10：45
歳児　　組　　名（男児　　名・女児　　名）

【子どもの実態】

【ねらい】ワーク②ねらいを考える

・

・

活動を通して子どもが獲得する心情・意欲・態度などのねらいを記入する。「子どもが～する（味わう，身につける）」となるように表現する。

【経験する内容】ワーク①導入の活動を考える

・絵本「　　　　　　　　　　」を見る。

ワーク③経験することを具体的に考える

・

例（1歳）・「ぴょーん」と声に出したり，言葉のリズムに合わせて体を動かす。

まず活動名を記入する。次に，活動に取り組むことで子どもが具体的に経験することを，ねらいと合わせ記入する。

用意するもの

・「　　　　　　　　　　」の絵本

時間	環境構成	予想される子どもの活動	実習生の援助・留意点
		○保育室で好きな遊びをする	
10:00		○片づける	・片づけをし，排泄を済ませて保育室に入るよう声をかける。
		・片づけをして，手洗い，うがいをして保育室に入る。	・片づけに時間がかかるブロック遊びなどから声をかける。
	【ワーク④】 環境図を記入する。 保育者の立ち位置と，子どもの座り位置に配慮して記入すること。	一つ前の活動の終わりから，次の活動の準備がスタートする。子どもが集まったところから部分実習を始める場合もあるので，確認すること。	
10:15	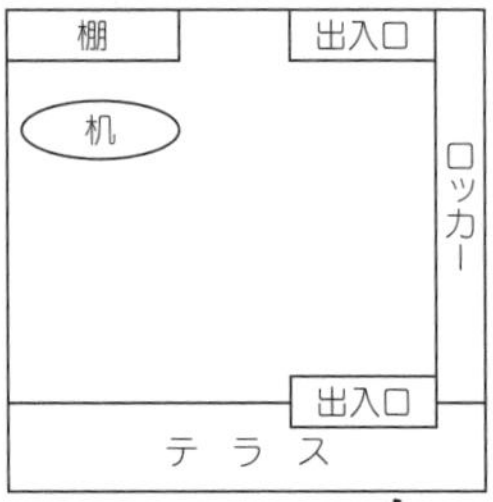	○保育室に集まる ・手洗い，うがいを済ませた子どもから，保育室に集まる。	・保育室に入ってきた子どもたちに，椅子を持って保育者のまわりに集まるよう声をかける。 ・全員が揃うのを待ちながら，集中し，落ち着くような手遊びをする。
10:20	環境図は定規を使い，丁寧に記入する。活動の節目で場所の移動や子どもたち・テーブルなどの移動があった場合は，環境図を書き加えること。	【ワーク⑤】 ○ 予想される子どもの活動には，実習生の活動に対する子どもたちの様子を想定して記入する。実習生の計画どおりに進んだ姿を書き，想定外の動きには「※」を付し，実習生の援助・配慮点に対応を記入すること。	【ワーク⑤導入を考える】 ・子どもたちが揃ったことを確認する。 ・ 読み聞かせに対して子どもの期待が高まり，集中できるような導入を考え，記入すること。その際，導入の意図や主旨を記入すること。 ※導入の活動として手遊びやクイズがあります。手遊びやクイズの内容を子どもたちにどのように説明するのか考え，記入すること。

		○実習生の話を聞く ・友だちと相談しするなどしながら，思い思いに実習生の質問に答える。 これから絵本を読むことを，どのように伝えるのか，記入すること。 ＊導入（手遊びなど）をどのように絵本につなげるのか ＊どのような導入・伝え方をすると，子どもが絵本の内容に期待がもてるか（見てみたい！ と思えるか）	【ワーク⑥展開を考える】 ・
10：25		○絵本「⑦　　　　　」を見る ねらいを達成するために，絵本の読み方や見せ方などの援助内容を考え，記入すること。 また，読み始める前に見えない子どもがいないか，椅子の向きなど確認をする。	・絵本「⑦　　　　　」を読む。 ・
10：35		○実習生の話を聞く ・外でやりたいことなど，実習生の質問に答える。	【ワーク⑧まとめを考える】 ・ など，子どもたちに園庭に出て遊ぶことを伝える。 読み聞かせが終わり，次の活動にはどのようにつなげるのか考えること。 前後の活動と読み聞かせの内容に連続性がある場合とない場合がある。 〈連続性がある場合〉 ＊絵本の内容を次の活動につなげる場合，どのような声かけができるのか考えること。
10：45		○帽子をかぶり，テラスで外靴に履き替える	

3. 表現・表記に関して

実習日誌は，保育中の出来事や実習生の学びを，指導者と共有する役割をもちます。**その場にいなかった人が読んでもわかる表記・表現**を心がけましょう。

1 事実と気づきを分けて考える

まずは客観的な事項，「いつ，どこで，誰が，何をしていたのか」がわかるように記入します。その事実に対して，「その場面に対する実習生の考え，実習生はどう感じたか」といった主観的な事項を書き加えます。客観的な事項（事実）と主観的な事項（気づき）が混ざっていると，どこまでがあなたの考えなのかが理解がしづらくなりますから，記号などを用いて事実と気づきを書き分けるようにしましょう。p.147・148 を参考にしてください。

2 環境図や絵を記入する

保育室・居室の環境や，一斉活動の際の環境構成，製作物の制作方法や完成した作品など，文字で表すよりも図や絵で記したほうがわかりやすいものについては，図や絵を記載します。幼稚園・保育所の環境図の書き方は，p.148 や p.169 を参考にしてください。

【例】図を生かした表記（医療型児童発達支援センターの訓練室の環境と機能）

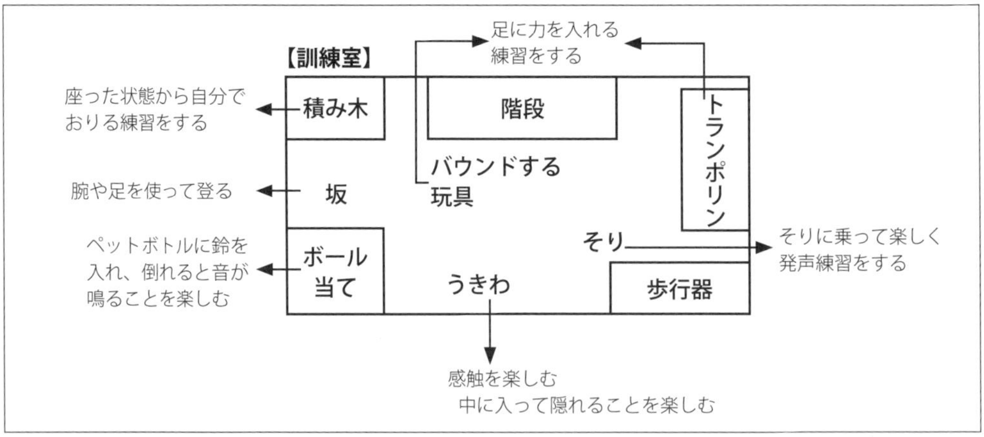

環境図に役割（ここでは訓練内容）を書き加えることで，施設の機能を可視化することができます。

3 誤字や認識違いのあった箇所を修正する

誤字がないよう事前に見直すことが前提ですが，間違ってしまった場合は，修正をします。間違いを修正テープ等で消さずに，赤字で修正箇所とわかるように二重線を引き，同じく赤字で正しく書き直すことで，**自分がどこを間違えたのかを省みて，その後の実習に生か**

すことができます。修正液・修正テープの使用可否や，修正印の要否については自己判断せず，所属校や実習先の保育者に確認をしたうえで修正してください。

4 子ども・利用者の名前の書き方

エピソード記録や振り返りの記入では，**個人が特定できないよう**，子どもや利用者の名称はイニシャルで書きます。同じイニシャルの子どもや利用者がいる場合は，区別がつくよう名字と名前の英字（例：S・M ちゃん）を書く，イニシャルの上に鉛筆や消すことが出来る筆記具で名前を書く（例：M（めぐみ）ちゃん）などの工夫をしましょう。なお，表記の仕方は，指導をしてくださる保育者へ事前に確認しておきます。

5 その他 表現・表記の留意点

実習生が記入してしまいがちな表現・表記を図表 7-3-1 に示しました。参考にしながら，自らも実習記録のメモ欄に新たに学んだ表現・表記や修正された表現・表記を記録しておくとよいでしょう。実習先に特有の書き方もあります。たとえば，保育園では「園長先生」「所長先生」，障害者支援施設では「利用者」「利用者さん」「ご利用者様」など呼び方が異なる場合があります。児童養護施設では，子どもを「利用者」とは呼ばず，「子ども」，「児童」等と記します。その背景には，子どもは施設を自らの意思で「利用」しているわけではなく，「措置」されてきているという考えがあるからです。保育や療育，介護等の専門用語は，事前学習で施設への理解を深める中で身に付いていきます。表記の仕方がわからない場合は，指導者に確認し，その理由について質問することで理解を深めていきましょう。

図表 7-3-1 表現・表記の留意点

①「話し言葉」と「書き言葉」の使い分け	
□お弁当・お片づけ→弁当・片づけ	□違くて→違って
□年長さん→年長（児）	□～しなきゃ→～しなければ
□（＊文頭から）なので，…→そのため，	□～しちゃう→～してしまう
□すごく→とても，たいへん	□～みたいに→～といったように
□ちゃんと→きちんと	□～と思ってました→～と思っていました
□～とか→～など / や	□食べれた→食べられた
□～するんだ→～するのだ	□はいはいする部屋→ほふく室
②書ける字は漢字で	□そうじ→掃除　□あいさつ→挨拶　□おもちゃ→玩具
③保育者の援助は，「強制的」なニュアンスのものを避けるように	
□～させる・指示する・気付かせる→伝える・援助をする	
④特有の用語（保育所・幼稚園，学校教育との違いなど）	
□昼寝→午睡	□登園時の体調確認→健康観察・視診
□トイレに行く→排泄	□登校→登園（登所），下校→降園（降所）
□飲み込む→嚥下	□校庭→園庭（所庭），教室→保育室
⑤文章の中では体言止めをしない	□片づけ→片付ける　□手伝い→手伝う

（『教育・保育実習のデザイン』第二版，p.174，佐伯一弥より引用，一部改変）

Column 遊びファイルを作って，模擬保育をしてみよう！

●子どもと一緒に楽しみたい遊びを書き出し，ファイルに整理しよう！●

「絵本・紙芝居」「ゲーム」「手遊び・歌・わらべ歌・ふれあい遊び」「運動」「製作」等，遊びの種類ごとに分け，遊びの内容，遊び方や遊びのポイント，その遊びを楽しむことができる年齢，季節，援助のポイントなどをわかりやすく整理しましょう。

実習中，子どもの姿に応じた活動を考えるとはいっても，子どもとやってみたい遊びが突然出てくるものではありません。

遊びの準備（教材研究）をしておくことで，「この年齢にはこの遊びが楽しめるな」「この季節にはこの絵本が適しているな」と選ぶことができ，見通しをもって準備することができるでしょう（別冊参照）。とくに製作活動では，多くの準備が必要です。素材の扱いやすさ，大きさ，材料や道具の準備の仕方など，作って繰り返し試していきましょう。

製作：	
遊びの内容	
遊び方・ポイント	
遊びを楽しめる年齢	
遊びを楽しめる季節	
援助のポイント	

●模擬保育をしてみよう！●

学生同士で子ども役と保育者役になり，実際に遊んでみます。たとえば，絵本や紙芝居を読む際の声の大きさ，ページのめくり方，表情，導入の仕方など，配慮点は様々あり，実践してみなければ気づかない配慮点がいくつもあります。

「子どもだったらどうする？」と考えながら言葉を選び，表情や立ち振る舞いに配慮して実践してみましょう。気づいたことをファイルに書き加えておくと，実習中の自分を助けてくれますよ！

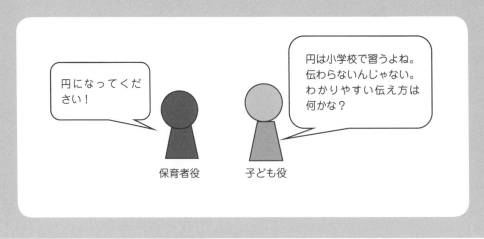

円になってください！
円は小学校で習うよね。伝わらないんじゃない。わかりやすい伝え方は何かな？
保育者役
子ども役

第8章

振り返り

実習の評価

■ ワークシート①（保育所）
■ ワークシート②（保育所）
■ ワークシート③（保育所）
■ ワークシート④（施設）
■ 保育実習の振り返りシート（まとめ）

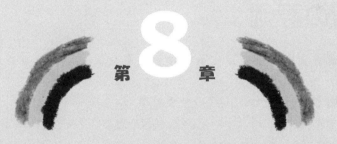

実習の評価

1 保育の専門性を向上し，実践力を高める

保育所保育指針（第1章）には，「保育士等は，保育の計画や保育の記録を通して，自らの保育実践を振り返り，自己評価することを通して，その専門性の向上や保育実践の改善に努めなければならない」とあります。また幼稚園教育要領（第1章）では，「指導の過程を振り返りながら幼児の理解を進め，幼児一人一人のよさや可能性などを把握し，指導の改善に生かすようにすること」とあります。保育における専門性の向上や保育実践の改善のために，自己評価は欠かせません。

実習の段階では，計画（Plan），実践（Do），省察・評価（Check），改善（Action）というPDCAサイクルを実習の様々な場面で感じ，経験することが大切です。実習の評価では，もちろん「〜できる」という評価だけでなく，今の自分を知り，もっと向上するにはどうすればいいかを考える「自己成長のための評価」が重要になります。そして，最終的には子ども理解を深め保育に生かすことへつなげるために，自己評価はあるのです。仕事のできる人は，自分が何に取り組むべきかを知っています。そして，自ら課題を見出し解決しようと取り組む人は，職場で活躍し成長することができます。さらに，自分がこれまで培（つちか）ってきた経験やノウハウを後輩に語り，育てることができるのです。

2 実習のなかでの自己評価

実習は日々，新たな経験を積み重ねながら，自ら設定した実習目標が達成できるように取り組みます。その日の「リフレクション（振り返り）」や「気づき」をフィードバックし，次の日の実習行為に反映させることを繰り返しています。毎日，自己評価を行い，できなかったことを悔やむのではなく，保育のなかでの発見やできることを増やしていくのです。

では，フィードバックはどうして大切なのでしょうか。それは，フィードバックによって，自分のなかで自己指示（self direction）が起こるからです。「今日は○○がうまくできなかったから，明日はこれに挑戦しよう」や「先生に○○とアドバイスを受けたけど，自分の考えにはまったくなかった。次にそういう場面があったら，自分もやってみよう」などと心のなかで自分自身に指示することができるようになります。自分に向かって言葉を発し，それを行動に移せるようになると，積極的な行動となって現れるのです。

実習巡回指導（中間評価）のときには，それまでの数日間の実習を振り返り，自己評価し課題を明確にしておくと，残りの期間での実習がさらに有意義なものになります。そして，巡回指導教員の訪問時に，自分の実習状況や挑戦していることを巡回指導教員や現場

実習指導者に話してみることで，その場でしか得られない貴重なアドバイスをもらうことができ，自分の実習行為にフィードバックすることができるのです。

3 ルーブリックを活用した自己評価

これまで述べたことを具体的に進めていくために，本書では，学習を促進するルーブリックの活用を提案しています。

01　実習を始める前の活用

ルーブリック（pp.14-17）にあるような項目を最初に意識すること，もしくは自己評価するなどして，どの項目が足りていないのかを事前に確認することによって，授業で何を学び，事前に何を準備して行くべきかがわかります。たとえば，事前学習シート（p.30）などに，発達や子育て支援に関するこれまでの学びをまとめておくなどは，実習での質問や現場での取り組みを知るうえで役に立つことでしょう。

02　中間評価（実習巡回指導）での活用

前述のように，実習巡回指導時の中間評価は，学習を促進する有意義な機会となります。実習生のＸさんは実習が始まり，ルーブリック（遊びの理解）のなかにある「子どもと一緒に遊ぶことで，子どもが感じる遊びの魅力を理解することができる」という項目を見て，自分は「どうやって子どもの遊びを展開させようかって，そういうことばっかり考えてて，思いっきり子どもと遊ぶってことはしていなかったな」と振り返ったそうです。そして，実習目標に「子どもと一緒に遊ぶことから遊びの魅力を感じる」と記入し，子どもと一緒に泥遊びをするなかで，２月ではまだ冷たい泥・砂で無心になって遊ぶ子どもの姿と，遊びがそれほど子どもにとって魅力があることを体感しました。メモも取らずに遊びのなかに入り，そこから理解することで，それをエピソードにまとめることができました。

またＸさんは，こうしたルーブリックの活用から，今の自分にはどの部分が足りないかを認識し，実習目標が以前よりも立てやすくなったと語っています。このように，ルーブリックの活用により「これに取り組んでみよう」という指標を見つけることもできます。

03　事後学習での活用

事後学習ではワークシート（pp.180-187）によって，他者を介した自己評価を行います。このワークシートはルーブリックを活用しており，ルーブリックの評価観点・評価指標が，リフレクション（振り返り）のガイドラインとして機能しています。

ワークシートでは，他者の評価を読んでコメントし，自己の評価がコメントされることを通して，同じことで悩んでいる仲間のコメントに触発されたりしながら，友だちの実習体験を考察するなかで自分と同じような状況・体験を見出し，自分の体験と対話していきます。たとえ，同じ状況であってもとらえ方や視点が異なり，いろいろな考え方があることを知り，その体験へ共感するなかから「～したい」という次への学習意欲が生まれます。このように，仲間からの具体的なフィードバックによって学びが促進され，自分の視野の広がりや保育観の深まりを感じ，次はどうするかを自然に模索しはじめることとなるでしょう。

あなたの通し番号（No.　　　　　　　　）

STEP1 あなたの実習を振り返り，下記の３項目についてあなたの自己評価（各レベルの文言）に丸をつけてください。また，なぜそのような評価に丸をつけたかの根拠となるエピソードを枠内に記述してください。

	実習上級レベル	実習中級レベル	実習初級レベル
発達の理解	発達過程を意識して子どもにかかわり，それに対する子どもの反応や言動を記録し，理解することができる。	子どもの姿や言動を記録し，事前学習した発達の知識に関連づけて考察することができる。	子どもの姿や言動を記録し，その記録から発達に関する気づきを得ることができる。
援助の理解	保育者の姿勢やかかわり方，考え方から学びを得て，それを実践に結びつけることができる。	保育者の言動に触れ，その姿勢やかかわり方，考え方を記録し，考察することができる。	保育者の言動に触れ，その姿勢やかかわり方，考え方に関心をもち記録することができる。
子育て支援の理解	保育者から聞いた子育て支援の実例から学びを得て，それを実践に結びつけることができる。	子育て支援の実例について質問し，事前学習と結びつけて考察することができる。	子育て支援に関心をもち，その実例について質問することができる。

《発達の理解》エピソード

《援助の理解》エピソード

《子育て支援の理解》エピソード

コピー拡大の目安 115%

STEP2 エピソードに対するコメント 《所要時間 45 分》

◎あなたのシートが先生に回収されシャッフルされます。そして，あなたの手元には他者のシートが配布されます。

◎手元に配布されたシートを受けとったら，自分の通し番号（No.）を記入します。左記の他者の 3 つのエピソードについて以下の点に配慮しながら，コメント①をまとめて記入してください。(15 分)

＊自分にも似たような経験があったか。そこから何か伝えたいことはあるか。

＊記述されたエピソードから，その人がどのような学びをしたと読みとれるか。

＊自分がこの人の立場だったら，次にどのようなことに取り組むか。

◎記入し終わったシートは再び先生に回収されシャッフルされて再配布されます。

自分の通し番号（No.）を記入して同様の作業を繰り返し，コメント②，コメント③を記入してください。(15 分× 2 回)

コメント①（No.　　　　　　　　）

コメント②（No.　　　　　　　　）

コメント③（No.　　　　　　　　）

STEP3 コメントを通しての感想と考察 《所要時間 30 分》

◎あなたのシートが返却されたら，お互いにコメントした感想をふまえ，考察（気づき・新たに見えた課題・自分の視点の特徴）を記入します。

◎最後に，右下欄の所属（クラス・番号など）と名前を記入し，先生に提出してください。

① 仲間の事例を読み，コメントしてみて

② 仲間からのコメントを読んで

（所属　　　　　　　　　　　　　　　）（名前　　　　　　　　　　）

あなたの通し番号（No.　　　　　　　　　）

STEP1 あなたの実習を振り返り，下記の３項目についてあなたの自己評価（各レベルの文言）に丸をつけてください。また，なぜそのような評価に丸をつけたかの根拠となるエピソードを枠内に記述してください。

	実習上級レベル	実習中級レベル	実習初級レベル
子どもへの関心	他者に伝えたくなるような子どもの姿に関心をもち，記録された複数の事例を総合的に考察することができる。	他者に伝えたくなるような子どもの姿に出会い，その記録から保育の魅力を発見することができる。	他者に伝えたくなるような子どもの姿に出会い，記録することができる。
子どもの世界の尊重	子どもが心を動かし考え楽しむ過程を見守り，記録された複数の事例を総合的に考察し，子どもの理解をすることができる。	子どもの目線に立ち，子どもが心を動かし考える過程を尊重して見守り，それを記録して。子どもの世界を考察することができる。	子どもの目線に立ち，子どもが心を動かし考える過程に関心をもち，記録することができる。
生活の連続性への理解	日々の出来事や生活と，子どもの姿とのつながりを関連づけ考察し，実践に結びつけようとしている。	日々の出来事や生活と，子どもの姿とのつながりに関心をもち，関連づけて考察することができる。	子ども理解のために，保育園や家庭での生活の影響に関して，保育者に質問することができる。

《子どもへの関心》エピソード

《子どもの世界の尊重》エピソード

《生活の連続性への理解》エピソード

STEP2 エピソードに対するコメント 《所要時間 45 分》

◎あなたのシートが先生に回収されシャッフルされます。そして，あなたの手元には他者のシートが配布されます。
◎手元に配布されたシートを受けとったら，自分の通し番号（No.）を記入します。左記の他者の 3 つのエピソードについて以下の点に配慮しながら，コメント①をまとめて記入してください。（15 分）
　＊自分にも似たような経験があったか。そこから何か伝えたいことはあるか。
　＊記述されたエピソードから，その人がどのような学びをしたと読みとれるか。
　＊自分がこの人の立場だったら，次にどのようなことに取り組むか。
◎記入し終わったシートは再び先生に回収されシャッフルされて再配布されます。
　自分の通し番号（No.）を記入して同様の作業を繰り返し，コメント②，コメント③を記入してください。（15 分× 2 回）

コメント①（No.　　　　　　　　）

コメント②（No.　　　　　　　　）

コメント③（No.　　　　　　　　）

STEP3 コメントを通しての感想と考察 《所要時間 30 分》

◎あなたのシートが返却されたら，お互いにコメントした感想をふまえ，考察（気づき・新たに見えた課題・自分の視点の特徴）を記入します。
◎最後に，右下欄の所属（クラス・番号など）と名前を記入し，先生に提出してください。

① 仲間の事例を読み，コメントしてみて

② 仲間からのコメントを読んで

（所属　　　　　　　　　　　　　　　　）（名前　　　　　　　　　　）

あなたの通し番号（No.　　　　　　　　）

STEP1 あなたの実習を振り返り，下記の３項目についてあなたの自己評価（各レベルの文言）に丸をつけてください。また，なぜそのような評価に丸をつけたかの根拠となるエピソードを枠内に記述してください。

	実習上級レベル	実習中級レベル	実習初級レベル
遊びの理解	子どもが感じる遊びの魅力を理解し，それを考慮して実践に結びつけようとしている。	子どもと一緒に遊ぶことで，子どもが感じる遊びの魅力を理解することができる。	コミュニケーションをとりながら，子どもと一緒に遊ぶことができる。
関わる準備と実践	子どもとかかわるために必要なことを事前に考え準備して，丁寧にかかわることができる。	子どもとかかわるために必要なことを事前に考え，準備することができる。	子どもとかかわるために必要なことを事前に考えることができる。
関わる魅力の発見	子どもとのかかわりを通して気づき，発見できたことから，かかわる魅力を総合的にまとめることができる。	子どもとのかかわりを通して，気づきや発見を記録し，改善点を考えることができる。	子どもとのかかわりを通して，気づきや発見を記録することができる。

《遊びの理解》エピソード

《かかわる準備と実践》エピソード

《かかわる魅力の発見》エピソード

STEP2 エピソードに対するコメント 《所要時間 45 分》

◎あなたのシートが先生に回収されシャッフルされます。そして，あなたの手元には他者のシートが配布されます。
◎手元に配布されたシートを受けとったら，自分の通し番号（No.）を記入します。左記の他者の 3 つのエピソードについて以下の点に配慮しながら，コメント①をまとめて記入してください。（15 分）
＊自分にも似たような経験があったか。そこから何か伝えたいことはあるか。
＊記述されたエピソードから，その人がどのような学びをしたと読みとれるか。
＊自分がこの人の立場だったら，次にどのようなことに取り組むか。
◎記入し終わったシートは再び先生に回収されシャッフルされて再配布されます。
自分の通し番号（No.）を記入して同様の作業を繰り返し，コメント②，コメント③を記入してください。（15 分× 2 回）

コメント①（No.　　　　　　　　）

コメント②（No.　　　　　　　　）

コメント③（No.　　　　　　　　）

STEP3 コメントを通しての感想と考察 《所要時間 30 分》

◎あなたのシートが返却されたら，お互いにコメントした感想をふまえ，考察（気づき・新たに見えた課題・自分の視点の特徴）を記入します。
◎最後に，右下欄の所属（クラス・番号など）と名前を記入し，先生に提出してください。

① 仲間の事例を読み，コメントしてみて

② 仲間からのコメントを読んで

（所属　　　　　　　　　　　　　　　　）（名前　　　　　　　　　　）

あなたの通し番号（No.　　　　　　　　　）

《ワークシート④》

STEP1 あなたの実習を振り返り，下記の４項目についてあなたの自己評価（各レベルの文言）に丸をつけてください。また，なぜそのような評価に丸をつけたかの根拠となるエピソードを枠内に記述してください。

	実習上級レベル	実習中級レベル	実習初級レベル
施設の役割や機能	施設の役割や機能を理解したうえで行動することができる。	施設の役割や機能を理解し，それらを利用者の姿に結びつけて記録や質問をすることができる。	施設の役割や機能をおおよそ理解している。
利用者(子ども)の理解	個々の利用者の姿に関心をもち，その行動の理由や原因を考察したうえで行動することができる。	個々の利用者の姿に関心をもち，事前学習と関連づけて記録や質問ができる。	個々の利用者の姿に関心をもつことができる。
利用者(子ども)の支援	支援者の言動から利用者支援に関心をもち，支援者の姿勢やかかわり方，考え方を実際の支援に取り入れようとしている。	支援者の言動から利用者支援に関心をもち，記録や質問をすることができる。	支援者の言動から利用者支援に関心をもつことができる。
ウェルビーイング	利用者の視点や立場に立ち，利用者の最善の利益・幸福について考察したうえで利用者支援に繋げようとしている。	利用者の視点や立場に立ち，利用者の最善の利益・幸福に関連づけて，記録や質問ができる。	利用者の最善の利益・幸福という観点から，利用者の生活について関心をもつことができる。

《施設の役割や機能》エピソード

《利用者（子ども）の理解》エピソード

《利用者（子ども）の支援》エピソード

《ウェルビーイング》エピソード

STEP2 エピソードに対するコメント 《所要時間 45 分》

◎あなたのシートが先生に回収されシャッフルされます。そして，あなたの手元には他者のシートが配布されます。

◎手元に配布されたシートを受けとったら，自分の通し番号（No.）を記入します。左記の他者の二つのエピソードについて以下の点に配慮しながら，コメント①をまとめて記入してください。（15 分）

＊自分にも似たような経験があったか。そこから何か伝えたいことはあるか。

＊記述されたエピソードから，その人がどのような学びをしたと読みとれるか。

＊自分がこの人の立場だったら，次にどのようなことに取り組むか。

◎記入し終わったシートは再び先生に回収されシャッフルされて再配布されます。
自分の通し番号（No.）を記入して同様の作業を繰り返し，コメント②，コメント③を記入してください。（15 分× 2 回）

コメント①（No.　　　　　　　　　　）
コメント②（No.　　　　　　　　　　）
コメント③（No.　　　　　　　　　　）

STEP3 コメントを通しての感想と考察 《所要時間 30 分》

◎あなたのシートが返却されたら，お互いにコメントした感想をふまえ，考察（気づき・新たに見えた課題・自分の視点の特徴）を記入します。

◎最後に，右下欄の所属（クラス・番号など）と名前を記入し，先生に提出してください。

① 仲間の事例を読み，コメントしてみて
② 仲間からのコメントを読んで

（所属　　　　　　　　　　　　　　）（名前　　　　　　　　　　）

* * * * **保育実習（　　　）の振り返りシート（まとめ）** * * * *　　コピー拡大の目安 115%

課題　これまでの振り返りをまとめます。下記の項目について，できるだけ具体的に書いてください。

この回で振り返る実習先名称	[保育所・施設]
1. 開示された評価票を見て（伝えられて），あなたは今，どのような気持ちですか？　また，この結果を受け入れることができますか？	
2. 実習先からの評価とあなたの自己評価（ワークシート）を照合して，あなたが考えることはどのようなことですか？	
3. これまでの振り返りの授業を通じて見つけた，あなたのがんばったところや良いところは，どんなところでしたか？　あなたが見出した今後の課題は，どのようなものですか？　実際に行動に移すには，どのようなことが必要だと思いますか？ [がんばったところ・良いところ] [今後の課題] [行動に移すには]	

＊このシートは，ワークシートと一緒に閉じて保管しておきましょう。

[所属]　　　　　　　　　　　　　　　　[名前]

参考文献

網野武博「家族および社会における育児機能の心理社会的分析」社会保障研究所 編『現代家族と社会保障：結婚・出生・育児』東京大学出版会，1994

井桁容子・汐見稔幸『「ていねいなまなざし」でみる乳幼児保育』フレーベル館，2005

石川准・長瀬修『障害学への招待』明石書店，1999

井上雄彦『リアル』1−9 巻，集英社，2001−2009

今井和子 編著『改訂版 保育に生かす記録の書き方』ひとなる書房，1999

大場幸夫『子どもの傍らに在ることの意味：保育臨床論考』萌文書林，2007

小野次郎・上野一彦・藤田継道 編『よくわかる発達障害 第 2 版』ミネルヴァ書房，2011

鯨岡峻「子どもの発達を「過程」として捉えることの意味」『発達』29（113）ミネルヴァ書房，2008，18−25

グループこんぺいと 編『発達が気になる子へのかかわり方＆基礎知識：先輩が教える保育のヒント』黎明書房，2008

現代と保育編集部 編『人とのかかわりで「気になる」子』ひとなる書房，1999

厚生労働省「みんなのメンタルヘルス」HP（2018 年 10 月閲覧）

『子どもが語る施設の暮らし』編集委員会 編『子どもが語る施設の暮らし』明石書店，1999

佐々木正美『子どもへのまなざし』福音館書店，1998

佐々木正美『続 子どもへのまなざし』福音館書店，2001

ささやななえ 著 椎名篤子 原作『凍りついた瞳：子ども虐待ドキュメンタリー』集英社，1995

ささやななえ 著 椎名篤子 原作『続 凍りついた瞳：子ども虐待ドキュメンタリー』集英社，1996

汐見稔幸 監修『映像で見る 0・1・2 歳のふれあいうた あそびうた：やさしさを育む 88 の関わり』エイデル研究所，2007 DVD

新澤誠治『子育て支援 はじめの一歩』小学館，2002

杉山隆一・長瀬美子 編著『保育指針改定と保育実践：子どもの最善の利益を考える』明石書店，2009

相馬和子・中田カヨ子 編著『幼稚園・保育所実習 実習日誌の書き方』萌文書林，2004

田中康雄『気になる子の保育 Q&A：発達障がいの理解とサポート』学研，2008

田中康雄 監『わかってほしい！ 気になる子：自閉症・ADHD などと向き合う保育』学研，2004

日本子ども家庭総合研究所 監修『やさしさが育つとき』全 2 巻，新宿スタジオ，2008 DVD

ハーラン・レイン／長瀬修 訳『善意の仮面：聴能主義とろう文化の闘い』現代書館，2007

久富陽子 編『幼稚園・保育所実習 指導計画の考え方・立て方』萌文書林，2009

藤崎眞知代 ほか『保育のための発達心理学』新曜社，1998

藤崎眞知代 ほか『育児・保育現場での発達とその支援』ミネルヴァ書房，2002

山岸道子・田中利則 編著『保育士のための養護原理―児童福祉施設の支援―』大学図書出版，2010

山岸道子・田中利則・山本哲也 編著『保育士のための養護内容―児童福祉施設の支援―』大学図書出版，2010

横塚晃一『母よ！ 殺すな』生活書院，2007

渡部信一・本郷一夫・無藤隆 編著『障害児保育［新版］』北大路書房，2014

おわりに

本書は，初版から9年を迎え，大幅な改訂を加えることとなりました。大きな変更点は，保育の自己評価や質の向上に焦点を当て，パフォーマンス評価であるルーブリックを活用した点にあります。保育者のキャリア形成に重きを置くというコンセプトは変わりませんが，改訂版では学生の自己評価に力点を置くことによって，学生の成長を促進する実習テキストにしたいという願いで作成いたしました。

ルーブリックを中間評価に使用することで学生が自分の成長を実感でき，自ら目標を定めることができるようになります。また，これを活用すれば，教員・現場実習指導者・学生同士での対話によって，自然に深い振り返りができるようになることが実感できるでしょう。

この9年間のうち，本書に綴じ込んでいる別冊『保育実技アイデアノート』は，実習生に大いに役に立ったという声を聞きました。この別冊は，就職するまでの間に，学生たちが実習で触れ実際に実践した教材をクラスの有志で集め，手作り冊子を作成したものを編集しました。つまり，自ら学び続け，必要に応じて，得た知識を形にしているのです。ぜひ，みなさんの実習経験から得たものをまとめて，もう一つオリジナルのものをつくってみてください。こうしたことが職場に入ってからも発揮されれば，きっと成長し続ける保育者になっていくと期待します。

保育者として，人間としていかに成長していくか，そしてどのようにキャリア（自分らしい道）をデザインしていくのか。「未来の自分」を模索し，仲間や教員・現場実習指導者とともに「保育の未来」をデザインしていってください。

最後に，本書を作成するにあたり，専門分野をもつ教員，現場の保育実践者，学生など本当に多くの方々がかかわり，思いを共有し，このようなテキストとして出版までたどり着くことができたことを何よりの幸せと感じております。お力添えをいただいた方々に対し，この場をお借りして，深く感謝申し上げます。また，時には学生十数名にグループインタビューをし，学生が必要とするテキストを一緒に模索し，何よりも保育にかける情熱をもって，この企画をクオリティの高いものに導いてくださった萌文書林の優秀なスタッフの方々に感謝いたします。

2019年2月

尾﨑 司

著者紹介

（五十音順。執筆分担はもくじ内に記載）

編集

東京家政大学・東京家政大学短期大学部　**尾﨑 司**

執筆

東京家政大学 東京家政大学短期大学部	石川昌紀（いしかわ・まさのり）　岩田力（いわた・つとむ） 榎沢良彦（えのさわ・よしひこ）　榎本眞実（えのもと・まみ） 大西明実（おおにし・あけみ）　尾﨑司（おざき・つかさ） 金城悟（きんじょう・さとし）　鈴木彬子（すずき・あきこ） 高畑祐子（たかはた・ゆうこ）　武田（六角）洋子（たけだ・ろっかく・ようこ） 西海聡子（にしかい・さとこ）　堀　科（ほり・しな） 松本なるみ（まつもと・なるみ）
東京家政大学短期大学部 （非常勤講師）	相原眞人（あいはら・まさと）
現代福祉マインド研究所	網野武博（あみの・たけひろ）
非営利団体コドモノミカタ	井桁容子（いげた・ようこ）
社会福祉法人薄光会 相談支援事業所 ほうきぼし	大森匠（おおもり・たくみ）
練馬区立大泉子ども家庭支援 センター	新澤拓治（しんざわ・たくじ）
社会福祉法人薄光会	鳥居博明（とりい・ひろあき）
東京家政大学 （非常勤講師）	中村教子（なかむら・のりこ）
社会福祉法人至愛協会 あすのき保育園	平川純子（ひらかわ・すみこ）
東京家政大学附属みどりヶ丘 幼稚園	本村真弓（もとむら・まゆみ）
幼保連携型認定こども園 こどものもり	若盛正城（わかもり・まさしろ）
	右手和子（うて・かずこ）

写　真　協　力◎東京家政大学ナースリールーム
学校法人三橋学園 夏見台幼稚園・保育園
森内貴志

取材・執筆協力◎東京家政大学学生，卒業生

本文イラスト◎西田ヒロコ

装　　　　幀◎永井佳乃

教育・保育実習のデザイン
――実感を伴う実習の学び

2010年10月25日　初版第1刷発行
2017年4月1日　初版第5刷発行
2019年4月25日　第2版第1刷発行
2023年4月1日　第2版第2刷発行
2024年5月15日　第3版第1刷発行

編著者　尾﨑　司
発行者　服部直人
発行所　㈱萌文書林
〒113-0021　東京都文京区本駒込6-15-11
Tel. 03-3943-0576
Fax. 03-3943-0567
https://www.houbun.com
info@houbun.com

印刷・製本　シナノ印刷株式会社

〈検印省略〉

ISBN 978-4-89347-429-2
日本音楽著作権協会（出）許諾 第2401203-401号

手遊び
ゲーム、製作
手品、クイズ
…etc.

保育実技アイデアノート

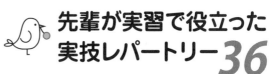

先輩が実習で役立った
実技レパートリー36

Houbunshorin
萌文書林

CONTENTS

●執筆●

〈実技研究〉（学生）

秋田谷智子　飯塚恵理　池澤彩
内田優花　大場あすか　大山枝里子
岡庭杏里沙　佐藤久恵　猿田友美
柴原未奈　地曳綾乃　田中牧子
塚田かおり　塚本紅葉　豊川直美
長沼恵子　中平彩絵　野口結花
鉢村真澄　樋口裕子　福西彩奈
渡邊みどり

〈Teacher's comment〉
井戸裕子(Y.I)　是澤優子(Y.K)　西海聡子(S.N)
花輪充(M.H)　森田浩章(H.M)　梁川悦美(E.Y)
〈実践にあたって〉西海聡子
〈特別寄稿〉右手和子

●楽譜・楽曲監修●細田淳子，西海聡子
●企画・編集●尾﨑司

東京家政大学児童学科/保育科
実技研究プロジェクト

JASRAC 出 1005905-403

はじめに
～実技研究のススメ～

「先生，今，クラスの友だちとこんなの作っているんです」と，ある学生が手書きの用紙を集めたものを見せてくれました。そこには，自分たちがこれまで実習でやってみた，手遊びや絵本，紙芝居，パネルシアター，製作，手品，ゲームなどを描いたものがかなりの数，集まっていました。実習が終わり，就職活動をしている間に何かやってみたいと思い，クラスの仲間に呼びかけ，実習で実践した教材を集め，これから手作りの冊子にするのだというのです。

実習が終わった後でも保育の仕事に就くまでに学びが続いていて，自分を磨き続けている。私はその姿に感動し，これを本にしてみないかとすすめました。また，実習生が実習期間にかばんにしのばせ参考にできるよう，教科書の一部ではなく別冊にしようということになりました。さらに西海聡子先生の総合演習の授業で学生たちがまとめていた手遊び・歌遊びの原稿も加わり，できあがったのがこの別冊ノートです。

本書では，学生たちと話し合い，ジャンルを立て内容を厳選しました。いずれも，学生が実践してみてどうだったか，コツや気づきが随所にちりばめられています。また，展開のポイントやヒントとして，教員のコメントをつけました。何をやったらいいのか困ったとき，この別冊のページをめくってみてください。何かアイデアが浮かんでくるかもしれません。

事前・事後指導には，グループでこのようなものを作成し，クラスで共有しています。簡単にできますので，友だち同士でも有志を募って，実践の知が光るオリジナルの教材集をぜひ作ってみることをおすすめします。

そして，実習やボランティア，アルバイト等で実践する機会があれば，この別冊ノートやオリジナルの教材集に，①実践している最中の“気づき”をメモしたり，②実践後の振り返りで考えた改善点などを書きこんだりして，ぜひ，“自分の宝物”にしていってほしいと思います。

実践の“思い”がつまった宝物を持って，保育の現場へ羽ばたいてください。

最後に，原稿を作成してくれた学生たち，コメントしてくださった先生方，また，手遊び・歌遊びのパートを監修してくださった先生方，紙芝居の演じ方について特別に原稿をお寄せくださった右手和子先生に感謝いたします。

尾崎司

関係づくりのきっかけに

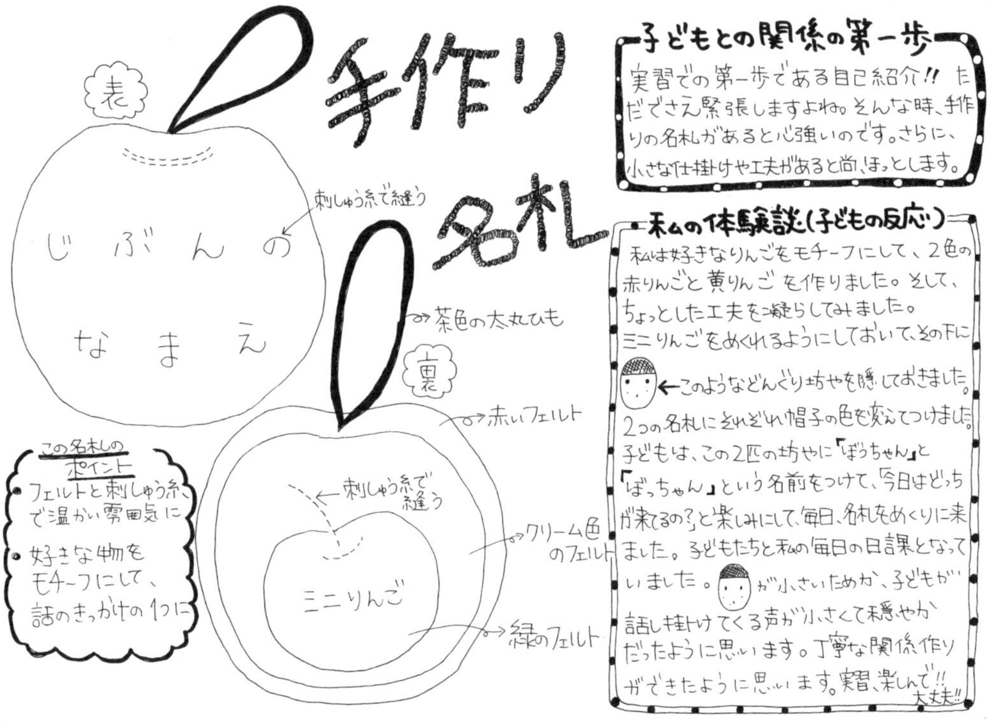

Teacher's comment 直接縫いつけるほか，安全ピンやマジックテープ，ボタン，スナップ，ひもなどで着脱自由にするなど，つけ方を工夫して，関係を深めては。「今日は何色？」と色違いパターンもGood。(Y.I)

自然な導入ができる！

はじまるよ はじまるよ

作詞・作曲：不詳

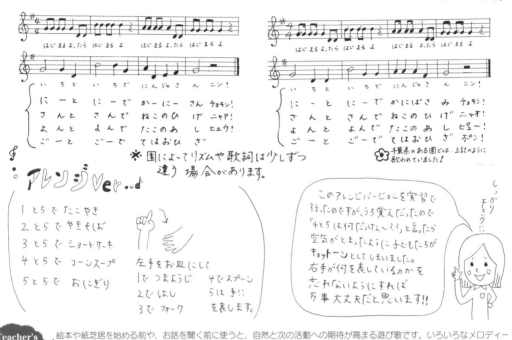

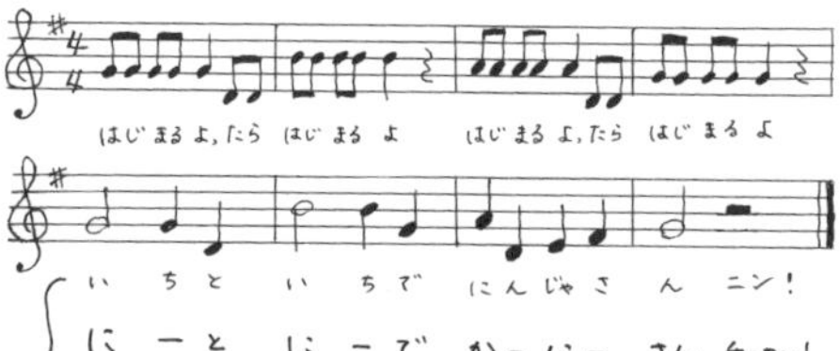

はじまるよったら はじまるよ はじまるよったら はじまるよ
いちと いちで にんじゃさん ニン！
にーと にーで かーにーさん チョキン！
さんと さんで ねこのひげ ニャア！
よんと よんで たこのあし ヒュウ！
ごーと ごーで てはおひざ

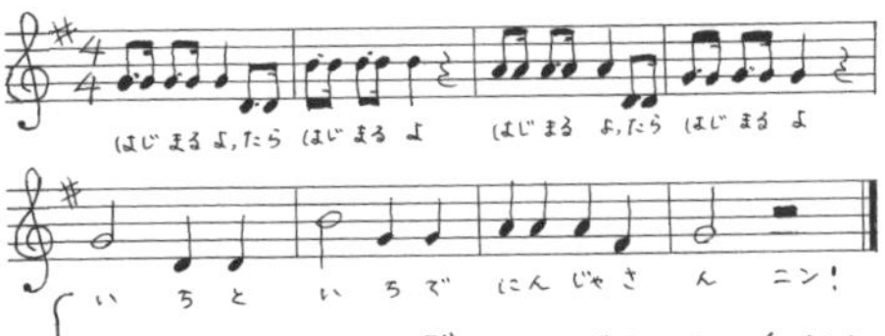

はじまるよったら はじまるよ はじまるよったら はじまるよ
いちと いちで にんじゃさん ニン！
にーと にーで かにばさみ チョキン！
さんと さんで ねこのひげ ニャオ！
よんと よんで たこのあし ピュー！
ごーと ごーで てはおひざ ポン！

※園によってリズムや歌詞は少しずつ違う場合があります。

千葉県のある園では、上記のように歌われていました！

アレンジVer.

1と5で たこやき
2と5で やきそば
3と5で ショートケーキ
4と5で コーンスープ
5と5で おにぎり

左手をお皿にして
1で つまようじ
2で はし
3で フォーク
4で スプーン
5は 手!!
を表します。

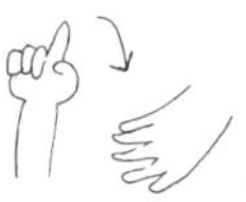

このアレンジバージョンを実習で行ったのですが、うろ覚えだったので「4と5は何だっけぇ～？」と言ったら空気がとまったように子どもたちがキョットーンとしてしまいました。右手が何を表しているのかを忘れないようにすれば万事大丈夫だと思います!!

しっかりチェック!!

Teacher's comment 絵本や紙芝居を始める前や，お話を聞く前に使うと，自然と次の活動への期待が高まる遊び歌です。いろいろなメロディーと遊び方で広まっています。リズミカルにうたいましょう。(S.N)

楽しい気分で次の活動へつながる

DO NEW 導入におすすめ♡

とんとんおはなし

2歳～5歳までたのしめる！

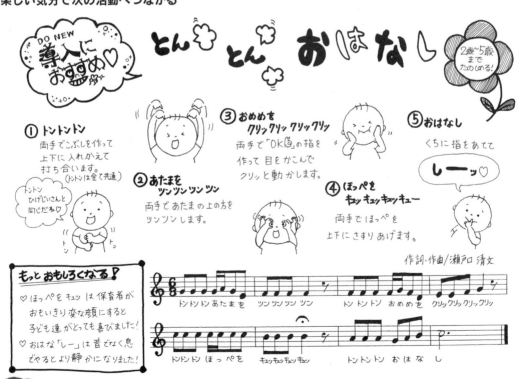

① トントントン
両手でこぶしを作って上下に入れかえて打ち合います。
(トントンは全て共通)

トントン ひげじいさんと同じだね♡
トン
トン

② あたまを ツンツンツンツン
両手であたまの上の方をツンツンします。

③ おめめを クリックリッ クリックリッ
両手で「OK」の指を作って目をかこんでクリッと動かします。

④ ほっぺを キュッキュッキュッキュー
両手でほっぺを上下にさすりあげます。

⑤ おはなし
くちに指をあてて
しーッ♡

作詞・作曲／瀬戸口清文

トントントン あたまを ツンツンツンツン トントントン おめめを クリックリッ クリックリッ
トントントン ほっぺを キュッキュッキュッキュッ トントントン おはなし

もっとおもしろくなる！
♡ほっぺをキュッは保育者がおもいきり変な顔にすると子ども達がとっても喜びました！
♡おはな「しー」は音でなく息でやるとより静かになりました！

Teacher's comment 子どもたちは顔をいろいろさわっておもしろい顔を作ったり，先生や友だちと顔を見せ合って楽しみます。絵本を読む前，お話を始める前など，次の活動につなげるための導入にぴったりの手遊びです。(S.N)

覚えやすく使い勝手のいい手遊び

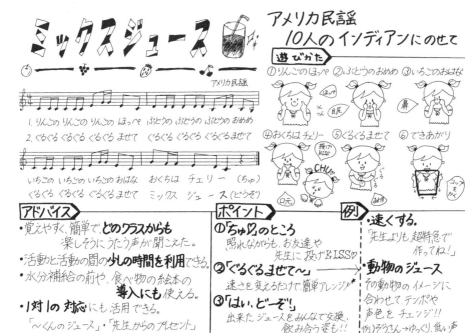

ミックスジュース

アメリカ民謡
10人のインディアンにのせて

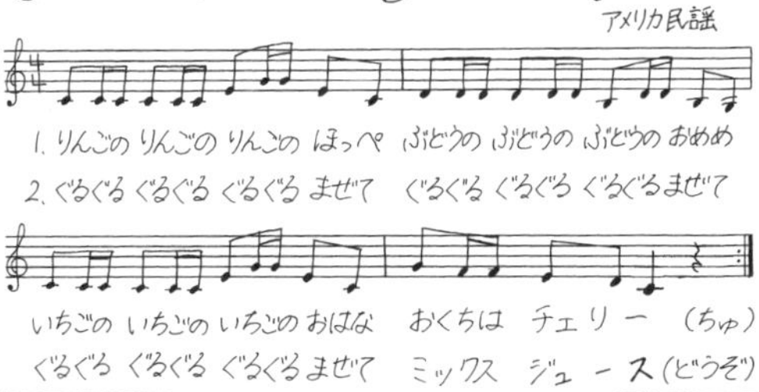

遊びかた

①りんごのほっぺ ②ぶどうのおめめ ③いちごのおはな
④おくちは チェリー ⑤ぐるぐるまぜて ⑥できあがり

アドバイス

- 覚えやすく、簡単で、**どのクラスからも**楽しそうにうたう声が聞こえた。
- 活動と活動の間の**少しの時間を利用**できる。
- 水分補給の前や、食べ物の絵本の**導入にも**使える。
- **1対1の対応**にも活用できる。
  「〜くんのジュース」・「先生からのプレゼント」

ポイント

①「ちゅ♡」のところ
照れながらも、お友達や先生に投げKISS♡

②「ぐるぐるまぜて〜」 →
速さを変えるだけで、簡単アレンジ☆

③「はい、どーぞ」
出来たジュースをみんなで交換、飲み合う姿も!!

例

- **速くする。**
  「先生よりも、超特急で作ってね!」
- **動物のジュース**
  その動物のイメージに合わせて、テンポや声色をチェンジ!!
  例)ぞうさん→ゆっくり、低い声

Teacher's comment
アメリカ民謡「十人のインディアン」が，かわいい手遊びに変身しました。子どもはぐるぐると手を回すところがお気に入りです。いろいろなミックスジュースを考えてみましょう。(S.N)

低年齢児とスキンシップをはかるときに

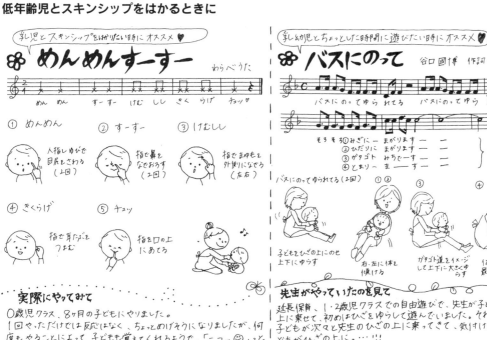

乳児とスキンシップをはかりたい時にオススメ♥

めんめんすーすー

わらべうた

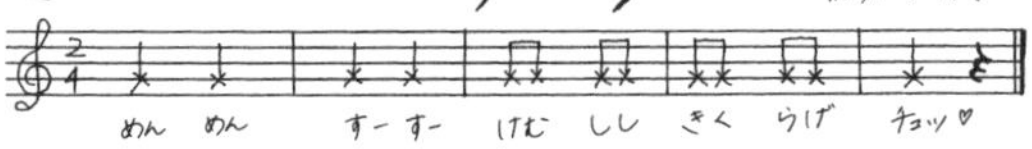

① めんめん ② すーすー ③ けむしし ④ きくらげ ⑤ チュッ

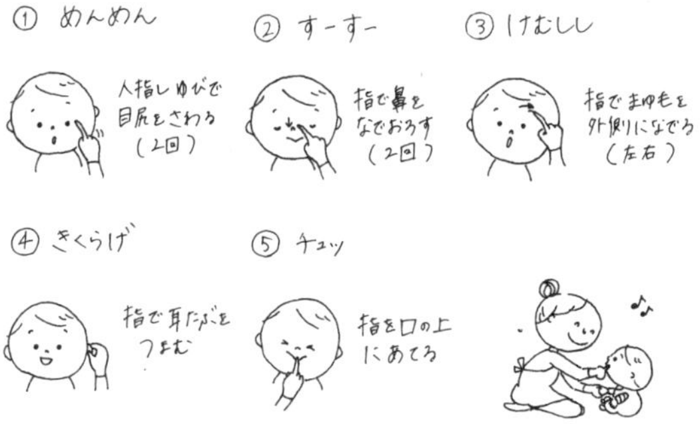

人指しゆびで目尻をさわる(2回)
指で鼻をなでおろす(2回)
指でまゆ毛を外側になでる(左右)
指で耳たぶをつまむ
指を口の上にあてる

実際にやってみて

0歳児クラス、8ヶ月の子どもにやりました。
1回やっただけでは反応はなく、ちょっとめげそうになりましたが、何度もやることによって子どもも覚えてくれるようで、「ニコッ☺」っと反応がありました!!!
0歳児クラスは静かで、子どもの反応もあまり良く見えないので、勇気がいるとは思いますが…"慣れれば こっちのものです!!"

✿ 反応がなくても、こちらが笑顔で接することが大切です
✿ 触れ合う機会になるので、積極的にチャレンジしましょう

乳幼児とちょっとした時間に遊びたい時にオススメ♥

バスにのって

谷口國博 作詞・作曲

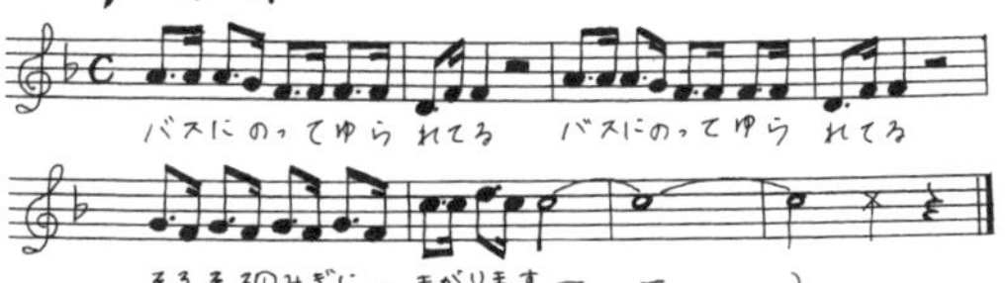

そろそろ ①みぎにー まがります ー ー
②ひだりに まがります ー ー
③ガタゴト みちでーす ー ー
④とまりー まーーすー ー
} ギィ〜

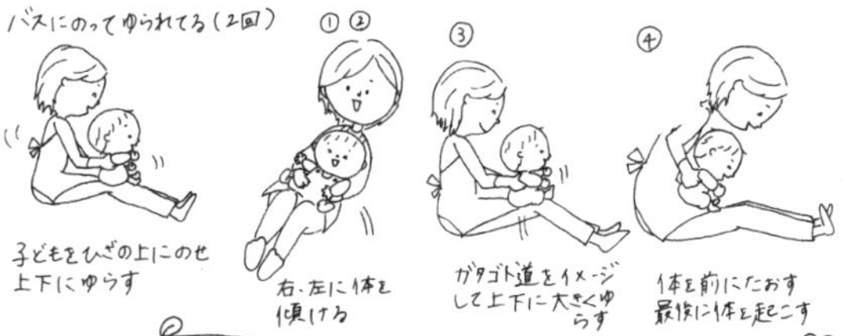

バスにのってゆられてる(2回)
①②
③
④
子どもをひざの上にのせ上下にゆらす
右、左に体を傾ける
ガタゴト道をイメージして上下に大きくゆらす
体を前にたおす 最後に体を起こす

先生がやっていたのを見て

延長保育、1・2歳児クラスでの自由遊びで、先生が子どもをひざの上に乗せて、初めはひざをゆらして遊んでいました。それを見た他の子どもが次々と先生のひざの上に乗ってきて、気付けば5人の子どもがひざの上に…!!!
先生が「出発しますよー。」と言って遊びが始まりました。子どもはすごく楽しんでいて、なかなか終わりませんでした。

- 「次はどっちに曲がろうかー?」などと子どもと一緒に決めると楽しめます
- 3・4・5歳でも喜んでくれます
- 何人も来てくれたら、安全面に気を付けないといけないですね

Teacher's comment
低年齢児(0〜2歳)は愛情いっぱいのスキンシップが大切です。言葉は，はっきり，ゆっくりとうたいます。何回も繰り返しうたってあげることで，安心感・信頼感が深まります。たくさん遊んであげましょう。(S.N)

人気キャラクターが子どもに大人気

協力：円谷プロダクション

こんな私でも
出来ましたっ!!

"ごんべさんの赤ちゃん"の歌に合わせて

1丁目のウルトラマン

体験談 & リアルなお声 お届けします

アメリカ民謡
いっちょめのウルトラマンにちょめのセブン
さんちょめのはーはによんちょめのちーち
ごちょめのかいじゅう おいかけて と
おーいおそらにとんでった

1. 1丁目の

両手を「1」の指にします

2. ウルトラマン

ビームのポーズ

3. 2丁目の

両手を「2」の指にします

4. セブン

ピースした両手をおでこに

5. 3丁目の

両手を「3」の指にします

6. 母に

「3」の手で片手ずつ肩を抱く

7. 4丁目の

両手を「4」の指にします

8. 父

腰に片手ずつあてる

9. 5丁目の怪獣おいかけて

BOY

♪おいかけて♪の時 つめをたてて ひっかくように

10. 遠いお空にとんでった

BOY

空を指さし振る そして『シュワッチ』ではねる

❀おまけ❀ 歌詞を変えるだけ!!

おはぎが　およめに　いくときは
（手拍子）
あんこと　きなこで　おけしょして
（右手で右のほっぺ、左手で左のほっぺ、両手で両ほっぺをトントンたたく）
まーるい　おぼんに　のせられて
（両手で頭の上にまるを作る、左右にゆれる）
ついーた　ところは　おうせつま
（手拍子、おじぎをする）

❀ポイント❀

- ビームは本気でやると盛り上がる。
- 子どもの顔を見て優しく"母（はーは）"
- いすでもできますが、立ったほうが自然と子どもたちも体が動く。

❀体験談❀

子どもの年齢 実習月は？
2歳児 , 2月

どんな場面でやった？
紙芝居、給食の前

実習で子どもにやってみてどうだった？
子どもたちは、ウルトラマンやアンパンマンが大好きなので、保育者、実習生の動きをよく見て真似していました。
動きが簡単なので一緒に手を動かしていました。

ポイントは？
「シュワッチ」や「アンパンチ」はとても人気!! その部分だけ2〜3回やっても良いと思います。

❀手遊び関係❀ リアルな声をお届けしまーす

手遊びのレパートリーがない
レパートリーを増やすだけでなく1つ自信のあるものを作って**速さ**を変えていくだけで何回もできる!! この1丁目のウルトラマンも速さを変えれば年長でも楽しめました☆

失敗したら…どうしよう
実習生は失敗してなんぼ! でも準備も何もしないというのは同じ失敗でも得るものが違うと思うんです! 自分でやりたい事って思って練習して自信をもって**大**きな声で**チャレンジ**

手遊びっていきなり始めるの？
いきなり始めるというより
始「皆のために楽しい手遊びを用意してきました。」
終「皆上手に出来たから明日は少し難しくしちゃおうかな?! 楽しみにしててね」
（次の日速さをあげる・他のものをやる etc.）
など言葉があるとやりやすかったです。

子どもたちやってくれるかな？
実際やってみた時、なかなかやってくれない子どももいて焦ってしまった……
でも先生からアドバイスいただきました。
「やっていない子は、皆の楽しそうな姿を見てやりたくなるまで待とう!」
焦らなくて大丈夫のようです☆

不安なこといーっぱいあると思いますが、自分次第で絶対!
楽しいですよ!! 子どもたち、先生方の笑顔がいーっぱい待っています! **ニコニコ元気マン**で一緒に頑張りましょう☆

Teacher's comment

「ごんべさんの赤ちゃん」の替え歌ですが，アメリカ民謡「リパブリック讃歌」が元になっています。うたいやすく親しみのもてる旋律だからこそ，アメリカでも日本でもたくさんの歌詞でうたわれています（例：「おはぎがお嫁に」，「ともだち讃歌」，CM ソング等）。(S.N)

スリルいっぱいの鬼遊び

むっくりくまさん

対象児：2～3歳児
時間　：15～20分程度

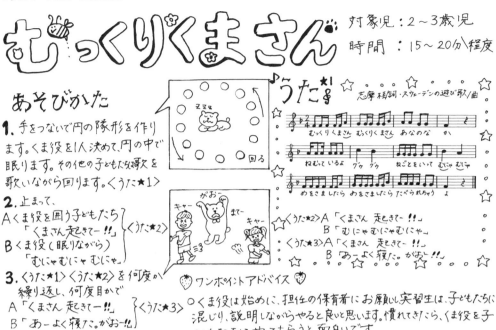

あそびかた

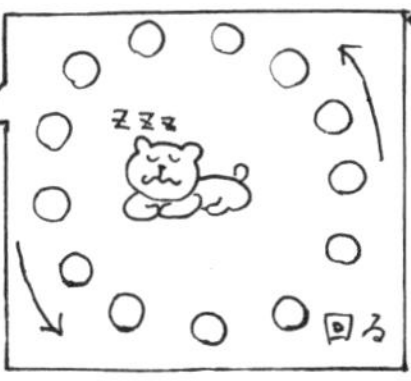

1. 手をつないで円の隊形を作ります。くま役を1人決めて、円の中で眠ります。その他の子どもたちは歌を歌いながら回ります。〈うた★1〉

2. 止まって、
A くま役を囲う子どもたち「くまさん起きてー!!」
B くま役（眠りながら）「むにゃむにゃむにゃ」
〈うた★2〉

3. 〈うた★1〉〈うた★2〉を何度か繰り返し、何度目かで
A「くまさん 起きてー!!」
B「あーよく寝た。がおー!!」
〈うた★3〉
と言って、Bくま役は、A子どもたちを追いかけて、追いかけっこのようになります。

うた★1

志摩桂詞・スウェーデンの遊び歌／曲

〈うた★2〉A「くまさん 起きてー!!」
B「むにゃむにゃむにゃ」
〈うた★3〉A「くまさん 起きてー!!」
B「あーよく寝た。がおー!!」

ワンポイントアドバイス

○くま役は始めに、担任の保育者にお願いし、実習生は、子どもたちに混じり、説明しながらやると良いと思います。慣れてきたら、くま役を子どもたちにやってもらうと面白いです。

○くま役は頭につけるお面があるとより、わかりやすいです。

Teacher's comment くま役は，追いかけっこでタッチされた子どもに交代する遊び方と，交代せずにくま役が増えていく遊び方があります。子どもたちはスリルのある鬼遊びが大好きです。（S.N）

言葉を変えて毎日楽しめる歌

ふうせん

1 黄 きいろいふうせん ルルルー そっとかぜに あげたらー
2 黄 フワフワー フワフワー （少し上へ動かして風船が浮いているように）
3 きいろいちょうちょに なった （裏返して絵柄をむける）
楽しみち
USAKO
KUMAO

色々な色、たくさんの動物、植物、食べ物を歌にのせて楽しむことができる!!

主活動でみんなで絵を描いてから、一緒に歌を歌っても楽しい!!

ふうせん

作詞・湯浅とんぼ
作曲・中川ひろたか

Teacher's comment 歌詞のイメージをふくらませて，緑のふうせん→緑のかえる，大きいふうせん→大きいぞうさん，しましまのふうせん→しましまのしまうま，等の替え歌にしても楽しいですね。（S.N）

腕と指を使って物語をつくろう

トコトコちゃん

作詞・作曲：鈴木克枝
1〜4. トコトコトコちゃんさんぽして
♪
バナナふんじゃった ツルン
いしにつまずいた オットー
ガムをふんじゃった ビョヨヨーン
いけにおっこちた パシャン

とこちゃんの遊び方

- グー・チョキ・パーの、チョキの指を右手でつくる。
- それを逆さにして指を足に見立てて、左手の甲からひじにむけて腕を登る。
- ツルンでトコちゃんを腕の上ですべらせる。

トコ
トコ

2〜4では、トコちゃんを肩にむかって進めても良いし、左手の甲へ戻しても良い。

万能

ちょっとした合い間に遊べて、いろいろと応用のきく手遊び。「♪バナナふんじゃった」の歌詞を自由に替えて、子どもたちと一緒に楽しめます。

エピソード

実習先の先生は、降園準備〜帰りの会を始めるまでの間にこの手遊びをしていました。
制服・帽子が園指定の幼稚園だったので、♪の歌詞を「頭にのぼった」と替えて歌ったあとに、「帽子をかぶり忘れている人はいませんか？」と問いかけて、降園準備のチェックにこの手遊びを利用して行っていました。
（子ども自身、自分でトコちゃんをつくって自分の頭を歩かせることで、支度し終えたかどうかの自己確認にもつながったようです。）

プラスα（アルファ）

- 足になる2本の指は、ピンッと真っ直ぐに伸ばした方がより足らしく見えます。 or どっちが良いか？
- 図のように画用紙の表に絵を描いて、裏には指が入るような輪を画用紙でつくります。その輪に指を入れて動かすと顔つきトコちゃんのできあがり☆

表
裏
完成☆
指

Teacher's comment うたい始めはリズミカルに，ユーモラスな歌詞はオーバーに表現しましょう。トコトコといろいろな所にトコちゃんをおでかけさせても楽しいですね。（S.N）

単純だけどバリエーションは無限

さかながはねて

作詞・作曲／中川ひろたか
さかながはねてピョン あたまにくっついたぼうし

1、さかながはねて
両手のひらを合わせ左右につき出す
2、ピョン
手を勢いよく離す
3、あたまにくっついたぼうし
頭に手をあてる

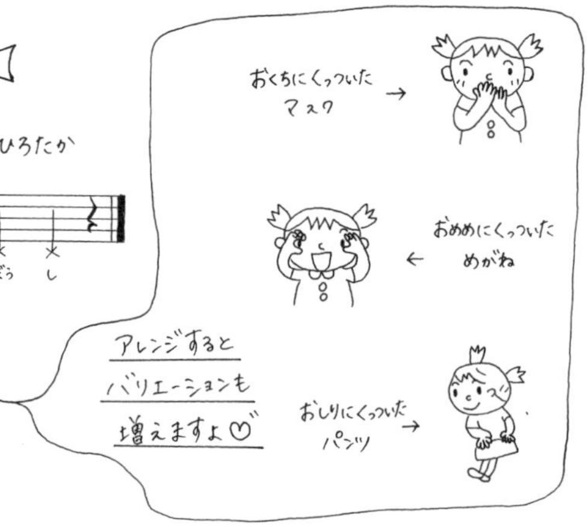

おくちにくっついたマスク →
おめめにくっついためがね ←
アレンジするとバリエーションも増えますよ♡
おしりにくっついたパンツ →

部分実習で実際やって… ［保育所 4歳児 7月］

絵本「11ぴきのねこ」の導入としてこの手遊びをしました。先生に事前に確認をしたところ、子どもたちはやったことがないということがわかりました。当日、始めは私の動きを見てぎこちなく真似ていましたが、繰り返しやるうちに子どもたちに余裕が見られ、「あたまにくっついた。なにがくっついたかな？」というこちらの問いに、「かみのけ！」「ゴム！」と返事をしてくれるようになりました。

☆ポイント

「おめめにくっついた。これなんだ？」と子どもたちに自分の動きを当ててもらうと良いと思います。また、最初はゆっくりとしたテンポから始まり、子どもたちが慣れてきたらスピードを上げてやるのも楽しいです。私は4歳児でやりましたが、3歳児以下でも出来ると思います。単純ですが、こうした真似っこ遊びは子どもたち大好きです!!「ピョン！」という響きや、軽快なテンポも子どもたちはお気に入りです。遊びながら色々な言葉を覚えることも出来ます。是非実践してみて下さい☆

Teacher's comment 子どもの意見を取りこみながら，替え歌をたくさんつくってみましょう。ユニークなアイデアがたくさん出てきます。いろいろと考えることが，子どもたちの創造性を高めます。（S.N）

子どもたちにも覚えやすい！

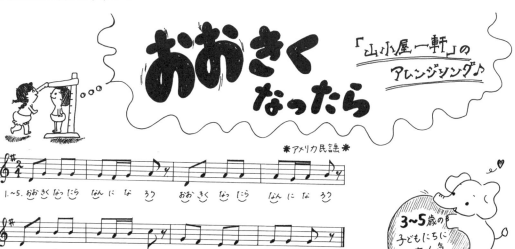

おおきくなったら

「山小屋一軒」のアレンジソング♪

＊アメリカ民謡＊

いちのゆびで なんになろう チクッと ちゅうしゃの おいしゃさん

3〜5歳の子どもたちに大人気となりました!!

実践してみて…

エピソード 全園児の前で手遊びをする機会をいただいたので、この手遊びをやってみたところ…子どもたちはポカーンとした表情になってしまい、子どもたちの知らない手遊びであったことが判明!!!

でも！そんな時は…★

- 初めはゆっくりやってみせる
- 次に一緒にやってみる

このような流れでやってみると、子どもたちは初めてやった手遊びでもすぐに覚えてくれ、その日から、あちこちのクラスで「大きくなったら」の歌が聞こえてくるようになり、とても嬉しくなりました。

ポイント★

子どもたちは、「どすこい！どすこい！おすもうさん♪」の部分が特に気に入っていたようだったので、この部分は、体を大きく動かして、おすもうさんの力強さを表してみると、より楽しめると思います。

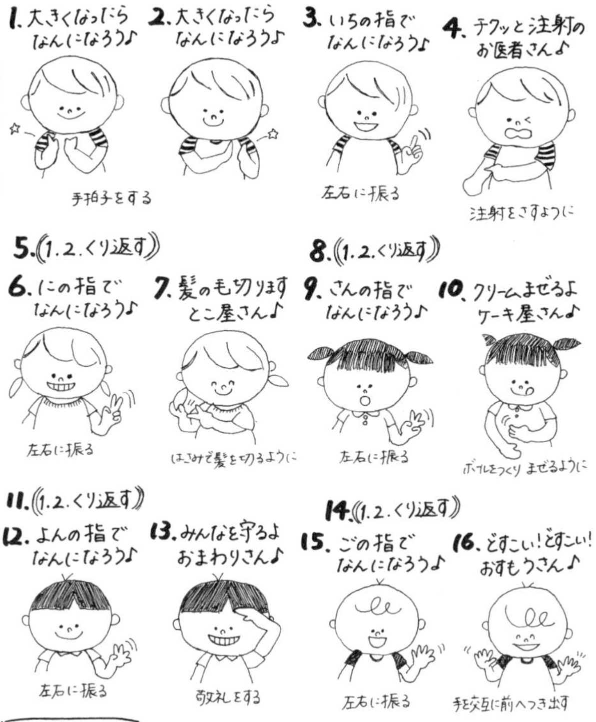

1. 大きくなったら なんになろう♪
2. 大きくなったら なんになろう♪
3. いちの指で なんになろう♪
4. チクッと注射の お医者さん♪
手拍子をする
左右に振る
注射をさすように
5.（1.2.くり返す）
8.（1.2.くり返す）
6. にの指で なんになろう♪
7. 髪の毛切ります とこ屋さん♪
9. さんの指で なんになろう♪
10. クリームまぜるよ ケーキ屋さん♪
左右に振る
はさみで髪を切るように
左右に振る
ボウルをつくり まぜるように
11.（1.2.くり返す）
14.（1.2.くり返す）
12. よんの指で なんになろう♪
13. みんなを守るよ おまわりさん♪
15. ごの指で なんになろう♪
16. どすこい！どすこい！ おすもうさん♪
左右に振る
敬礼をする
左右に振る
手を交互に前へつき出す

アドバイス1

手遊びを任されたけれど、「何の手遊びをすればいいのかわからない〜」と戸惑ってしまった時…

そんな時は、子どもたちに「何の手遊びやりたい？」と問いかけてみたり、その手遊びが自分の知らないものであれば、子どもたちから手遊びを教えてもらうのもアリだと思います☆ 子どもたちが好きな手遊びを得意気に教えてくれ、とても楽しめましたよ♪

アドバイス2

実習中は実習生もその園の先生の一人です!!

担任の先生が保護者などの対応に追われている時…

少しの時間でもいろいろなことを経験するチャンスだと思って、積極的に実習生が前に出て、子どもたちとかかわるのも良いと思います。

手遊びや読み聞かせ…様々なことに挑戦してみて下さいね☆

Teacher's comment

お医者さん，床屋さん，ケーキ屋さん……になったつもりになれる楽しい手遊びです。原曲はアメリカの遊び歌。日本では志摩桂作詞の手遊び「山ごやいっけん」として有名です。替え歌は，子どもたちがすぐ覚えられるので実習で扱いやすかったという先輩の太鼓判つきです。（S.N）

オーバーアクションで笑顔はじける

せっせっせーの みそラーメン
ごぼうに しいたけ にんじん あじのもと
ゆでたまご
ぐるっと 回って じゃん けん ぽい！

☆わらべうた「おちゃらか ホイ」がもとになっています。

あそび方

「せっせっせーの みそラーメン」は「せっせっせーの よいよいよい」と同じ	「ごぼうに しいたけ にんじん あいのもと」おちゃらかほいの手	はあっ!!気合いを入れて手を広げる	「ゆでたまご」おちゃらかほいの手

はあっ!!気合いを入れて手を広げる	「ぐるっと 回って」ぐるっと 回る（手でぐるぐるしてもよい）	「じゃん けん ぽい」	負けた方がラーメン　勝った方が食べる　おしまい☆

Teacher's comment
保育者と子ども，子ども同士，親子で手を取り合い「せっせっせー」でうたい始める手合わせ歌は，拍子と動作を合わせることで，次第に息もそろい，なかよしになれます。(S.N)

振りつけがかわいらしい

「ワニの かぞく」

このてあそびは、「ワニのうた」作詞＝上坪マヤ 作曲＝峯陽 がもとになって作られたあそびです。

A
1. ワニの おとうさん ワニの おとうさん おくちを あけ て
2. ワニの おかあさん ワニの おかあさん おくちを あけ て
3. ワニの おにいさん ワニの おにいさん おくちを あけ て
4. ワニの おねえさん ワニの おねえさん おくちを あけ て
5. ワニの あかちゃん ワニの あかちゃん おくちを あけ て

B. おひげ ジョリジョリ おひげ ジョリジョリ
D. おけしょう パフパフ おけしょう パフパフ
E. きんにく もりもり きんにく もりもり
F. おしり プリプリ おしり プリプリ
G. ミルク ちゅぱちゅぱ ミルク ちゅぱちゅぱ

C.
1〜5 およいでいる よ

A. ワニの○○ ワニの○○
おくちをあけて

B. おひげ ジョリジョリ
おひげ ジョリジョリ

C. およいでいるよ
平泳ぎ

D. おけしょう パフパフ
おけしょう パフパフ

E. きんにく もりもり
きんにく もりもり

F. おしり プリプリ
おしり プリプリ

G. ミルク ちゅぱちゅぱ
ミルク ちゅぱちゅぱ

ファンデーションをつけるまね

○エピソード○
6月の実習で5歳児と行いました。2番のDの歌詞は、"おっぱいボヨヨ〜ン♪"で教えてもらったのですが、園の先生と相談した結果お化粧にしました。他の歌詞も色々とアレンジができると思うので考えて遊ぶことも楽しめると思います！Aは腕を大きく動かして、子どもたちをパクっと食べてしまおうかのようにすると、喜んでいました。
5番は赤ちゃんなので小声で動きも指先だけにしてみると楽しめました。
最初はひとりであそんで見せて、少しずつ子どもたちを巻き込んでいきました。恥ずかしい気持ちを捨てて笑顔で大きく表現すると、きっと子どもたちに届くと思います。先生方はとても忙しそうですが、歌詞や振りつけ等、小さなことでも相談すると新しいあそびにつながることもあると思うので、どんどん会話してみてください。

Teacher's comment
口を開けたワニのように両手を合わせる動作は大きく、赤ちゃんのところでは声も動作も小さくしてコントラストをつけましょう。(S.N)

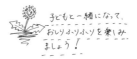

盛り上がること間違いなし

チェッ チェッ コリ

ガーナの あそび歌

子どもと一緒になって、おしりふりふりを楽しみましょう！

チェッチェッコリ チェッコリ サ リサンサマンガン サンサマンガン ホンマンチェチェッ

〈遊び方〉

① チェッ
② チェッ
③ コリ
④ ホンマン
⑤ チェチェッ
クイッ
フリ フリ

― チェッコリサ リサンサ マンガン サンサ マンガン まで①～③をくり返す。―

両手をひざに、左にクイッ。 手を肩に、右にクイッ。 おしりを右に、左に。 手を上げておしりをフリッ。手をひざに、おしりを右、左！

〈踊り方 その2〉

①1小節目、ひざを4回たたく。② 2小節目、ももを4回たたく。③ 3小節目、腰に手をおき、左右に4回ふる。④ 4小節目、両肩を4回たたく。⑤5小節目、あたまを3回 4拍目で万才！

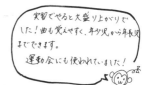

実習でやると大盛り上がりでした！曲も覚えやすく、年少児から年長児までできます。

運動会にも使われていました！

Teacher's comment アフリカのガーナからアメリカを経て，世界中に広がった遊び歌です。踊り方は子どもたちと相談しながら，自由に創作してみるといいですね。(S.N)

秋冬に最適なじゃんけん手遊び

やきいもグーチーパー

阪田寛夫 作詞・山本直純 作曲

やきいもやきいも おなかがグー ほかほかほかほか あちちのちー

①やきいもやきいも
②おなかが
③グー
④ほかほかほかほか
⑤あちちの
⑥チー
フーッ

両手でやきいもを作る。 両手でおなかをおさえて。 両手でグーを出す。 両手でやきいもを持っているようにして、それをフーッと吹く。 あわてて両手をはらい、熱いときの動作をして。 両手でチョキを出す。

たべたらなくなる なんにもぱーそれ やきいもまとめて ぐーちーぱー

⑦たべたら
⑧なくなる
⑨なんにも
パー、それ
⑩
やきいもまとめて
4回
⑪グー チー パー

食べる動作。 「もうない」という動作をして。 両手でパーを出す 拍打ち4回。 両手で、グーチョキパーを出す。

始める前、"♪それやきいもまとめてグーチーパー"とイントロをつけてあげると、子ども達もうたいやすいようでした！

秋は、おいも掘りがあり、その前には毎日のように、うたっていました♪ 時期に合わせたうたを選ぶのも大事ですね！

Teacher's comment 足じゃんけん，からだじゃんけんでも遊べます。付点のリズムは，はずむように楽しんでうたいましょう。(S.N)

伴奏楽器（ピアノ・ギター）

うまくなくても気持ちで弾こう

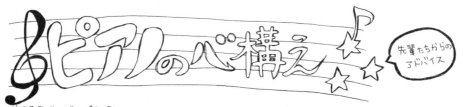

ピアノの心構え

先輩たちからのアドバイス

- ♪ 実習園では特に、朝の歌やお弁当の歌など、毎日うたう歌がある場合があります。実習中に使う楽譜があるかどうかをオリエンテーションで確認しておきましょう。できれば「練習をしたいのでコピーをいただけますか」と言ってもらえるといいですね。
- ♪ 歌詞は覚えましょう。自分の自信につながります。また、ピアノを弾きながら歌えると良いです。
- ♪ 実習中、家に帰ってからピアノの練習ができない時は、朝、園で練習していいかを聞いて、大丈夫なら早めに行って練習しましょう。
- ♪ ピアノを弾く時は、どれだけ苦手でも堂々と弾きましょう。間違えても止まらずに続けます。また、弾けなくても歌うことは絶対にやめないようにしましょう。ピアノがメインなのではなく、子どもの歌をサポートするという気持ちで弾きましょう。
- ♪ 大きく間違えたり、弾けなかった時は、素直に子ども達にあやまりましょう。
- ♪ 先生が速いテンポで弾いていた時、自分もそのテンポで弾くべきかを確認しましょう。
- ♪ 実習をする季節の歌を2つくらい練習しておくと良いと思います。
- ♪ 子ども達が楽しく歌えることが一番大事です。緊張しすぎずリラックスして弾きましょう。

実際にやってみて

子ども達は、「2番から」と言われてもわからないことが多いです。私はそれを言って、子ども達を困らせてしまいました。もし歌い直しをしたい時は、また最初から歌うか、2番の歌詞を言って「ここからだよー」と教えてあげるとわかりやすいと思います。
上手に歌えたらほめてあげましょう ☺

最後に

ピアノは、練習すればするほど上手になります。電車の中でパラパラ指を動かしたり、寝る前に楽譜を見るだけでも違ってきます。子ども達と楽しんでいる風景を想像してがんばって下さい!!!!

Teacher's comment　ピアノより歌声がきわだって聞こえることが大事です。歌の流れを止めないことも大切です。難しい伴奏譜はコード奏や音を少なくするなどアレンジしましょう（『教育・保育実習のデザイン』p.118〜121 参照）。(S.N)

子どもたちのそばへ移動できるのが魅力

ここでつまずく!?＆改善策☆

① 指が痛い

始めたての頃は弦を押さえる指がかなり痛くなり、皮もむけます…。しかし、続けているうちに皮は固くなりますので、それまで頑張りましょう!

② Fコード（バレーコード）が弾けない

バレーコードとは6本の弦全てを一度に押さえるコードのことです。
簡単な曲にもFコードというバレーコードは頻出するのですが、ここで挫折してしまう人も多いようです。しかし、Fコードの場合は6弦を弾かない事でひとまず乗り越えられます。工夫して継続していきましょう!

③ 練習時間がない

音を出さなくても、コードの指の練習なら、テレビを見ながらでも出来ます。1日5分でも上達していきますよ♫

ギターのすすめ

ギターは持ち運びが出来る楽器です。ピアノやオルガンは保育者の位置が固定されてしまいますが、ギターなら子どもの隣りや目の前まで行ったり、座って子どもと目線を合わせて演奏する事も出来ます。
また、ギターは保育者の声を消さない為、弾き歌いに適しています。
さらに、1曲に使用されるコードは、少ないものであれば3つ程なので、それだけ覚えてしまえばすぐにチャレンジ出来るのです!!

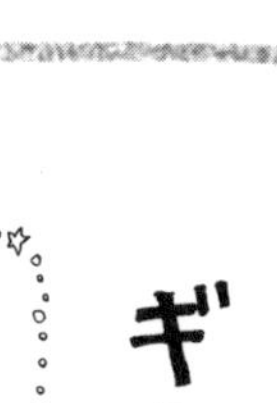

体験談

私がギターに興味を持ち始めたきっかけは、アルバイト先の保育園で、保育にウクレレを用いている先生に出会った事でした。
子どもの輪の中で踊る様にウクレレを演奏しながら歌う先生はとても輝いていました。
そして私は同じく弦楽器であるギターも保育にぴったりなのではないかと思うようになったのです。

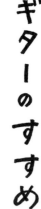

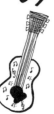

Teacher's comment　カポタストを使うと弦の長さを変えられ，より容易に弾けます。保育士試験（実技）の弾き歌いは，「ピアノ，ギター，アコーディオンのいずれかで演奏すること」と定められています。ピアノ以外の伴奏楽器にも挑戦してみましょう。(S.N)

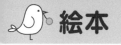

思いが伝わる。心が近づく。

手作り絵本

手作り絵本の良さ

短時間勝負の実習で、子どもとの距離を縮める為には、自己紹介を兼ねた手作り絵本がお勧めです！「私はこんな人です！」「こんなものが好き。」「こんな子どもだったよ♪」という、自分を知ってもらえるような本に、子ども達は興味津々です。

又、子どもの様子が掴めてきた頃には、その時の子どもの姿に合わせた絵本を作るのもお勧めします。子ども達の中で流行していた"おばけごっこ"に合わせたおばけの本を作って、読んであげると子どもはもちろん、先生方にも喜んで頂くことが出来ました！

作り方

① 好きな大きさにした画用紙を半分に折る。

大きさは、手のひらサイズからA2位の大きなものでも、その内容や効果により、自分で選べるのも手作りの良さの1つ！

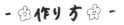

② 紙に絵・文字を描く。

とにかく、簡単でいいんです！絵はえんぴつ書きに、水彩絵の具であわく色付けするのが、楽にきれいに見えてお勧め！

③ 画用紙の両端にのりをつけ、紙同士を貼り合わせる。

④ 全ての紙を包むように、少し大きいサイズの紙を貼りつけ、完成！

その周りを布でくるむと更に手作り感が出てgood！

pointは…

上手に作ろうと思わない事。
伝えたい気持ちを大事にしたいですね！

実習で実際に読んでみて…

・簡単な絵と少ない文字で描いた本を保育実習中、2歳児と5歳児クラスで読みました。内容は私の園児時代の話。

初めに「これは、私がみんなくらいの頃のお話で、私が作った本です。」と紹介してから始めました。

・自分の話なので、書いてある文字を読むというより、子どもと対話しながら、ストーリーに肉付けしていきました。
少しの空き時間にも、かなり時間が余った時も、応用可能！

ちゃちゃっと簡単に作ってしまえば、心強い味方になってくれること間違いなし！

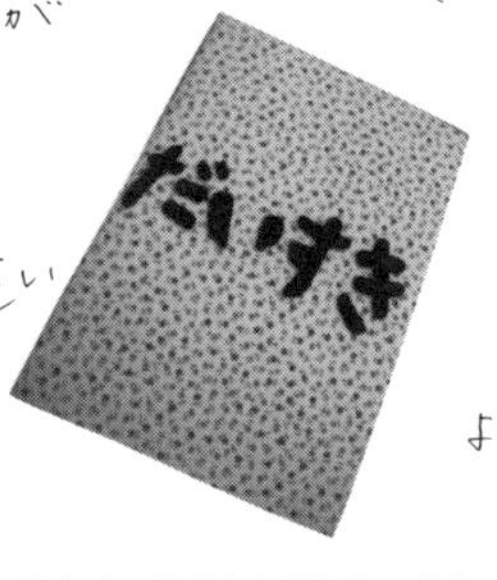

・子ども達は『自分を知ってほしい！』と思うと同時に、実習生の事を『知りたい、近づきたい！』と思ってくれています。

そして、手作りだと、そこに思いが込められている事を感じとってか、子ども達への伝わり方が変わってくる気がします。

手作り絵本をきっかけに、子どもとより近づけるといいですね！

Teacher's comment

手作り絵本には既製品とは違った味わいがあります。子どもに伝えたい自分の思いを内容に込めて，シンプルに作ってみましょう。ただし，めくりにくくないか，きちんと開けたときに紙がゆがまないか確認をしましょう。自分の作品なので，いきいきと読むことができますね。（Y.K）

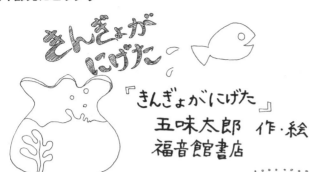

低年齢児にピッタリ

きんぎょがにげた

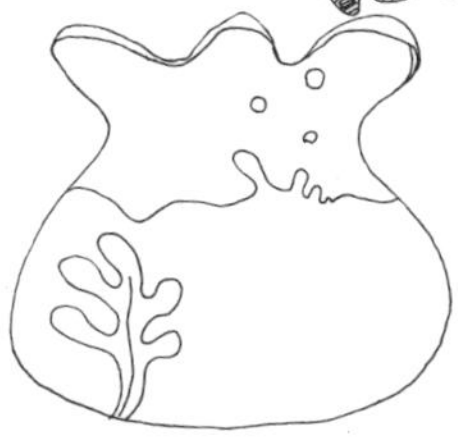

『きんぎょがにげた』
五味太郎　作・絵
福音館書店

対象年齢
1歳くらい～

金魚鉢から逃げたきんぎょ。部屋のあちこち、別の部屋へ行きます。部屋の風景にまぎれているので、きんぎょがどこにいるのかを楽しくさがす絵本です。絵がカラフルでシンプルなので、何度でも楽しめます。絵本の内容としてはきんぎょをさがす、というものなので、繰り返しを楽しむ低年齢児向きです。

実習中でのこと

保育所実習で1歳児のクラスに入った時のことです。ごはんの前のちょっとした時間に先生が5、6人の子どもの前で読んでいました。「きんぎょ、どこにいるかな？」と先生が言うと、見つけた子が指をさして教えにきてくれるなど、なごやかな様子でした。
私も、『この絵本読んで』というように持ってきてくれた子どもに読む機会がありました。「ここ」ときんぎょを見つけては教えてくれたり、さがして見つける楽しさを共有するなど、『子どもと一緒に』を楽しむことのできる絵本です。
みんなで一緒に見るというよりも、子どもをひざの上にのせて、一対一で読むのに向いている絵本です。

Teacher's comment　探す楽しさと見つけたうれしさを感じられるように，場面ごとに十分「間」を取りましょう。読み手は居場所を知っていても，子どもと一緒に金魚を見つけるつもりで読みましょう。（Y.K）

聞き手と読み手でつくる魔法の世界

選んだ理由

この絵本を選んだのは、掛け合いができるという点に魅力を感じたためです。みんなで魔法の言葉を投げかけると、みるみるうちにナイフが変形していきます。想像を超えるナイフの形に驚きながら参加できる本だと思います。大人が読んでも、ワクワク、ドキドキする本当にふしぎな絵本です。
子どもがその魅力に引き込まれること間違いなしです!!

ポイント

不思議感を出すために、謎の袋に絵本を入れて見せておくとGood!?

ふしぎなナイフ

導入　小話を用いて

赤い袋に入っている絵本をひっそりと持ってきて小さな声でお話をはじめました。
「今日はお願いがあって、これを持ってきました。先生のおじいちゃんからこの本をもらったのだけど、ある魔法の言葉を言うと大変なことになるって聞いてきたの。先生一人だと少しこわいから○○ぐみのみんなに手伝ってもらったらできるかなって思って今日、持ってきたのだけど、手伝ってくれますか？」
という具合に話をしてから…
「この魔法の言葉は○○ぐみのみんなだけに教えるから誰にも言わないでね。魔法がきかなくなるからね。」とひっそり、徐々に魔法の世界へと飛び込んでいきました。
「それじゃあはじめるよ、魔法の言葉、せーの…
ぱぴぷぺぽん

体験談

4歳児クラスにて・・・

私は幼稚園実習で「ふしぎなナイフ」を読みました。指導案の段階では、一人一人に自分で考えた魔法の言葉を言ってもらおうと思っていましたが、4歳児5月では難しいだろうということで、こちらで1つ「ぱぴぷぺぽん」という魔法の言葉を準備していきました。導入でいかに子どもたちと不思議な世界に飛び込んでいけるかが勝負どころだったと思います。

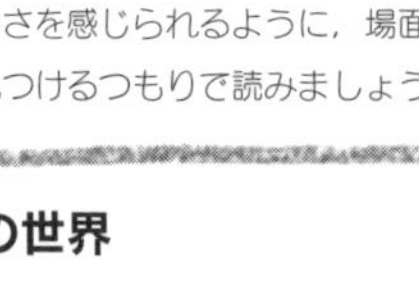

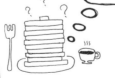

実習では・・・

緊張は必ずするし、不安も絶対にあると思います。けれど、みんな通る道であるし、同じときに同じ様に頑張っている人が必ずいることを忘れないで下さい！大丈夫!!

反省…何の素材を選ぶのか

とても盛り上がり、次の日もその次の日も子どもは何度も「ふしぎなナイフ」を読みたがりました。嬉しい気持ちでいっぱいでした。しかし、大きな反省点も残りました。担任の先生から「どうしてナイフを選んだの？」と聞かれたとき、自分でもどうしてこの本の素材がナイフなのか答えることができませんでした。そして、自分が選んだ理由も「楽しめる」というたった1つの理由だけでした。そこには専門的な視点が抜けていました。子どもが触れる素材に責任を持つことが必要であるということを勉強させていただきました。学べたことは大切に今後に生かしていきたいと思ったことと同時に、「楽しい」という感覚も忘れたくないと思いました。専門性と感情の両方を大事にしたいものですね。

Teacher's comment　次々と変わるナイフの絵に，子どもが発する様々な言葉。この絵本を使ったプログラムによって，感性がくすぐられます。とくにストーリーはないので，想像の世界を楽しんで。（M.H）

『ふしぎなナイフ』中村牧江・作，林健造・作
福田隆義・絵／福音館書店

思いきって演じてみて！

手作り紙芝居

手作り紙芝居の良さ

紙芝居は、読み手の表情が子ども達に伝わりづらいため、より一層聞き手はストーリーに入り込むことができます。実習は聞いているのが子どもだけではなく、担任の先生等もいるので、硬くなってしまいがちですが、紙芝居だと、顔が紙に隠れるので、思う存分楽しく演じやすい素材だと思います。

また、「紙芝居、作ったんだよ」と伝えると、子どもの見る目は必ず変わります！「私も作ってみたい!!」と言ってくれる子も出てきて、小サイズで自由遊びの時に、一緒に作ったこともありました。

手作りならば、内容も、
大きさも形も自由自在！

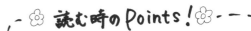

読む時のPoints！

① 基本的には通る声ではきはきと！

② 声色・強弱をつけ、ページの抜き方を工夫する。

③ 子どもの様子・季節に合うものを選ぶ。

④ 全員に見える・聞こえるようにする。
「みんな見えますかー？」と一言聞いてあげる心配りがあると素敵ですね。

⑤ まずは自分が楽しんで♪
時には子どもに問いかけ、参加型にするのも良いですね！

…この5点は、私が実習で必要だと感じた事です。どれも難しい事ではないので、これらに気をつけて、2・3度練習してから読むと、初見に比べて格別に楽しく紙芝居を味わうことができます！

実習では、ちょっとした空き時間、給食前後、午睡前、帰りの会…等々で、絵本や紙芝居を読ませて頂くチャンスがあります。短時間でも、子どもの前に立つ練習にもなるので、自らやらせてもらうくらいの気持ちでchallengeして下さい！

実際に読んでみて…

紙芝居の舞台だって、
手作りできちゃいます！

※舞台はたいていの園にあるようで、借りることも出来ると思います！

○ 幼稚園と保育園の5歳児のクラスで下の写真にある、"ぐりとぐらのかいすいよく"の絵本をもとに作った紙芝居を読みました。一度は、夏休み後だったので、導入で「海に行った人？」と聞いて季節が合っていました。他の時は、夏ではなかったのですが、担任の先生の許可を頂き、読ませてもらいました。季節が関係するものは、なるべくその時期に読む方がいいですね！私は夏・海・泳ぐことが好きなので、それも伝えてから読むと、子ども達はきらきらとした瞳で聴いてくれました。

《表》

⇦ 表は、背景にはあまりこだわらず、主人公をひき立たせるようにすると、早く見映えのよいものができる！

《裏》

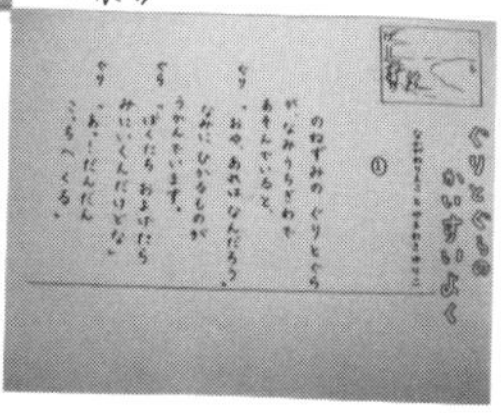

⇨ 裏は、自分のわかりやすいよう、工夫して、引き抜き線や声色を書いておくとgoodです！

○ 紙芝居を読む時は左上のような舞台を使用することをお勧めします。紙がバラバラになることもなく、枠があるので、ストーリーに集中することができます。扉を開く時も、『これからどんなお話が始まるんだろう？』とわくわくできるように工夫すると、子ども達は自然に集中してくれました。しかし、座る位置により、見えづらくなってしまう子も出てくるので、最初に確認してあげると良いでしょう。

『ぐりとぐらのかいすいよく』（中川李枝子・文，山脇百合子・絵／福音館書店）をもとに学生作成

Teacher's comment

紙芝居を舞台に入れることで，安定した「抜き」ができるようになるので，落ち着いて演じられます。保育者の手作り作品は，子どもの創作意欲を触発します。子どもたちの描いた絵を組み合わせてお話をつくり，一つの紙芝居として演じても楽しいですね。(Y.K)

子どもたちの目がクギづけになる

ひよこちゃんのこんなになっちゃった

「ひよこちゃんのこんなになっちゃった」

Story

散歩に出かけたひよこ。道を歩いていくと大きなリンゴが落ちていました。お腹がすいてリンゴを食べたら体の色が赤色に変わってしまいます。

その後も、スイカ・メロン・ブドウと次々と落ちていて、それらを食べるたびに体の色が変わっていってしまいます。

体の色が戻らなくて困っていると、お母さんにわとりがバナナを持ってきてくれて、それを食べたひよこは元の黄色の体に戻りました。

① 

「散歩」

② 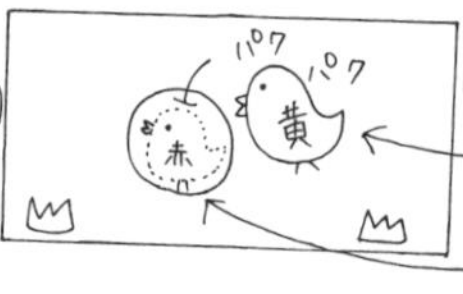

・大きなリンゴ出現
「いただきます」
・食べながらリンゴの下に入れていく
(注)リンゴと赤ひよこの間に入れる
・リンゴの下に赤ひよこを重ねておく

③ 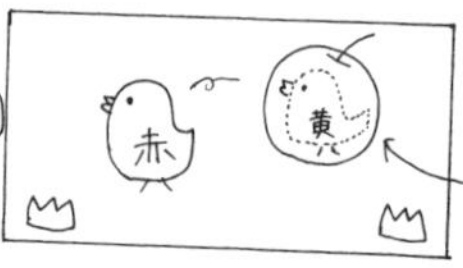

「体が赤くなっちゃった」
・リンゴと黄ひよこを重ねてめくり、赤ひよこを出現させる。

● これを繰り返し、スイカ・メロン・ブドウ・バナナと話を進めていく。

実際にやってみて

① 2歳児と3歳児のクラスで演じました。話の流れさえ頭に入れておけば、言葉は自分で変えてしまえます。子どもたちの様子を見ながらわかりやすい言い方をしたり、散歩中は「ランラン♪」とメロディ調にしてみたりと、工夫すると良いですよ。「ランラン♪」と子どもたちも一緒に言ってくれました。

② 子どもたちの目の位置とパネル舞台の位置にも気を配りましょう。舞台が高いと子どもたちが見上げてしまいます。

③ パネルシアターは普段見る機会が少ないのか、とても喜んでくれました。

パネル舞台をつくろう

基本編

材料
- ・ネル布
- ・ボード
- ・テープ

♥ボードは、片面にのりがついているシールタイプだと便利！ 保護シールをはがすと、空気も入らずにキレイにネル布をはれます。

♥テープは透明テープでも、かわいいテープでもOK。

1. ボードよりも大きいネル布を用意します。
2. ネル布をボードに貼ります。(注)空気が入らないように!!
3. 布のあまりの部分をボードの裏にテープで貼ります。

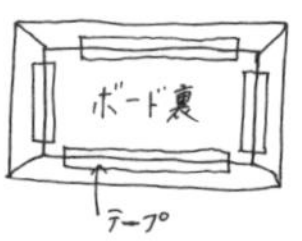

完成✩

応用編

○2つのボードをテープでとめて、その上からネル布を貼れば、折りたたみ式の舞台になります☆

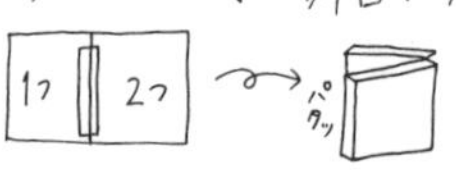

持ち運びに便利☆

○ボードの裏にポケットを付けると、演じてる時にパネルをしまえて便利☆（クリアファイルや封筒など）

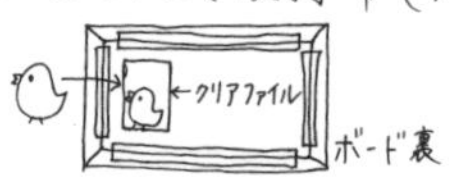

○ボードの裏のテープがまる見えで気になるならば、自分の好きな布を貼って目隠しを☆

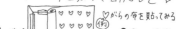

Teacher's comment

ひよこの変化が楽しい演目です。初めてパネルシアターを見た子どもは，舞台に張りつく絵人形や仕掛けを不思議に思うようです。事前練習で全体の構成をしっかり覚え，子どもと対話するような要領で，緩急や「間」の取り方，声の調子に気を配ると効果的です。（Y.K）

『みんなのパネルシアター』阿部恵・著／アド・グリーン企画出版

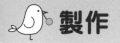

口に入れても安心な粘土を手作り

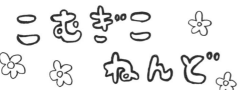

こむぎこねんど

☆実施日： 9月11日、12日

☆実施クラス： 3歳児、4歳児、5歳児の混合クラス

☆所要時間： 1時間45分（コーナー保育）〈一度に5人程度〉

☆準備するもの

- 小麦粉（100g）　・水（40cc）　・ボウル（1人1つ）
- 色付き小麦粉粘土（50g×3色を作っておく）
- 水を運ぶ用の容器（40ccの所で線を引いたもの）
- シート　・手拭き　・粘土板　・粘土用のヘラ
- 片づけ用のスポンジ

☆作り方

①
小麦粉
小麦粉をボウルに入れる
ボウル
②
水
線の引かれたカップに入れた水を、ボウルに入れる
ボウル
③
耳たぶくらいの固さになるまでこねる
ボウル
④
自分の好きな形に作ってでき上がり♡

実習を振り返って

この活動は、準備がとても大変で、どれ位の小麦粉にどれ位の水を入れるとちょうど良いのかを調べるために、たくさんの試作を作りました。また、コストも少々かかります…。

ですが!!子ども達にはとても人気で、「またやりたい!」と言ってもらえました♡♡粘土で作ったものも、子ども達の個性が溢れていて、とても楽しいです！また、私は今回できませんでしたが、この粘土は砂糖など入れて焼いて食べることもできるそうなので、良かったら試してみて下さい☆

アドバイス 1日目の反省をもとに、工夫したことを紹介します☆

① 準備編

- 限られた人数しかできなかったので、席の取り合いが起きた。
  → エプロンをつけた子が座るようにする！
- 小麦粉をボウルに出してから各自水を取りに行くと、活動がスムーズに行えなかった。
  → 初めに水を取りに行き、その後小麦粉を出すようにする！

② 活動編

- 小麦粉を1人100g、水を一気に入れるとこねづらく、時間もかかってしまう。
  → 小麦粉の量を減らし、水は数回に分ける。また、ボウルの大きさを、小さく浅いものにして1人あたりの時間を短くし、たくさんの子どもが活動できるようにする！
- 手拭きだけだと、手についた粘土が取れない。
  → 別に1つ位水を入れたバケツを用意し、そこで一度洗った後に拭くと良い！

Teacher's comment どんな年齢でも楽しめる造形素材です。粘土は水分量が「いのち」ですから，実践者がベストの状態を必ず知っておくこと。何を作るかは子どもの自由。30秒ほど焼くとカビを防げます。(H.M)

遊びながら季節の野菜に親しめる

根菜スタンプ

実施にあたって

季節の野菜で行うスタンピングでは、旬の野菜の種類を知り、その感触を感じる姿や選ぶ素材・色から子ども一人一人の個性・好みを知ることが出来ます。

適性年児

2歳児から実施は可能ですが、低年齢児では、少人数ずつ（6人位）行う方が良い。高年齢児では、準備から一緒に行うのも楽しい。又、子どもの楽しみ方が年齢により異なるので、そこにも注目した方がよい。

One Point Advice!

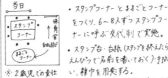

全体に一度、説明をしてから、活動に入った方がgood! 私は、初めに説明せず、順次話したので、先に別の遊びをしていた子は興味をもちづらかったようです。又、野菜の名前を「これなんだ？」とクイズにすると、子どもの興味をひくことができました。

実際にやってみて

準備

・レンコン・ごぼう・おくら
・ピーマン・さつまいも・にんじん等

これらを子どもの手に収まるサイズに切る。さつまいもやにんじんには、絵柄を彫ったり、形に切りとったりしておく。

当日

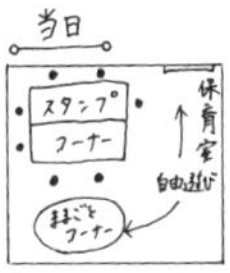

※2歳児での責任実習の主活動として実施ほした。

- スタンプコーナーとままごとコーナーをつくり、6～8人ずつスタンプコーナーに呼ぶ交代制で実施。
- スタンプ台・台紙（スタンプを終えたらえんぴつで名前を書いておく）・手拭い、雑巾を用意する。
- スタンプした後は、紙を重ねられないので、新聞紙にはさむと良い。

終えて

翌日、登園前に壁面展示させてもらう。

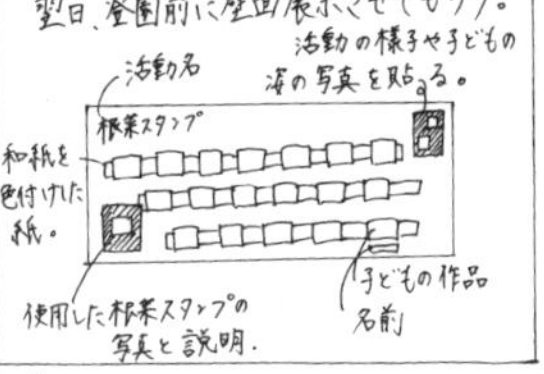

実施日が火曜日だったので、日曜日に野菜を切り、スタンプ台も用意したのですが、当日終ってから、担任の先生に「スタンプ台、園にあったのに。もっと相談してくれれば…」と言われて初めて『先生に相談していいのか！』と知りました。沢山相談すべし！

反省点：2歳児さんは、スタンプの色の使い分けが出来ず、作品の色が混ざり、汚くなってしまいました。又、時間の関係上、「もっとやりたい！」と言ってくれた子に応えられませんでした。

良かった点：このクラスで根菜スタンプは初めてだったので、子ども達は熱中した様子で、楽しんでくれた姿を見ることができました。

反省点は多かったけれど、子どもが、お母さんに自分の作品を嬉しそうに見せている姿を見て、私も嬉しくなりました。

まずはchallengeあるのみ!! 失敗を恐れないでっ！

Teacher's comment 1，2歳児からできる造形活動のなかでも大切なものの一つです。活動のポイントは，スタンプ台の絵の具の濃度で必ず試すこと。もう一点，赤と黄，青と黄のように，混じってもきれいになるよう工夫することです。(H.M)

凧（たこ）あげの魅力を味わう

くるくるタコさん
用意するもの
・紙コップ…1つ ・ハサミ
・ストロー…2cm ・セロハンテープ
・たこ糸…30cm ・くれよん or 色ペン
作り方
1 ハサミで紙コップに切り込みを入れる。
2 切り込みにそって、紙コップを折る。
3 紙コップの内側からたこ糸を通す。
4 お絵描き TIME
5 タコの足を全て同じ方向に三角に折る
6 完成
事前準備
セロハンテープ（穴を通しやすくするため）
たこ糸
ストロー（取れないようきつくしめる！）
穴
紙コップ
線（4.5cmを6本がオススメ！）
風にあたり、持って走るとクルクル回ります!!
私は4歳児責任実習で行いました。
1日目→4まで行い、タコさん同士で会話を楽しむ。
2日目→5を行った後、外遊び！
もし、雨が降っていても、タコを持って自分が回れば、タコも回ります。

Teacher's comment ストローに凧糸を通してから結ぶと，取れにくいです。凧糸を持つ部分を輪にすると，持つときも飾るときも便利です。紙コップに目玉シールや動眼を貼ると，さらに楽しめます。（Y.I）

空を舞う紙飛行機に感動

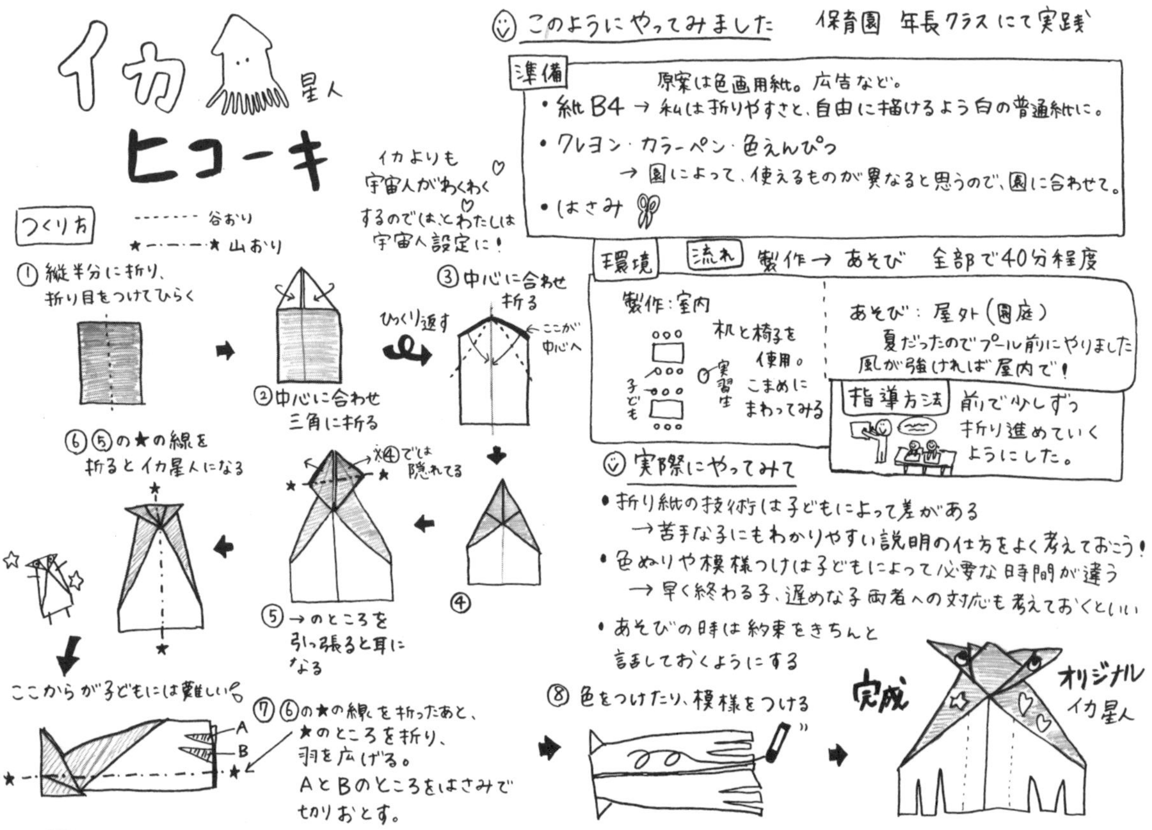

イカ星人ヒコーキ
イカよりも宇宙人がわくわくするのでは、とわたしは宇宙人設定に！
つくり方
谷おり
★－・－・★ 山おり
① 縦半分に折り、折り目をつけてひらく
② 中心に合わせ三角に折る
ひっくり返す
③ 中心に合わせ折る
ここが中心へ
④
※④では隠れてる
⑤ →のところを引っ張ると耳になる
⑥ ⑤の★の線を折るとイカ星人になる
ここからが子どもには難しい
A
B
⑦ ⑥の★の線を折ったあと、★のところを折り、羽を広げる。AとBのところをはさみで切りおとす。
⑧ 色をつけたり、模様をつける
完成
オリジナル イカ星人
このようにやってみました 保育園 年長クラスにて実践
準備
原案は色画用紙。広告など。
・紙B4 → 私は折りやすさと、自由に描けるよう白の普通紙に。
・クレヨン・カラーペン・色えんぴつ
→ 園によって、使えるものが異なると思うので、園に合わせて。
・はさみ
環境 流れ 製作→あそび 全部で40分程度
製作：室内
机と椅子を使用。
実習生
こまめにまわってみる
子ども
あそび：屋外（園庭）
夏だったのでプール前にやりました
風が強ければ屋内で！
指導方法 前で少しずつ折り進めていくようにした。
実際にやってみて
・折り紙の技術は子どもによって差がある
→苦手な子にもわかりやすい説明の仕方をよく考えておこう！
・色ぬりや模様つけは子どもによって必要な時間が違う
→早く終わる子、遅めな子両者への対応も考えておくといい
・あそびの時は約束をきちんと話しておくようにする

Teacher's comment 大きい紙で一緒に折りながら，幼児が理解できる言葉で指示してみましょう。持つ部分をセロファンテープでとめる，紙のサイズをA4にするなどいろいろ工夫をしてみましょう。（Y.I）

自然素材でハンドメイド

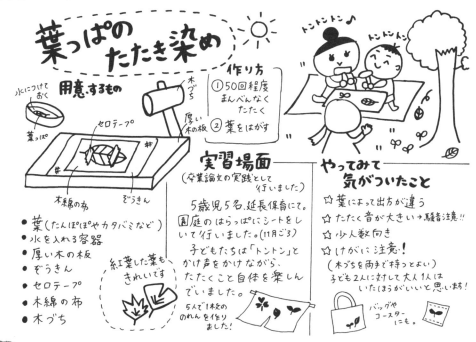

葉っぱのたたき染め

用意するもの

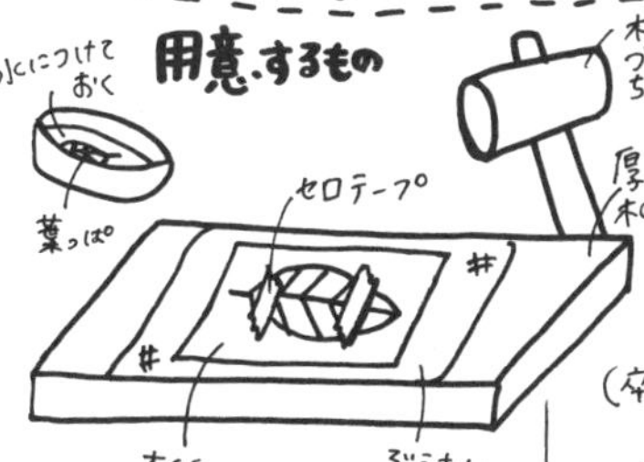

- 葉(たんぽぽやカタバミなど)
- 水を入れる容器
- 厚い木の板
- ぞうきん
- セロテープ
- 木綿の布
- 木づち

紅葉した葉もきれいです

作り方

①50回程度まんべんなくたたく

②葉をはがす

実習場面

(卒業論文の実践として行いました)

5歳児5名、延長保育にて。園庭のはらっぱにシートをしいて行いました。(11月ごろ)

子どもたちは「トントン」とかけ声をかけながら、たたくこと自体を楽しんでいました。

5人で1枚ののれんを作りました!

やってみて気がついたこと

☆葉によって出方が違う

☆たたく音が大きい→騒音注意!!

☆少人数向き

☆けがに注意!

(木づちを両手で持つとよい)

子ども2人に対して大人1人はいたほうがいいと思います!

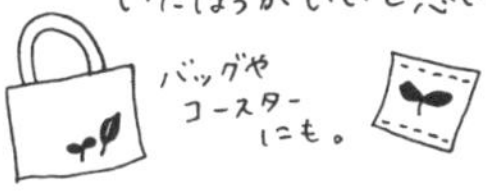

バッグやコースターにも。

Teacher's comment 木づちの使い方をしっかり伝えないとケガをします。造形的には，紅葉した葉が葉脈まではっきり写しとれますので，自然の造形の美しさがわかると思います。(H.M)

回るコマに興味しんしん

ぶんぶんごま

実施日：9月12日

実施クラス：4歳児と5歳児の混合クラス
4歳児9名、5歳児12名(計21名)

所要時間：70分(導入から片付けまで)

材料

- 厚紙(まるや四角の形に切ったもの)
- たこ糸(60cmくらいに切っておく)
- 折り紙(♡や☆の形に切り抜いたもの)

これらを箱に入れて各テーブルに置く

作り方

①材料箱の中から好きな型の厚紙1枚と、たこ糸を1本取る。

②目打ちで厚紙に穴を開ける。(5歳児のみ)

5歳児→⊙中心に印をつけておく

4歳児→◎初めから穴の開いたものを用意

⚠目打ちは危ないので、穴開け用のテーブルを用意して、使う時は必ず側にいるようにしました。

③自由に飾りつけをし、たこ糸を通す。

できあがり☆彡

☆ポイント ちょっとした

その1、たこ糸の先にセロハンテープを巻いておくべし!!

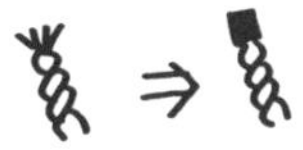

セロハンテープを巻いておけば、糸の先がボサボサにならないので、子どもでも簡単に穴に糸を通すことができますヨー!!

その2、子どもたちに問いかけながら作り方の確認をするべし!!

子どもたちから正しい作り方を聞きだすよう、わざと間違ったことを言います。

ex) 実習生「目打ちは使ったらポーイってそのままにしておいても良いんだよね?」

子ども「ちがーう!」「ちゃんと箱に戻さないとだめ!!」

その3、上手く回せない子には、手を一緒に持って、糸を引くタイミングを教えてあげるべし!!

「ブーン」と言いながら一緒に糸を引いてあげると、コツをつかみやすいと思います。

《実習を振り返って》

4歳児と5歳児の混合クラスだったので、ぶんぶんごまは4歳児には難しいかもしれないと思いましたが、実際にやってみると4歳児でも回すことができました。頑張り屋さんが多いクラスだったからかもしれませんが…。ひとりひとり違った作品ができるのでおもしろいと思います!!

実習は緊張すると思いますが、元気に頑張ってきてください♡

Teacher's comment 牛乳パックの底や側面，段ボール紙なども使えます。色や模様をつけたり，シール状の紙を切り抜き，貼って飾りつけると、回転したとき，どのような色になるか楽しめます。(Y.I)

製作

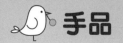

マジシャンになった気分で堂々と演じよう

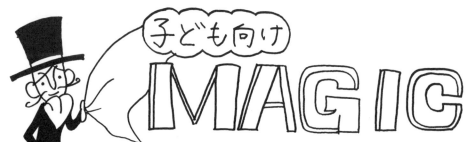

子ども向け MAGIC

手品を演じるPOINT

1 練習する　2 テレない

⚠ 手品を選ぶ時の注意点 ⚠

予言マジックは年長児でも難しいかもしれません!!

ただの水だったのに!! 魔法の呪文で鮮やかに色付く!!

① 空のペットボトルに水を入れる。(みんなの前で入れるとよい)

② 何もしかけがない事をアピールする為に、
- 振る
- 中の水を飲む ☆この時にふたをポケットにしまう。(又は)どこかに隠す。

③ ふたをしめる ☆この時にしかけのふたにすりかえる。

④ 魔法の呪文を唱えて思い切り振る。
⇨絵の具が溶けて色が変わる。

絵の具のしかけが早過ぎると固まって溶けにくくなり焦ります。

「手品をやるよ」と言って始めるのではなく、「実はね、私魔法使いだったんだ…」「昨日ふしぎなペットボトルを見つけてね…」等というように導入を工夫すると、より楽しい時間になります。

父の日にいかが? お父さんのネクタイ切っちゃった!!

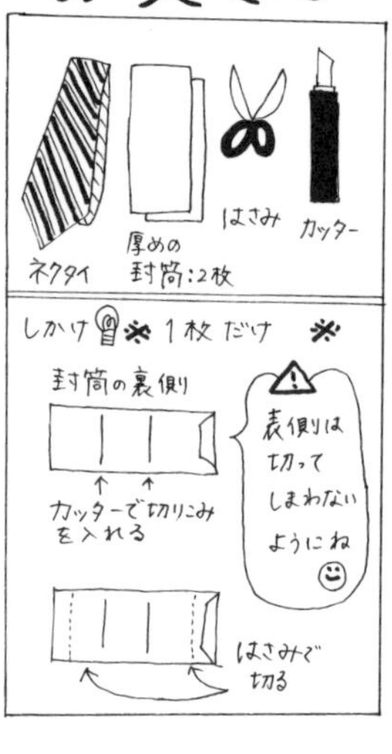

① 何もしていない封筒を皆に見せる。

② しかけと同じ位置をはさみで切る。

③ しかけ付き封筒とすりかえる。

④ 裏が見えないようにネクタイを通す。

⑤

ネクタイをよけて封筒を切る

⑥ 切っちゃった…けど!
元に戻せたー!というあなたの素敵な演技でしめくくって下さい♫

厚めの封筒でないと透けてしまいます。色の濃い画用紙で作ってもよいでしょう。
また、ネクタイでなくてもできるのでアレンジしてみて下さい。

Teacher's comment

ワクワク感やドッキリ感に働きかける二つの手品。巧みな手さばき，息づかい，言葉づかいこそ，マジックの生命線。嬉々として楽しめるように伝え方や内容を工夫しましょう。また，お話を創作し語り聞かせながら，登場人物のいたずらマジックの一つとして実演してみては。(M.H)

問題を出し合いっこ

クーイズクイズ!!

『うしろにいるのだあれだ?』

だれかなー

うしろにいる子に声をだしてもらい誰がうしろにいるのかをあてる。
たまに、うしろのうしろにしたりする。

すべり台で手でとおせんぼをして「クーイズ クイズ」「なあんのクイズ」でクイズをだします。
お題は「動物」「サッカー」「算数」などなんでもありあり♡♡
しかーし!! パッと答えられなかったりクイズがだせなかったりして、うしろがどんどんつまって大変なことになってしまいました。そんなときにぴったりのクイズ!!

エピソード

うしろにいる子に「ピカチューと言って」と「ピカチュー」と言ってもらうと年中・年長は「うそー!! こうちゃんでしょ。」とお友だちを答えたのですが、年少さんは自信満々に「ピカチュー!!」と答えてほっこりしました♡♡

Teacher's comment 言葉の応答から始まるところが魅力で，いかようにもアレンジできる遊びです。遊びのテンポをつくるために，最初は保育者から出題しましょう。盛り上がること間違いなし！（M.H）

読み聞かせの導入にも使える

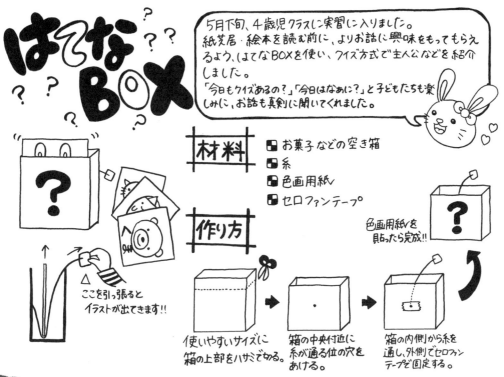

はてなBOX

5月下旬、4歳児クラスに実習に入りました。
紙芝居・絵本を読む前に、よりお話に興味をもってもらえるよう、はてなBOXを使い、クイズ方式で主人公などを紹介しました。
「今日もクイズあるの?」「今日はなあに?」と子どもたちも楽しみに、お話も真剣に聞いてくれました。

ここを引っ張ると
イラストが出てきます!!

材料

- お菓子などの空き箱
- 糸
- 色画用紙
- セロファンテープ

作り方

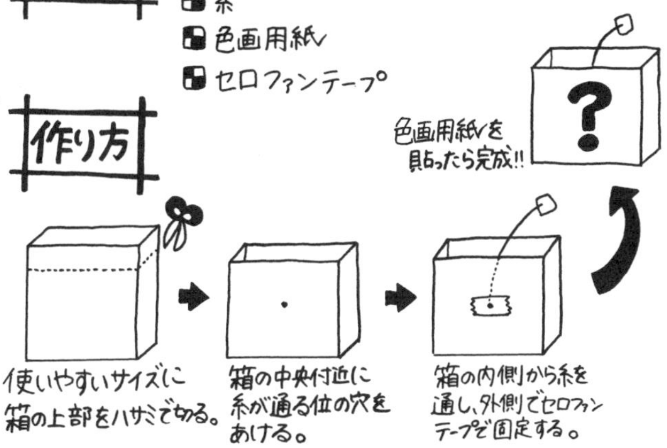

使いやすいサイズに箱の上部をハサミで切る。
箱の中央付近に糸が通る位の穴をあける。
箱の内側から糸を通し、外側でセロファンテープで固定する。
色画用紙を貼ったら完成!!

Teacher's comment 導入を工夫して，子どもたちの気持ちをひきつけることは大切ですね。何が始まるのか，どんなお話か，何かが起こりそうだという期待がふくらんで，子どもたちの集中力も高まります。（Y.K）

ゲーム

逃げる・追うを同時に楽しめる

しっぽとりゲーム（アレンジバージョン）

☆しっぽとりゲームは、一人ひとりがしっぽをつけて逃げる、というのが一般的ですが、子どもの年齢や時期によってはそれでは楽しめない場合もあります。

例えば…入園したばかりだったり、しっぽとりゲームをやったことがなかったりすると、ルールがわからないまま、しっぽを取られるだけでゲームが終わってしまう可能性も… → 子どもが楽しめない！

そんなときは → 先生がしっぽをたくさんつけて逃げ回って、子どもたちに取ってもらう、という方法もあります!!（２年保育の４歳児クラスで５月に実習をしたとき、保育者の方に教えていただいた方法です☺）

ゲームが終わったら、取った紙テープはままごと遊びなどに再利用しましょう♡

〈準備〉ゲームの直前にしっぽをたくさんつけるのは時間がかかるので、あらかじめ作っておきます☺

完成すると、フラダンスの衣装みたいになります♡

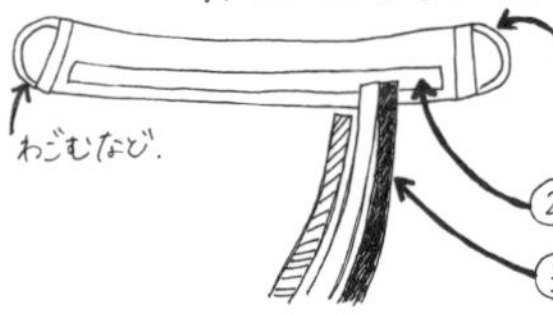

① 大きなお面バンドを作る。（ボール紙など、厚めの紙が◎）長さは、お腹にぐるっと巻ける長さ。

② 両面テープを貼る。

③ 子どもたちが取りやすいように長めに切った紙テープを、両面テープにすきまなく貼る。（カラフルにすると見た目もGood☆）

④ 完成!! 腰に巻いて、先生が逃げる!!

☆紙テープをわざとカラフルにして、「カラフル しっぽ星人だぞー!!」「みんなのおへそを食べちゃうぞー!!」など、ストーリー性をもたせると、より楽しめるみたいです♫ 逃げる速さは工夫しましょう!!

Teacher's comment 「ゆらゆら揺れて，なかなか取れな〜い」と聞こえてきそうなこの遊びは，よく楽しまれています。取ったしっぽを自分の腰につけることができるようにするのもアイデアの一つです。(E.Y)

ダンスの要素も入った人気ゲーム

もうじゅうがりに行こうよ!!

↳道具がなくても楽しめるゲームです♫

まず親役→みんな、というように、交互にやります。恥ずかしがらずに、楽しんでやりましょう♡

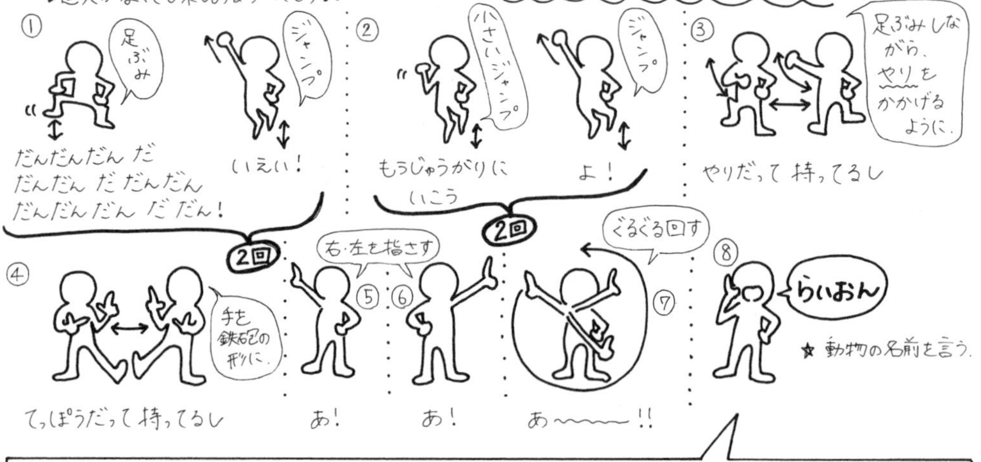

☆「らいおん」なら４人、「うま」なら２人、「まんとひひ」なら５人、というように、動物の名前の文字数と同じ人数で集まる。集まれなかった子どもたちは、１回休みなどにするよりも、保育者と一緒に親役をやってもらう方が楽しめるかもしれません☺ 最後は全員がグループをつくれるような動物の名前にすると、みんなが気分よくスッキリ終われると思います♡

Teacher's comment 子どもが喜ぶ遊びの一つです。うたいながらからだを動かして，しかも数の概念も理解できる優れた遊び。親役の歌い方のトーンを上げ下げすると，軽快・重厚なイメージに変化できます。(E.Y)

盛り上がる定番ゲーム

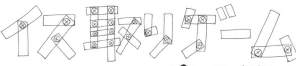

イス取りゲーム

みんなも知っている「イス取りゲーム」
子ども達と楽しく遊ぶためには
段階が必要です。

Step1 内側をお散歩

まずは椅子を内側にして、音楽に合わせて歩いてみよう!

子ども達にとって、椅子を外側にする経験は、あまりないことです。また自分のすわる椅子がなくなるということは、とても不安なことです。ですから椅子は減らさず、音楽が止まったら、みんながすわるという遊びです。

Step2 お散歩

次に、椅子を外側にして音楽に合わせて歩いてみよう!

椅子は減らさず椅子の外側を歩いてみます。音楽が止まったら近くの椅子にすわる遊びです。もし、自分のすわる椅子をみつけられない友達がいたら、みんなで教えてあげましょう。

Step3

椅子を1つ減らして、輪の中に1人入って、タンバリンを鳴らす。その音が止まったら、近くの椅子にすわろう!

すわれなかった子が次にタンバリンを鳴らすという遊びです。ここまで出来たら、イス取りゲームも楽しく遊べるでしょう!

Teacher's comment 段階を経ながら学ぶことが大事。遊びの発展もあって◎。音を聞いたり，音に合わせてからだを動かしたりして，年少児も楽しめるでしょう。タンバリンをたたきたい子どもが殺到するかも！（E.Y）

子どもの想像力がフル回転

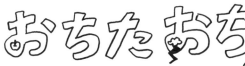

おちたおちた

対象児：4～5歳児
時間：ちょっとした合間

あそびかた

1. 実習生「おーちたおちた」
2. 子ども「なーにがおちた」
3. 実習生「○○○!!」
4. 子ども 3に応じて、上から落ちてくるものを受け止めるポーズを変える。

バリエーションいろいろ 例えば…?

実習生の言葉	子どものポーズ
「りんご」	手ですくいます
「かみなり」	おへそをかくします
「あかちゃん」	大事そうに抱えます
「あり」	片手を出します
「あめ」	頭をおおいます
「○○せんせい」	両手を大きく広げます

など

ワンポイントアドバイス

☆ペースを速めたり、意外なものを言うとさらに盛り上がります。

Teacher's comment 言葉のかけ合いがポイントですね。それによって，子どもたちがいろいろなイメージをふくらませて受けとめるポーズがとてもかわいらしいことでしょう。創造性や自己表現する力が育ちますね。（E.Y）

ゲーム

実践にあたって

手遊び・歌遊びの魅力

西海聡子

この別冊に収録されている手遊び・歌遊びは，「子どもたちが喜んでくれたよ！」「遊びが広がる手遊びはこれ！」と，先輩たちが実習やボランティアなどの実体験にもとづいて選んだものです。

手遊び・歌遊びとは，動作や遊びが歌と一体になったものをさします。場所を選ばず，道具も使わず，手軽に楽しく遊ぶことができる手遊び・歌遊びは，保育に欠くことのできないものでしょう。

なぜ子どもたちをひきつけるのか

はじめに，なぜ手遊び・歌遊びは子どもたちの気持ちをひきつけるのか，その魅力を一緒に考えてみましょう。

見立て遊びの楽しさ

1つ目の魅力は，自分の指や手を使って，様々な形を作りだすおもしろさがあることでしょう。

「♪グー，チョキ，パーで，グー，チョキ，パーで，なにつくろう……」は，手遊び「グーチョキパーで なにつくろう」（訳詞 斎藤二三子・フランス民謡）の冒頭部分です。この手遊びはどこの保育室でもよく遊ばれます。どこにおもしろさがあるのでしょうか。まず気づくのが，両手を使って様々に作りだされる形のなかに，見立て遊びが楽しめることです。両手をパーにして「ちょうちょ」，その手を頭にのせれば「うさぎさん」，右手チョキの上に左手グーを重ねると「カタツムリ」，左手グーの上に右手パーをのせて動かせば「ヘリコプター」など，様々な形ができ上がります。子どもたちの手で作りだされる無限の見立てのなかには，新鮮な驚きと新たな発見がつまっています。

作りかえる楽しさ

2つ目の魅力は，様々に作りかえることができること，いいかえれば，遊びの創造性や可変性があることです。「グーチョキパーで なにつくろう」では，グー，チョキ，パーを組み合わせるたびに，「かにさん」「おはな」「くまさん」「やかん」「キャッチボール」「ぶらんこ」など，たくさんのバリエーションが生まれます。多くの手遊び・歌遊びは，歌詞や動作を変えることのできる可変性と，子どもたちのアイデアによって作りかえられるたびに新しい命が吹きこまれ，さらに楽しめるものへと進化していく創造性をもっています。

変身の楽しさ

3つ目の魅力は，何者かになりきる楽しさを経験できることでしょう。手遊びには，手を使ってキャラクターを作りだし，ごっこ遊びのように，何者かになりきる楽しさを子どもたちに与えてくれるものもあります。たとえば「おおきくなったら」(p.7) を取り上げてみましょう。この歌では，1本指で注射を作り「お医者さん」，2本指ではさみを作り「とこ屋さん」，3本指で泡だて器を作り「ケーキ屋さん」，4本指で敬礼を作り「おまわりさん」，5本指ですもうの突っ張りを表し「おすもうさん」と，子どもたちに人気の職業が次々と出てきます。

「ミッキーマウス・マーチ」(作詞不詳・作曲ジミー・ドッド) の手遊びでは，1本指で鼻を作り「ピノキオ」，2本指で口ばしを作り「ドナルドダック」，3本指でひげを作り「チップとデール」，4本指で耳を作り「ダンボ」，5本指で耳を作り「ミッキーマウス」と変幻自在にディズニーのキャラクターが登場します。

また，「トコトコトコちゃん」(p.6) などストーリー性のある手遊びは，まるで小さなドラマのようです。

音楽の楽しさ

4つ目の魅力は，リズムがあり，メロディーがついている，つまり音楽であることです。明るいメロディーは，晴れやかで楽しい気持ちに，弾むリズムは，ウキウキした気持ちにさせてくれます。手遊びは日常の保育のなかで，すきまの時間によく登場しますが，リズムやメロディーがあることで，ちょっとした楽しさや潤(うるお)いのある演出をしてくれます。

前述の「グーチョキパーで なにつくろう」のメロディーとリズムは明るく単純明快です。この洗練されたシンプルさが親しみやすさ，口ずさみやすさとなり，これが誰からも愛される理由ではないでしょうか。また，音楽だからこそ，速度や強弱の変化を楽しむことができるのです。そして，繰り返し遊ぶうちに，音程やリズム感，表現力が養われていきます。

人とつながる楽しさ

5つ目は，優れたコミュニケーション機能を兼ね備えていることです。

集団生活の場面でよく使われる手遊びは，みんなで声をそろえてうたい，同じ動作をする模倣型の手遊びが多くみられます。子どもたちは，動きを模倣し，歌を唱和することで，先生や友だちとの一体感を感じているのです。

また，低年齢児 (0～2歳) に大人が1対1で繰り返しうたってあげる手遊び・遊び歌を「遊ばせ遊び歌」(この本では「めんめんすーすー」「バスにのって」(p.3) など) といいます。遊ばせ遊び歌には，顔遊び，手遊び，くすぐり遊び，ひざのせ遊びなど様々な種類があります。これらの歌は，肌と声と視線で子どもとふれあうことができ，スキンシップを図るのに最適なものです。遊ばせ遊び歌は，同じ歌を，同じリズムで，同じ遊び方で，繰り返して遊びましょう。繰り返すなかで，徐々に子どもは歌の心地よさを知り，大人への安心感や信頼感が育まれます。

多面的な発達をうながす

6つ目の魅力は，子どもの多面的な発達をうながす役割があることです。手遊び・歌遊びは，繰り返し遊ぶなか，知らず知らずのうちに，言葉の発達，音楽的能力の発達，身体的能力の発達など，様々な発達をうながしている点も注目すべき点でしょう。

子どもたちと一緒に楽しむためのヒント

次に，手遊び・歌遊びを子どもたちと楽しく遊ぶためのポイントを，具体的にまとめてみましょう。

準備 OK？

1 子どもの年齢や発達段階に合ったものを選びましょう

0～2歳児はスキンシップが大事なので，1対1のかかわりを大切にした「遊ばせ遊び歌」を選びましょう。2歳児くらいからは，まねしてすぐに遊べる模倣型の手遊びやからだ全体を使う歌遊びが大活躍します。4，5歳児になると，ちょっと難しいものを好みますので，動作やリズムが複雑な手遊びやゲーム性のある歌遊びを選びましょう。

2 技術的なポイント

動作を大きく，言葉をはっきり，音程は正確に。大人のテンポでうたうと，速すぎる場合があります。初めて教える場合や低年齢児には，とくに言葉をはっきり，子どもの息つぎを感じとりながら，ゆっくりとうたいましょう。また，動作にも注意が必要です。「右手」と言ったら，子どもたちから見ての右手を（自分では左手）出しましょう。

3 事前の準備や練習をしましょう

楽しんでできるようになるには余裕が必要です。手遊びは，伴奏なしでうたうことが多いので，音程が不安定になりがちです。音程に自信がないときは，ピアノで旋律を確認しましょう。鏡の前で動作と笑顔のチェックをすることや，歌詞をしっかり覚えることも大切です。事前の準備や練習が，子どもたちの前で行うときの余裕や自信につながります。

さぁ，本番です！

1 にこにこ笑顔を心がけましょう

学びはまねることから始まる，ともいわれていますが，子どもたちは楽しそうなことを見つけると，すぐにまねをします。子どもがまねしたいと思うよう，楽しく明るく，手遊び・歌遊びを「演じる」ことが重要です。まずは，にこにこ笑顔で自分自身が楽しみましょう。

2 速さ，動作や声の大きさを変えてみましょう

慣れてきたら，少し変化をつけると，遊びが深まります。変化をつけるのに役立つのが，速度を変えてみること，動作や声の大きさを変えてみることです。

「おべんとうばこ」（わらべうた）を例にあげましょう。ぞうさんのお弁当箱だったら，テンポは遅めに大きな声で，からだ全体を使うくらい動作を大きく，ありさんのお弁当箱だったら，テンポは速めに小さな声で指先だけでやってみましょう。チーターだったら，怪獣だったら…と様々な動物のイメージに合わせてテンポや動作を変化させます。

子どもたちは速度を変化させることが好きなので，慣れてきたら，「超特急でやってみよう」「大きなクマさんだよ」などと声をかけて遊びましょう。

3 替え歌を作ってみましょう

手遊びは，歌詞の一部を変えるだけで，替え歌が楽しめる歌が多数あります。たとえば「さかながはねて」(p.6) は，作りかえることが楽しい曲です。子どもたちは意外なものも含めてたくさんのアイデアを出してくれます。子どものアイデアを積極的に取り入れることは，子どもの主体性や創造性を育てます。

4 手遊びを始めるタイミングは

子どもたちがにぎやかなとき，静かになってから手遊びを始めたくなりますが，静かになるのを待つよりも，手遊びを始めたほうがよい場合もあります。手遊びが始まると，子どもたちは自然に興味をもってこちらに集中してくれます。

5 同じ手遊びでも，園によってメロディーや動作に違いがある場合があります

言葉に様々な方言があるように，手遊びや遊び歌はうたい継がれているうちに，歌詞やメロディー，動作が少しずつ変化している場合があります。子どもたちがすでに知っているものは，まずは子どもたちに合わせましょう。

特別寄稿

紙芝居の楽しい演じ方・実演の基本

右手和子（実演家・声優）

演じ手の存在と演じることの喜び

瞳を輝かせ，あるときは笑いころげ，あるときは物語に吸いこまれるように画面を見つめる顔，顔。こんなとき，演じ手と観客の間に濃密な世界がつくられます。そのとき，演じ手は，最高の幸せを感じられるのです。

今，紙芝居は，いろいろな場面で演じられています。いいかえれば，それだけ演じ手がたくさん存在するということでもあるのです。多くの人々は，なぜ紙芝居に魅せられ，演じるのでしょう。それは，紙芝居のもつ特性にあるのではないでしょうか。

絵と文字で成り立っている点で，絵本と紙芝居は似ています。しかし，同じ頁に絵と文字が書かれている絵本とは違い，紙芝居は，文が絵の後ろ側（正確には1枚前の頁の裏側）に書かれています。

ですから，紙芝居は，人間が声で内容を表現していかなければ楽しむことのできない構造なのです。演じ手と観客の間に温かで人間的な気持ちが通い合うことで，一体感が生まれ，一緒に作品の世界が楽しめるのです。紙芝居は作品と演じ手，そして観客の三位一体で成り立つ，もっとも小さな総合芸術なのです。

下読みをすること

演じ手は，演出家の役目もします。どう演出するか，登場人物はどんな性格か？ それらを考えるためには，作品を読んでまず内容を把握することです。紙芝居は，①対話で進めていく作品（主に小さい人たち向け）で「参加型」といわれるものと，②ドラマティックで物語がしっかり組み立てられた作品に大きく分けられます。いずれの作品も，大切なのは下読みです。

①のような対話型の作品では，「画面の見せ方」「抜き方」「話しかける声の調子」「答えを待つ間」などがポイントとなります。

②のような物語性のある作品では，「登場人物の気持ち」「ドラマの山場の場面」を考えることです。

紙芝居の裏にある演出ノートも参考にして，演じ方を考えてください。

舞台・幕紙の準備

紙芝居は，舞台を使って演じてください。基本的には，紙芝居は，舞台に入れて演じるように作られています。

たとえば「途中で止める」場合，舞台がないと同一人物が二人になってしまう場合などがあります。舞台を使うことによって，手に持って演じるより，演劇的な空間をつくりだすことができます。また，描かれた人物の動きを表現するのにも効果的です。観客の作品への集中力も高まります。

幕紙も使ってみてください。幕紙は，紙芝居の大きさの画用紙に包装紙や和紙を貼れば，簡単に作れます。幕紙を使用することで，観劇の気分が味わえますし，なにより導入部で子どもたちを集中させる役割が果たせます。

演じ方の３つの基本

紙芝居を演じるには，「声，間（ま），抜く・動かす」の３つの表現方法が基本です。この３つの表現が溶け合ったとき，観客の心を揺さぶる演じ方ができるのです。

声

声に出して表現するとき，言葉の微妙なニュアンスまで，見る人に伝えることができます。基本的には次のようなことが考えられます。

対話型の作品の場合，楽な発声で「明るく」を基本に考えてください。子どもたちの声に反応しながら，笑ったり，驚いたりして，一緒に楽しむ気持ちが大切です。

物語性のある作品には，会話と語り，そして擬音があります。以下に，声についての大切なことをお話します。

1「会話」の表現

登場人物の年齢，性別，性格，職業，さらに健康状態や心理まで伝えられるのが，会話です。難しそうですが，こんなとき，自分だったらどんな調子で話しているかと考えて，工夫してみてください。

一般的に，人はうれしいとき，明るく高めの声で早口になってしゃべります。悲しいときには，やや暗く弱い調子で，少しゆっくりな口調で話します。魚屋さんと洋服屋さんでは，威勢のよさも違います。また，同じ場面でゾウ，ウサギ，ネズミが出てきた場合，体型の大きなゾウは，低い声でゆっくりとしゃべり，動きが速く小さなネズミは高めの声で早口，ウサギはごく普通に，といった変化のつけ方もできます。

声で表現する場合のポイントは，高さ（高中低），スピード（緩中急），強さ（強中弱），感情（明中暗）という要素の組み合わせにあるでしょう。

しかし，一番大切なのは声を変えることではありません。声色は不要です。登場人物の「気持ち」や「状況」をきちんと伝えることです。

たとえば,「ダメ」という言葉にも,本気でどなる場合と余裕のある場合では,強さや速さ,そして声の色もずいぶん違うはずです。その差を観客に伝えることが,演じ手には大切なことだと思います。下読みをきちんとして,もし自分だったらという視点に立って,照れずに役者気分を味わってください。きっと観客の目が輝きます。

2 語り(地の文)の表現

語りも,基本的には会話と同じです。

語りの部分は,情景描写や状況説明が多くなりますが,言葉をはっきりとその情景・状況が伝わるように話すことが大切です。嵐なら不気味な強さを強調し,小鳥がさえずる朝なら明るくのどかな感じで語ってみてください。

このように,その場の雰囲気が伝わるように声の要素の組み合わせを参考に演じれば,その場面に合った表現ができます。演じ手が物語に酔ってしまったり,語感や大事な文章を不用意に表現したりしないように,気をつけてください。

「間」の取り方

次に「間」について,お話ししたいと思います。何も言葉がないサイレントの時間なのにドラマをいかすうえで大切なもの,それが「間」です。間には,息継ぎや区切りなどいくつかの役割があります。

まず,「話変わりまして」の「間」です。

場面や状況が変わる場合,1〜3秒ほど「間」をあけます。すると,調子が変わり,ドラマの流れにアクセントがつきます。

次にドラマをいかす「間」で,2種類あります。それは,「期待させる間」と「余韻を残す間」です。

「期待させる間」の場合,「間」の単独ではなく,「声」「抜く」「間」の3つがうまく融合することで,観客を「何か起こりそうだ」という気持ちに誘いこみます。この「間」は,観客の表情を見ながら間合いをとることが重要です。

抜く・動かす

動くはずのない絵の中の人物や物を動いているように見せたり,抜き方のスピードを変えたりすることで物語にアクセントをつけ,盛り上げていくのが,「抜く・動かす」というテクニックです。

1 抜き方の注意点

「抜く」の基本は,平らに抜くということです。舞台底をこするような感じで抜くことです。「ゆっくり」「速く」などは,内容にそった抜き方ですから,下読みのとき,チェックしてテンポを決めてください。

「さっと抜く」は,思い切りよく,一瞬のうちに抜くことです。

もう一つは,「途中まで抜いて止める」です。これは,2枚で何枚分かの効果を得られるという演出効果が考えられます。

この場合，途中できちんと止めるには準備が必要です。演じ手は舞台の横か後ろにいますので，画面の正面から見て抜くことはありません。

そこで，裏面に止める箇所まで右図のように三角の印をつけると，抜き始めと止める場所がすぐにわかり，三角の部分が狭くなれば止める位置だとわかり，的確に止めることができます。

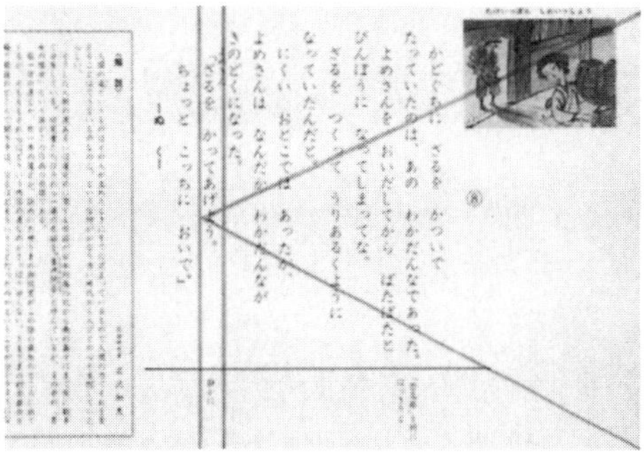

右手和子・西山三郎・若林一郎『シリーズ・子どもとつくる 26　紙芝居をつくる』大月書店，1990，p.59

2「動き」で表現力アップ

「動かす」は，上下・左右・前後・回す・揺らすがあります。5～10ミリ動かすだけで，動くはずのない絵が，まるで動いているように見えるから不思議です。

たとえば，風が吹く・嵐のような場面では，前後に小刻みに揺らしてみてください。非常に効果的です。

また，歩く・走る場面では，上下に5～10ミリ程度動かします。走るときと歩くときでは，テンポを変えることで様々な速さが表現できます。正面を向いて歩く場合などは，左右に半円を描くように動かすと，正面に向かって歩いているように見えます。渦巻きなどが吸いこまれる場面では，指を1本かけてクルクルと回せば，そう見えます。

この動かす場合の注意点は，画面向かって左の，指をかけているほうは動かしますが，向かって右のほうは下の部分を舞台につけたままのつもりで動かすことです。そうしないで全体を動かすと，画面がとびはねてしまいます。

生身の人間同士が向き合い，伝える文化は，心と心が通い合い感動を共有できる世界です。声が伝える言葉のニュアンスは，日常の生活のなかで失われつつあります。せめて，紙芝居の世界の中では，喜びの数々を，悲しみを，いたわりの気持ちを，子どもたちや人々に肌で感じてほしい。そしてその世界で思い切り遊んでほしいと思うのです。これは，ゲームやパソコンでは不可能な世界です。幸い今，紙芝居が見直され，元気です。一人でも多くの方々に紙芝居を演じていただきたいと思います。

Name ______________________

『教育・保育実習のデザイン』別冊